Compliance Berater Schriftenreihe

Praxisleitfaden zum neuen europäischen Produktsicherheitsrecht

von

Prof. Dr. Ulrich Ellinghaus, LL.M.
Rechtsanwalt, Frankfurt

und

Dr. Andreas Neumann, B.A., M.A., LL.M. (NYU)
Rechtsanwalt, Frankfurt

Fachmedien Recht und Wirtschaft | dfv Mediengruppe | Frankfurt am Main

Alle im Buch verwendeten Begriffe verstehen sich geschlechterneutral. Aus Gründen der besseren Lesbarkeit wird auf eine geschlechtsspezifische Differenzierung verzichtet – entsprechende Begriffe gelten im Sinne der Gleichbehandlung grundsätzlich für alle Geschlechter. Die verkürzte Sprachform hat lediglich redaktionelle Gründe und beinhaltet keine Wertung.

Bibliografische Information Der Deutschen Nationalbibliothek

Die Deutsche Nationalbibliothek verzeichnet diese Publikation in der Deutschen Nationalbibliografie; detaillierte bibliografische Daten sind im Internet über http://dnb.de abrufbar.

ISBN 978-3-8005-1884-5

dfv Mediengruppe

www.ruw.de

Druck: Beltz Grafische Betriebe GmbH, 99947 Bad Langensalza

Printed in Germany

Inhaltsverzeichnis

Verzeichnis der Abkürzungen und der abgekürzt zitierten Literatur

Abl.	Amtsblatt der Europäischen Union
Abs.	Absatz
Art.	Artikel
ATEX	Atmosphere Explosible Equipment Directive → Richtlinie 2014/34/EU des Europäischen Parlaments und des Rates vom 26. Februar 2014 zur Harmonisierung der Rechtsvorschriften der Mitgliedstaaten für Geräte und Schutzsysteme zur bestimmungsgemäßen Verwendung in explosionsgefährdeten Bereichen
BGBl	Bundesgesetzblatt
BGH	Bundesgerichtshof
Blue Guide	Bekanntmachung der Kommission – Leitfaden für die Umsetzung der Produktvorschriften der EU 2022 („Blue Guide") 2022/C 247/01
BR-Drs.	Bundesrats-Drucksache
CFD	Common Framework Decision → Beschluss Nr. 768/2008/EG des Europäischen Parlaments und des Rates vom 9. Juli 2008 über einen gemeinsamen Rechtsrahmen für die Vermarktung von Produkten und zur Aufhebung des Beschlusses 93/465/EWG des Rates
CLP	Verordnung (EG) Nr. 1272/2008 des Europäischen Parlaments und des Rates vom 16. Dezember 2008 über die Einstufung, Kennzeichnung und Verpackung von Stoffen und Gemischen, zur Änderung und Aufhebung der Richtlinien 67/548/EWG und 1999/45/EG und zur Änderung der Verordnung (EG) Nr. 1907/2006
CPDSR	Cross-border Parcel Delivery Services Regulation → Verordnung (EU) 2018/644 des Europäischen Parlaments und des Rates vom 18. April 2018 über grenzüberschreitende Paketzustelldienste
ELI	European Legislation Identifier
EMCD	Electromagnetic Compatibility Directive → Richtlinie 2014/30/EU des Europäischen Parlaments und des Rates vom 26. Februar 2014 zur Harmonisierung der Rechtsvorschriften der Mitgliedstaaten über die elektromagnetische Verträglichkeit
EMVG	Gesetz über die elektromagnetische Verträglichkeit von Betriebsmitteln (Elektromagnetische-Verträglichkeit-Gesetz – EMVG)
engl.	englisch
ErwG	Erwägungsgrund
EWR	Europäischer Wirtschaftsraum

FN	Fußnote
FuAG	Gesetz über die Bereitstellung von Funkanlagen auf dem Markt (Funkanlagengesetz – FuAG)
ggf.	gegebenenfalls
GPSD	General Product Safety Directive → Richtlinie 2001/95/EG des Europäischen Parlaments und des Rates vom 3. Dezember 2001 über die allgemeine Produktsicherheit
GPSR	General Product Safety Regulation → Verordnung (EU) 2023/988 des Europäischen Parlaments und des Rates vom 10. Mai 2023 über die allgemeine Produktsicherheit, zur Änderung der Verordnung (EU) Nr. 1025/2012 des Europäischen Parlaments und des Rates und der Richtlinie (EU) 2020/1828 des Europäischen Parlaments und des Rates sowie zur Aufhebung der Richtlinie 2001/95/EG des Europäischen Parlaments und des Rates und der Richtlinie 87/357/EWG des Rates
IVDR	In-vitro Diagnostic Medical Devices Regulation → Verordnung (EU) 2017/746 des Europäischen Parlaments und des Rates vom 5. April 2017 über In-vitro-Diagnostika und zur Aufhebung der Richtlinie 98/79/EG und des Beschlusses 2010/227/EU der Kommission
i. V. m.	in Verbindung mit
Klindt ProdSG	Klindt (Hrsg.), Produktsicherheitsgesetz, Kommentar, 3. Aufl. 2021
KMU	kleine und mittlere Unternehmen
LVD	Low Voltage Directive → Richtlinie 2014/35/EU des Europäischen Parlaments und des Rates vom 26. Februar 2014 zur Harmonisierung der Rechtsvorschriften der Mitgliedstaaten über die Bereitstellung elektrischer Betriebsmittel zur Verwendung innerhalb bestimmter Spannungsgrenzen auf dem Markt
MD	Machinery Directive → Richtlinie 2006/42/EG des Europäischen Parlaments und des Rates vom 17. Mai 2006 über Maschinen und zur Änderung der Richtlinie 95/16/EG
MDR	Medical Devices Regulation → Verordnung (EU) 2017/745 des Europäischen Parlaments und des Rates vom 5. April 2017 über Medizinprodukte, zur Änderung der Richtlinie 2001/83/EG, der Verordnung (EG) Nr. 178/2002 und der Verordnung (EG) Nr. 1223/2009 und zur Aufhebung der Richtlinien 90/385/EWG und 93/42/EWG des Rates
MED	Marine Equipment Directive → Richtlinie 2014/90/EU des Europäischen Parlaments und des Rates vom 23. Juli 2014 über Schiffsausrüstung und zur Aufhebung der Richtlinie 96/98/EG des Rates

MR	Machinery Regulation → Verordnung (EU) 2023/1230 des Europäischen Parlaments und des Rates vom 14. Juni 2023 über Maschinen und zur Aufhebung der Richtlinie 2006/42/EG des Europäischen Parlaments und des Rates und der Richtlinie 73/361/EWG des Rates
MSR	Market Surveillance Regulation → Verordnung (EU) 2019/1020 des Europäischen Parlaments und des Rates vom 20. Juni 2019 über Marktüberwachung und die Konformität von Produkten sowie zur Änderung der Richtlinie 2004/42/EG und der Verordnungen (EG) Nr. 765/2008 und (EU) Nr. 305/2011
NJW	Neue Juristische Wochenschrift
Opinion AI Sub-Group	European Commission, 2020, Opinion of the sub-group on AI, connected products and other new challenges in product safety to the consumer safety network
OWiG	Gesetz über Ordnungswidrigkeiten (OWiG)
PAD	Pyrotechnic Articles Directive → Richtlinie 2013/29/EU des Europäischen Parlaments und des Rates vom 12. Juni 2013 zur Harmonisierung der Rechtsvorschriften der Mitgliedstaaten über die Bereitstellung pyrotechnischer Gegenstände auf dem Markt
PPER	Personal Protective Equipment Regulation → Verordnung (EU) 2016/425 des Europäischen Parlaments und des Rates vom 9. März 2016 über persönliche Schutzausrüstungen und zur Aufhebung der Richtlinie 89/686/EWG des Rates
ProdSG	Gesetz über die Bereitstellung von Produkten auf dem Markt (Produktsicherheitsgesetz)
ProdSG-E	Entwurf eines Gesetzes zur Änderung des Produktsicherheitsgesetzes und weiterer produktsicherheitsrechtlicher Vorschriften
PSD	Postal Services Directive → Richtlinie 97/67/EG des Europäischen Parlaments und des Rates vom 15. Dezember 1997 über gemeinsame Vorschriften für die Entwicklung des Binnenmarktes der Postdienste der Gemeinschaft und die Verbesserung der Dienstequalität
RAPEX	Rapid Exchange of Information System → Schnellwarnsystem zum Informationsaustausch über Non-Food-Produkte, die ein grenzüberschreitendes Risiko darstellen können (durch die GPSR wurde RAPEX modernisiert und in „Safety Gate“ umbenannt)
RCD	Recreational Craft Directive → Richtlinie 2013/53/EU des Europäischen Parlaments und des Rates vom 20. November 2013 über Sportboote und Wassermotorräder und zur Aufhebung der Richtlinie 94/25/EG

REACH	Verordnung (EG) Nr. 1907/2006 des Europäischen Parlaments und des Rates vom 18. Dezember 2006 zur Registrierung, Bewertung, Zulassung und Beschränkung chemischer Stoffe (REACH), zur Schaffung einer Europäischen Agentur für chemische Stoffe, zur Änderung der Richtlinie 1999/45/EG und zur Aufhebung der Verordnung (EWG) Nr. 793/93 des Rates, der Verordnung (EG) Nr. 1488/94 der Kommission, der Richtlinie 76/769/EWG des Rates sowie der Richtlinien 91/155/EWG, 93/67/EWG, 93/105/EG und 2000/21/EG der Kommission
RED	Radio Equipment Directive → Richtlinie 2014/53/EU des Europäischen Parlaments und des Rates vom 16. April 2014 über die Harmonisierung der Rechtsvorschriften der Mitgliedstaaten über die Bereitstellung von Funkanlagen auf dem Markt und zur Aufhebung der Richtlinie 1999/5/EG
Rn.	Randnummer
RoHS	Restriction of Hazardous Substances Directive → Richtlinie 2011/65/EU des Europäischen Parlaments und des Rates vom 8. Juni 2011 zur Beschränkung der Verwendung bestimmter gefährlicher Stoffe in Elektro- und Elektronikgeräten
TSD	Toy Safety Directive → Richtlinie 2009/48/EG des Europäischen Parlaments und des Rates vom 18. Juni 2009 über die Sicherheit von Spielzeug

Glossar

Anbieter eines Online-Marktplatzes	Anbieter eines Vermittlungsdienstes, der es unter Einsatz einer Online-Schnittstelle Verbrauchern ermöglicht, mit Unternehmern Fernabsatzverträge über den Verkauf von Produkten abzuschließen.
Benannte Stelle	Eine Stelle, die Konformitätsbewertungstätigkeiten einschließlich Kalibrierungen, Prüfungen, Zertifizierungen und Inspektionen durchführt.
Bereitstellung auf dem Markt	Jede entgeltliche oder unentgeltliche Abgabe eines Produkts zum Vertrieb, zum Verbrauch oder zur Verwendung auf dem Unionsmarkt im Rahmen einer Geschäftstätigkeit.
Bevollmächtigter	Eine innerhalb der Union niedergelassene natürliche oder juristische Person, die von einem Hersteller schriftlich beauftragt wurde, in dessen Namen bestimmte Aufgaben im Hinblick auf die Erfüllung der Pflichten des Herstellers gemäß der GPSR, der MSR oder der einschlägigen Harmonisierungsrechtsvorschriften der Union wahrzunehmen.
Blue Guide	Ein umfangreicher Leitfaden der Europäischen Kommission über die Anwendung bzw. Auslegung der unionsrechtlichen Produktvorschriften.
Delegierter Rechtsakt	Ein von der Europäischen Kommission erlassener Rechtsakt ohne Gesetzescharakter, der der Änderung oder Ergänzung von nicht wesentlichen Vorschriften von Rechtsakten dient.
CE-Kennzeichnung	Eine Kennzeichnung, die in der Regel direkt an einem Produkt angebracht ist und bescheinigt, dass eben dieses Produkt mit allen anwendbaren Harmonisierungsrechtsvorschriften konform ist.
Drittstaat	Ein Staat, der nicht zum Europäischer Wirtschaftsraum (ERW) gehört.
Durchführungsrechtsakt	Ein von der Europäischen Kommission erlassener Rechtsakt ohne Gesetzescharakter, in dem detaillierte Vorschriften für die einheitliche Durchführung verbindlicher Rechtsakte der Union festgelegt werden.
Einführer	Jede in der Union niedergelassene natürliche oder juristische Person, die ein Produkt aus einem Drittland in der Union in Verkehr bringt.

Endnutzer	Jede natürliche oder juristische Person mit Wohnsitz oder Niederlassung in der Union, der ein Produkt entweder als Verbraucher außerhalb seiner gewerblichen, geschäftlichen, handwerklichen oder beruflichen Tätigkeit oder als beruflicher Endnutzer im Rahmen seiner gewerblichen oder beruflichen Tätigkeit bereitgestellt wird.
Erwägungsgrund	Der Text am Anfang eines Rechtsakts der Union, in dem dessen Ziele sowie Inhalte näher erläutert werden. Die Erwägungsgründe spielen eine große Rolle bei der Auslegung des Textes eines Rechtsakts der Union.
EU-Konformitätserklärung	Vom Hersteller unterzeichnetes Dokument, durch welches dieser die Verantwortung für die Konformität eines Produkts übernimmt.
Europäischer Wirtschaftsraum	Eine Freihandelszone, die aus den Mitgliedstaaten der EU sowie den Staaten Island, Liechtenstein und Norwegen besteht.
Fernabsatzvertrag	Jeder Vertrag, der zwischen dem Unternehmer und dem Verbraucher ohne gleichzeitige körperliche Anwesenheit des Unternehmers und des Verbrauchers im Rahmen eines für den Fernabsatz organisierten Vertriebs- bzw. Dienstleistungssystems geschlossen wird, wobei bis einschließlich zum Zeitpunkt des Vertragsabschlusses ausschließlich ein oder mehrere Fernkommunikationsmittel verwendet wird/werden.
Fulfilment-Dienstleister	Jede natürliche oder juristische Person, die im Rahmen einer Geschäftstätigkeit mindestens zwei der folgenden Dienstleistungen anbietet: Lagerhaltung, Verpackung, Adressierung und Versand von Produkten, an denen sie kein Eigentumsrecht hat, ausgenommen Postdienste im Sinne des Art. 2 Nr. 1 PSD, Paketzustelldienste im Sinne des Art. 2 Nr. 2 CPDSR, und alle sonstigen Postdienste oder Frachtverkehrsdienstleistungen.
Händler	Jede natürliche oder juristische Person in der Lieferkette, die ein Produkt auf dem Markt bereitstellt, mit Ausnahme des Herstellers und des Einführers.
Harmonisierungsrechtsvorschrift	Rechtsakt der Union, der sich auf eine bestimmte Produktkategorie bezieht und für diese unionsweite Anforderungen an deren Sicherheit vorsieht (siehe die Liste in Anhang I der MSR).

Harmonisierter Produktbereich	Die Gesamtheit jener Produktkategorien, für welche eine oder mehrere Harmonisierungsrechtsvorschriften anwendbar sind. Im harmonisierten Produktbereich besteht somit eine sehr starke Angleichung zwischen den produktsicherheitsrechtlichen Vorschriften der Mitgliedstaaten. Die EU kennt gegenwärtig rund 70 verschiedene Richtlinien bzw. Verordnungen für den harmonisierten Produktbereich.
Hersteller	Jede natürliche oder juristische Person, die ein Produkt herstellt oder entwerfen oder herstellen lässt, und dieses Produkt in ihrem eigenen Namen oder unter ihrer eigenen Handelsmarke vermarktet.
Inbetriebnahme	Die erstmalige Benutzung eines Produkts für den beabsichtigten Zweck durch den Endnutzer im Gebiet der Union.
Inverkehrbringen	Die erstmalige Bereitstellung eines Produkts auf dem Unionsmarkt.
Kommission	Ein supranationales Organ der Europäischen Union. Die Kommission nimmt in etwa die Aufgaben einer „Regierung" der EU wahr, hat jedoch sehr vielfältige Kompetenzen. Insbesondere kommt alleine der Kommission das Initiativrecht für Rechtsakte der Union zu.
Konformitätsbewertungsverfahren	Ein vom Hersteller durchgeführter Vorgang, mit dem nachgewiesen werden soll, dass bestimmte Anforderungen an ein Produkt erfüllt worden sind.
Nicht-harmonisierter Produktbereich	Die Gesamtheit jener Produktkategorien, für welche keine Harmonisierungsrechtsvorschriften anwendbar sind. Zentrale Rechtsvorschrift für den nicht-harmonisierten Produktbereich ist die GPSR.
Online-Schnittstelle	Jede Software, einschließlich einer Webseite, eines Teils einer Webseite oder einer Anwendung, einschließlich mobiler Anwendungen.
Produkt	Gegenstand, der dem Produktsicherheitsrecht unterfällt.
Rechtsakt der Union	Verordnungen, Richtlinien, Beschlüsse, Empfehlungen oder Stellungnahmen, die von Organen der EU erlassen werden.
Rücknahme vom Markt	Jede Maßnahme, mit der verhindert werden soll, dass ein in der Lieferkette befindliches Produkt auf dem Markt bereitgestellt wird.
Rückruf	Jede Maßnahme, die auf Erwirkung der Rückgabe eines dem Verbraucher bzw. Endnutzer bereits bereitgestellten Produkts abzielt.

Safety Gate	Von der Kommission betriebenes Schnellwarnsystem zum Informationsaustausch über Non-Food-Produkte, die ein grenzüberschreitendes Risiko darstellen können. Das Safey Gate besteht aus den drei Komponenten (i) Schnellwarnsystem Safety Gate, (ii) Safety-Gate-Portal und (iii) Safety-Business-Gateway.
Safety-Business-Gateway	Jene Komponente des Safety Gate, durch welche Wirtschaftsakteure und Anbieter von Online-Marktplätzen ihren Meldepflichten nachkommen können.
Safety-Gate-Portal	Jene Komponente des Safety Gate, durch welche Informationen für die Öffentlichkeit zur Verfügung gestellt werden und es der Öffentlichkeit ermöglicht wird gefährliche Produkte zu melden.
Schnellwarnsystem Safety Gate	Jene Komponente des Safety Gate, durch welche die Kommission und die Mitgliedstaaten Informationen über gefährliche Produkte und entsprechende Korrekturmaßnahmen austauschen.
Technische Unterlagen	Unterlagen, die Informationen über den Entwurf, die Fertigung und die Funktionsweise eines Produkts enthalten.
Union	Kurzform für „Europäische Union“, ein supranationaler Staatenverbund bestehend aus 27 Staaten.
Verantwortliche Person	Wirtschaftsakteur, der für die Einhaltung von Produktvorschriften Verantwortung drängt. Verantwortliche Person ist entweder (i) der Hersteller, falls dieser in der Union niedergelassen ist, (ii) der Einführer, falls der Hersteller nicht in der Union niedergelassen ist, (iii) der Bevollmächtigte, falls dieser vom Hersteller schriftlich zur Wahrnehmung der Aufgaben der verantwortlichen Person beauftragt wurde, oder andernfalls (iv) mein in der Union niedergelassener Fulfilment-Dienstleister für die von ihm abgefertigten Produkte.
Verbraucher	Jede natürliche Person, die zu Zwecken handelt, die außerhalb ihrer gewerblichen, geschäftlichen, handwerklichen oder beruflichen Tätigkeit liegen.
Verbraucherprodukt	Ein Gegenstand, der für Verbraucher bestimmt ist oder unter vernünftigerweise vorhersehbaren Bedingungen wahrscheinlich von Verbrauchern benutzt wird, selbst wenn er nicht für diese bestimmt ist.
Wesentliche Anforderungen	Jene Anforderungen, die ein Produkt aufweisen muss, um ein hohes Schutzniveau zu gewährleisten. Wesentliche Anforderungen sind ein typischer Bestandteil von Harmonisierungsrechtsvorschriften.

Wirtschaftsakteur	Sammelbegriff für verschiedene Adressaten von Rechtsvorschriften im Produktsicherheitsrecht. Wirtschaftsakteur ist der 1. Hersteller, 2. Bevollmächtigte, 3. Einführer, 4. Händler, 5. Fulfilment-Dienstleister oder 6. jede andere natürliche oder juristische Person, die Pflichten im Zusammenhang mit der Herstellung von Produkten oder deren Bereitstellung auf dem Markt gemäß der GPSR oder den einschlägigen Harmonisierungsrechtsvorschriften der Union unterliegt.

I. Einführung

Dieser Praxisleitfaden befasst sich auf anschauliche Weise mit den praxisrelevanten Fragen des europäischen Produktsicherheitsrechts: Wann ist mein Produkt unsicher? Bin ich verantwortlich? Welche Maßnahmen muss ich ergreifen? 1

Insbesondere auf die beiden letztgenannten Fragen gibt die neue Verordnung (EU) 2023/988 über die allgemeine Produktsicherheit, kurz „GPSR“, neue Antworten. Denn der Kreis der Verantwortlichen wurde erweitert, ebenso wie die Zahl der Pflichten. 2

Nach einem kurzen Exkurs zur Entwicklung des europäischen Produktsicherheitsrechts liefern wir einen Überblick über das neue Produktsicherheitsrecht, seine Ziele und Adressaten und beantworten die zentralen Fragen, wie zu beurteilen ist, ob ein Produkt noch als sicher gelten kann und, falls es sich um ein „unsicheres Produkt“ handelt, wie das von einem solchen Produkt ausgehende Risiko zu bewerten ist. Wir erläutern die allgemeinen Pflichten im harmonisierten und im nicht-harmonisierten Produktbereich und gehen auf die Besonderheiten für Anbieter von Online-Marktplätzen und Fulfilment-Dienstleister ein, die nunmehr und erstmals von der GPSR erfasst und umfassend reguliert werden. Anschließend stellen wir ausführlich die Maßnahmen dar, die zur Abwehr von Gefahren durch im Markt befindliche unsichere Produkte zu treffen sind. Im darauffolgenden Kapitel erläutern wir die Aufgaben und Befugnisse der Marktüberwachungsbehörden und der Kommission. Der Praxisleitfaden endet mit einem Überblick über die Umsetzung der GPSR, wobei das besondere Augenmerk auf der Neuregelung des deutschen Produktsicherheitsgesetzes liegt, und über mögliche Sanktionen bei Verstößen gegen die GPSR. 3

Mit der GPSR, so wird die Darstellung zeigen, befindet sich das Produktsicherheitsrecht der Europäischen Union in mehrfacher Hinsicht an einer wichtigen Wegmarke: Nach über 20 Jahren war es höchste Zeit für eine Modernisierung der in die Jahre gekommenen Produktsicherheitsrichtlinie (GPSD). Zum einen gelingt der GPSR die Inpflichtnahme der Online-Marktplätze, insbesondere wenn sie außerhalb der EU gelegen sind. Angestrebt wird außerdem eine grundlegende Modernisierung der Online-Tools für den Informationsaustausch der Marktüberwachungsbehörden untereinander sowie mit Unternehmen und betroffenen Verbrauchern sowie für die Suche nach unsicheren Produkten. Schließlich erhält die Kommission mit dem stärkeren Zusammenwachsen der nationalen Marktüberwachungsbehörden zusätzliche Aufgaben und Kompetenzen. 4

II. Zur Entwicklung des europäischen Produktsicherheitsrechts

1. Entwicklung des europäischen Produktsicherheitsrechts

Das Produktsicherheitsrecht ist ein relativ neues Rechtsgebiet. Erst Anfang der 90er-Jahre wurde die erste allgemeine Produktsicherheitsrichtlinie (Richtlinie 92/59/EWG) verabschiedet. Zuvor gab es zwar schon Spezialvorschriften, in denen Vorgaben für sicherheitsrelevante Eigenschaften von in der Regel gefahrgeneigten Produkten festgelegt wurden, und zwar sowohl auf nationaler Ebene (vgl. das Gesetz über technische Arbeitsmittel vom 24.6.1968) und auf europäischer Ebene (vgl. nur Richtlinie 73/23/EWG zur Angleichung der Rechtsvorschriften der Mitgliedstaaten betreffend elektrische Betriebsmittel zur Verwendung innerhalb bestimmter Spannungsgrenzen vom 19.2.1973). Die technischen Spezialvorschriften jener Tage waren jedoch noch weit von dem entfernt, was wir heute unter einem generellen Verbraucherschutz gegen unsichere Produkte verstehen. 5

Im Übrigen bestand in der Europäischen Gemeinschaft keineswegs immer schon die Auffassung, dass es überhaupt Bedarf für eine allgemeine Richtlinie zur Produktsicherheit gäbe, schon weil man sich nicht sicher war, ob es einen Bereich von Produkten geben würde, für den auch langfristig keine detaillierten spezialgesetzlichen Rechtsvorschriften existieren. 6

Als Folge eines Urteils des Europäischen Gerichtshofs (Cassis de Dijon, C 120/78) musste die Harmonisierung der Rechtsvorschriften in der Europäischen Gemeinschaft jedoch auf die „wesentlichen Anforderungen" beschränkt werden, die an das Inverkehrbringen eines Produkts in einem (anderen) Mitgliedstaat zu stellen sind. Dementsprechend beschränkt sich die spezialgesetzliche Regulierung auf – inzwischen immerhin – 70 Verordnungen und Richtlinien. Um sicherzustellen, dass auch diejenigen Verbraucherprodukte, für die es keine solchen Spezialregelungen gibt, ein ausreichend hohes Schutzniveau erreichen, wurde im Jahr 1992 die erste Richtlinie über die allgemeine Produktsicherheit als „umfassende horizontale Rahmenvorschrift" verabschiedet. Ihre zentrale Bestimmung lautet: *„Die Hersteller dürfen nur sichere Produkte in Verkehr bringen"* (Art. 3 Abs. 1). Der Erlass der Produktsicherheitsrichtlinie war Ausdruck der Erkenntnis, dass es weder praktisch möglich noch rechtlich vereinbar mit Unionsrecht sein würde, für sämtliche Produkte spezifische technische Anforderungen zu formulieren, um deren Sicherheit zu gewährleisten; daher die sehr allgemeine Formulierung, die als allgemeine Erwartung der Produktsicherheit für jedes Produkt Geltung beansprucht, die andererseits allerdings – eben aufgrund ihrer Allgemeinheit (Wann ist ein Produkt sicher?) – auch erheblichen Auslegungsspielraum lässt. 7

8 Auch eine Pflicht, zur Vermeidung der von einem bereits gelieferten Produkt ausgehenden Gefahren dieses gegebenenfalls „vom Markt zurückzunehmen“, sah diese Ur-Produktsicherheitsrichtlinie bereits vor. Allerdings zeigte sich in der Praxis, dass die betroffenen Unternehmen versucht sein konnten, einen großangelegten Rückruf zu vermeiden und etwaige Sicherheitsprobleme im Wege eines „stillen Rückrufs“ auszuräumen, z.B. indem Reparaturen bei Gelegenheit eines Werkstattbesuchs mit erledigt wurden, um so mögliche finanzielle und Reputationsschäden möglichst gering zu halten. Die Effektivität eines öffentlichen Rückrufs lässt sich auf diese Weise jedoch regelmäßig nicht erreichen.

9 Deshalb wurde mit der Nachfolgenorm, der Richtlinie 2001/95/EG über die allgemeine Produktsicherheit, die Pflicht der Hersteller und Händler eingeführt, „unverzüglich die zuständigen Behörden der Mitgliedstaaten“ über ein möglicherweise unsicheres Produkt zu informieren; insbesondere auch „über Vorkehrungen, die sie zur Abwendung von Gefahren für die Verbraucher getroffen haben“. Zwischenzeitlich wurde diese Meldung durch die Einführung eines Formularverfahrens per Internetmeldung stark vereinfacht. Das früher „GPSD Business Application“ genannte Verfahren heißt inzwischen „Safety Business Gateway“. Das Formular mit den Angaben zum unsicheren Produkt, dem von ihm ausgehenden Risiko und den getroffenen Korrekturmaßnahmen wird von der Kommission an die vom Melder angekreuzten Mitgliedstaatenbehörden weitergeleitet, die sich dann ihrerseits bei ihm melden (können).

10 Auch die GPSD ist jedoch in die Jahre gekommen, weshalb sie nunmehr durch die GPSR ersetzt wird. Insbesondere der Online-Handel mit neuen Playern – namentlich den Anbietern von Online-Diensten und den Betreibern sogenannter Fulfilment-Center – hat gezeigt, dass die alte Welt mit Herstellern, Einführern und Händlern die heutigen Handelsströme nur unvollkommen abbildet. Dieses Bild wird nochmals verschärft durch im Nicht-EU-Ausland ansässige Online-Dienste, die ihre Waren direkt an die Endkunden versenden und auf diese Weise die europäischen Produktsicherheitsregeln umgehen mit der Folge, dass niemand da ist, der Sicherheitsmaßnahmen gegen unsichere Produkte durchführen würde und gleichzeitig der Anteil der Produkte, die die europäischen Sicherheitsstandards nicht einhalten, steigt (vgl. dazu insbesondere Rn. 235 ff.).

11 Die Europäische Union hat das Problem erkannt und ihr Produktsicherheitsrecht zwischenzeitlich umgebaut. Zunächst – für den harmonisierten Bereich – mit der Verordnung (EU) 2019/1020 über Marktüberwachung und die Konformität von Produkten, die sogenannte Market Surveillance Regulation (MSR) und nunmehr – für den nicht-harmonisierten Bereich – gefolgt durch die GPSR, die, wie wir sehen werden, in weiten Teilen auf die MSR aufbaut.

Als Verordnung des Europäischen Parlaments und des Rates ist die GPSR in allen Mitgliedstaaten der EU unmittelbar als nationales Recht anwendbar. Sie greift für alle Produkte, mit Ausnahme von Arznei-, Lebens- und Futtermitteln, Pflanzen, Tieren und ihren Neben- und Folgeprodukten sowie lebenden Pflanzen und Tieren, Pflanzenschutzmitteln, Antiquitäten, Luftfahrzeugen und bestimmten Beförderungsmitteln. Sofern es allerdings für bestimmte Produkte Spezialregelungen zur Produktsicherheit gibt, gelten diese vorrangig. 12

Sinn und Zweck des Produktsicherheitsrechts ist ausschließlich der Schutz vor Gefahren für Leib und Leben, demgegenüber geht es nicht um Fragen finanzieller Haftung. 13

2. Sektorspezifische Harmonisierungsrechtsvorschriften vs. GPSR

Im vorigen Kapitel wurde bereits angedeutet, was es mit der Unterscheidung zwischen dem harmonisierten und dem nicht-harmonisierten Produktbereich auf sich hat: Der harmonisierte Bereich umfasst diejenigen Produkte, für die es Spezialregeln gibt, alle anderen Produkte fallen in den nicht-harmonisierten Bereich. 14

Die Europäische Union hat gegenwärtig 70 verschiedene Richtlinien bzw. Verordnungen für den sogenannten „harmonisierten" Produktbereich erlassen. Hierbei handelt es sich um Vorschriften, die genau regeln, welche Eigenschaften bestimmte Produktgruppen erfüllen müssen, damit sie in der Europäischen Union auf den Markt gebracht werden dürfen. Diese Spezialregeln gibt es für Maschinen – siehe die Maschinenrichtlinie 2006/42 EG – ebenso wie für Spielzeug – siehe die Spielzeugrichtlinie 2009/48/EG, für Sportboote ebenso wie für Medizinprodukte, für persönliche Schutzausrüstung, Explosivstoffe und Druckgeräte ebenso wie für Elektrogeräte. Eine Liste von Harmonisierungsrechtsvorschriften findet sich z. B. im „Blue Guide" der Europäischen Kommission (siehe dort, Anhang I). 15

Die Aufzählung zeigt, dass es sich um Produkte handelt, die potenziell besonders gefährlich sind, z. B. weil Kinder mit ihnen spielen, weil sich Menschen auf sie verlassen (Schutzausrüstung) oder weil von ihnen besondere Gefahren (Stromschlag, Quetschungen, Explosionsgefahren etc.) ausgehen können. 16

Allerdings können Gefahren für Gesundheit und Sicherheit von Menschen auch von Produkten ausgehen, die nicht unter diese Kategorie „besonders gefahrgeneigt" fallen. Daher gibt es neben diesen Spezialvorschriften, die für bestimmte Produktgruppen gelten, mit der GPSR auch eine allgemeine 17

Vorschrift, die für alle Produkte gilt: Für die nicht in einer Harmonisierungsvorschrift geregelten Produkte stellt sie eine Vollregelung im Hinblick auf deren Sicherheit und den Schutz der Verbraucher vor unsicheren Produkten dar und für die bereits in einer Harmonisierungsrechtsvorschrift geregelten Produkte fungiert sie als Auffangvorschrift, die eingreift, soweit sich in diesen eine Regelungslücke findet.

18 Die Verordnung selbst erläutert dies im Erwägungsgrund 6 wie folgt:

> *„Die Union hat zwar bereichsspezifische Harmonisierungsrechtsvorschriften ausgearbeitet, in denen es um die Sicherheitsaspekte bestimmter Produkte oder Produktkategorien geht, es ist aber praktisch unmöglich, für alle bestehenden oder potenziell zu entwickelnden Verbraucherprodukte Unionsrecht zu erlassen. Es bedarf daher eines breit angelegten bereichsübergreifenden Rechtsrahmens, um Lücken zu schließen und Bestimmungen in bestehenden oder künftigen bereichsspezifischen Harmonisierungsrechtsvorschriften der Union zu ergänzen und einen Verbraucherschutz, der ansonsten durch diese Rechtsvorschriften nicht gegeben ist, sicherzustellen* […].“ (ErwG 6 GPSR)

3. Die neue GPSR

19 Die neue GPSR wird ab dem 13.12.2024 die GPSD ersetzen. Dem Grundsatz nach teilen beide Vorschriften denselben Regelungszweck: Verbraucherprodukte, für die es keine Harmonisierungsrechtsvorschrift gibt, umfassend im Hinblick auf ihre Sicherheit und den Schutz der Verbraucher vor unsicheren Produkten zu regeln sowie als Auffangvorschrift für diejenigen Produkte zu dienen, die bereits in den Anwendungsbereich einer Harmonisierungsrechtsvorschrift fallen, sofern diese Vorschrift eine Regelungslücke aufweist.

20 Warum also überhaupt die neue Regelung? Die Änderungen sind gravierend. Sie betreffen im Wesentlichen die folgenden Punkte:

- **Einbeziehung von Online-Produkten, auch wenn diese von Online-Plattformen außerhalb der EU angeboten und direkt an Endkunden in der EU versendet werden.**

  Diese Form des Inverkehrbringens gab es im Jahr 2001, in dem die GPSD erlassen wurde, noch nicht, sie hat heute jedoch erhebliche wirtschaftliche Bedeutung. Gleichzeitig erfüllen diese direktimportierten Waren besonders häufig die in der EU geltenden Sicherheitsanforderungen nicht. Unter der GPSR dürfen Produkte, die von Nicht-EU-Online-Plattformen vermarktet werden, nur dann noch in der EU in Verkehr gebracht werden, wenn es eine in der EU niedergelassene Person gibt, die die EU-Konformitätserklärung und andere gesetzlich vorgeschriebene Unterlagen bereithält und auf Verlangen der Behörden herausgibt, die Marküberwachung unterrichtet, sofern Gründe für die Annahme vorliegen, dass ein bestimmtes Produkt ein Risiko darstellt und die ggf. in der Lage und bereit ist, die notwendigen Maßnahmen – wie z.B. einen Rückruf – durchzuführen.

Gleichzeitig werden Online-Anbieter verpflichtet, zusammen mit ihrem Angebot bestimmte Informationen – Name, Kontaktadresse, ggf. auch der verantwortlichen Person, Angaben zur Identifizierung des Produkts sowie Warnhinweise und Sicherheitsinformationen – „eindeutig und gut sichtbar" bereitzustellen.

– **Pflicht der Hersteller, vor dem Inverkehrbringen eines Produkts eine Analyse seiner Risiken durchzuführen und zu dokumentieren.**

Außerdem werden die Pflichten der Hersteller im Hinblick auf die Produktkennzeichnung (Seriennummer, Herstellername und -anschrift, Sicherheitsinformationen) klarer geregelt.

– **Einführung umfassender Pflichten der Einführer und Händler.**

Einführer haben erstmals eigenständige Untersuchungspflichten, ob ein Produkt sicher ist und ob die gesetzlich erforderlichen Informationen beigefügt sind. Insbesondere müssen sie die Risikoanalyse bereithalten und ihren Namen, Handelsnamen oder -marke am Produkt anbringen. Außerdem müssen sie sicherheitsbezogene Kundenbeschwerden und Informationen über Unfälle untersuchen und in ein Verzeichnis aufnehmen. Ein möglicherweise unsicheres Produkt dürfen sie nicht in Verkehr bringen und müssen statt dessen die erforderlichen Korrekturmaßnahmen ergreifen sowie den Hersteller und die Marktüberwachungsbehörden entsprechend unterrichten.

Händler müssen vor dem Inverkehrbringen von Produkten sicherstellen, dass der Hersteller und ggf. der Einführer seine Kennzeichnungs- und Informationspflichten eingehalten hat. Bei Verdacht auf ein unsicheres Produkt müssen sie „sicherstellen", dass die erforderlichen Korrekturmaßnahmen ergriffen werden.

– **Pflicht aller Wirtschaftsakteure, interne Verfahren zur Gewährleistung der Produktsicherheit zu unterhalten.**

– **Umfassende Pflichten aller Wirtschaftsakteure gegenüber den Marktüberwachungsbehörden.**

Hat sich ein auf dem Markt befindliches Produkt als unsicher herausgestellt, treffen alle Wirtschaftsakteure umfassende Pflichten gegenüber den Marktüberwachungsbehörden. Diese umfassen außer detaillierten Angaben über das Produkt und das von ihm ausgehende Risiko sowie die ergriffenen Korrekturmaßnahmen auch Informationen über alle Beteiligten in der Lieferkette, soweit diese für die Rückverfolgbarkeit des Produkts relevant sind.

– **Einrichtung von „Rückverfolgbarkeitssystemen".**

  Sofern bestimmte Produkte, Produktkategorien oder Produktgruppen „wahrscheinlich ein ernstes Risiko für Gesundheit und Sicherheit von Verbrauchern darstellen", kann die Kommission für diese ein Rückverfolgbarkeitssystem einrichten, mit dem das Produkt, seine Komponenten oder die an seiner Lieferkette beteiligten Wirtschaftsakteure identifiziert werden können. Auch besteht die Möglichkeit, dass ein Datenträger am Produkt angebracht werden muss. Die betroffenen Produkte und die nähere Ausgestaltung bestimmt die Kommission in einer Delegierten Verordnung.

– **Meldepflicht bei Unfällen.**

  Neu ist auch die Pflicht des Herstellers, Unfälle, die durch ein in Verkehr gebrachtes oder auf dem Markt bereitgestelltes Produkt verursacht wurden, unverzüglich den Marktüberwachungsbehörden zu melden.

– **Besondere Pflichten für die Anbieter von Online-Marktplätzen.**

  Anbieter von Online-Marktplätzen treffen vielfältige neue Pflichten. So müssen sie sich beim Safety-Gate-Portal registrieren und eine „zentrale Kontaktstelle" für die Kommunikation mit den Marktüberwachungsbehörden und als Anlaufstelle für Verbraucher einrichten. Auf Anordnung der Marktüberwachungsbehörden müssen sie Angebote, die gefährliche Produkte betreffen, von ihrer Webseite löschen oder mit Warnhinweisen versehen. Die Online-Plattform muss es Anbietern ermöglichen und sicherstellen, dass diese ihren gesetzlichen Verpflichtungen im Hinblick auf die Information der Kunden nachkommen. Kundenfragen zur Produktsicherheit müssen innerhalb von drei Arbeitstagen beantwortet werden. Anbieter, die häufig unsichere Produkte anbieten, müssen sie „für einen angemessenen Zeitraum und nach vorheriger Warnung" von ihrer Plattform sperren.

  Wenn es zu einem Produktrückruf kommt, müssen Anbieter von Online-Marktplätzen alle betroffenen Verbraucher unterrichten, die das betreffende Produkt über ihre Schnittstellen erworben haben. Sie müssen über das Safety-Gate-Gateway den Behörden die Anzahl der von ihnen vertriebenen unsicheren Produkte, aufgeschlüsselt nach Mitgliedstaaten, sowie die von diesen ausgehenden Risiken und ihnen bekannten Unfälle melden.

- **Organisation, Tätigkeiten und Pflichten der Marktüberwachungsbehörden.**

  Die mit der Marktüberwachungsverordnung (EU) 2019/1020 bereits für eine große Anzahl in Harmonisierungsvorschriften geregelter Produkte eingeführten, die Organisation, Tätigkeit und die Pflichten der Marktüberwachungsbehörden betreffenden Vorschriften werden durch die GPSR auf alle Verbraucherprodukte erweitert. Das betrifft die Einrichtung und Aufgaben einer „zentralen Verbindungsstelle", die Teilnahme an „Peer Reviews", das Amtshilfeverfahren sowie die Pflicht, alle vier Jahre eine „nationale Marktüberwachungsstrategie" zu erstellen. Auch die in der Marktüberwachungsverordnung aufgelisteten Befugnisse der nationalen Marktüberwachungsbehörden werden übernommen und die Mitgliedstaaten verpflichtet, ihre nationalen Marküberwachungsbehörden entsprechend auszustatten.

- **Einschreiten der Kommission bei besonders riskanten Produkten und bei schwerwiegenden Rechtsverstößen.**

  Die Kommission kann nunmehr bei bestimmten Produkten oder Produktkategorien, „bei denen kontinuierlich spezifische Risiken oder schwerwiegende Verstöße gegen die anwendbaren Harmonisierungsrechtsvorschriften der Union festgestellt wurden", Durchführungsrechtsakte erlassen, in denen sie einheitliche Bedingungen für die Überprüfung festlegt. Darüber hinaus kann sie in schwerwiegenden Fällen durch Erlass von Durchführungsrechtsakten das Inverkehrbringen bzw. die Bereitstellung auf dem Markt von Produkten verbieten, aussetzen oder einschränken oder sonstige Kontrollen anordnen. Den Mitgliedstaaten obliegt dann die effiziente Durchsetzung dieser Durchführungsrechtsakte.

- **Verbesserung des bestehenden Schnellwarnsystems (Von „RAPEX" zum „Safety Gate")**

  Das bestehende Meldesystem „RAPEX" soll ausgebaut und verbessert werden, es wird in „Safety Gate" umbenannt. Das Safety Gate umfasst drei Elemente: (1) ein behördeninternes Schnellwarnsystem für gefährliche Non-Food-Produkte (Schnellwarnsystem Safety Gate), (2) ein Webportal zur Information der Öffentlichkeit. Über dieses Portal können Verbraucher auch Beschwerden einreichen (Safety-Gate-Portal), (3) ein Webportal für Unternehmen, die den Behörden und Verbrauchern unsichere Produkte und Unfälle melden müssen (Safety-Business-Gateway).

- **Einrichtung eines Behördennetzwerks für Verbrauchersicherheit.**

  Zweck des neu geschaffenen Netzwerks für Verbrauchersicherheit ist die Schaffung einer Plattform *„für die strukturierte Koordinierung und Zusammenarbeit zwischen Behörden der Mitgliedstaaten und der Kom-*

mission bei der Verbesserung der Produktsicherheit in der Union". Das Netzwerk soll u. a. dem regelmäßigen Informationsaustausch, der Verbesserung der Behördenzusammenarbeit sowie der Organisation gemeinsamer Aufsichts- und Testprojekte dienen.

- **Durchführung von „Sweeps".**

  Die nationalen Marktüberwachungsbehörden führen künftig gleichzeitige koordinierte Kontrollmaßnahmen durch, sogenannte „Sweeps" („sweep" = „fegen"), zu bestimmten Produkten oder Produktkategorien durch.

- **Genaue Festlegung des Formats einer Rückrufanzeige.**

  Bislang war es den betroffenen Unternehmen überlassen, das Format, in dem sie einen Rückruf für ein unsicheres Produkt durchgeführt haben, festzulegen. Unter der GDSR müssen sie die Verbraucher mittels einer genau definierten Rückrufanzeige unterrichten.

- **Bei Rückruf zwingend: Reparatur oder Austausch oder Wertersatz.**

  Das ist neu: Der für den Rückruf verantwortliche Wirtschaftsakteur muss den betroffenen Verbrauchern zwei der folgenden drei Abhilfemaßnahmen anbieten: (1) die Reparatur des zurückgerufenen Produkts, (2) seinen Ersatz durch ein sicheres Produkt desselben Typs mit mindestens demselben Wert und derselben Qualität oder (3) eine „angemessene" Werterstattung, die mindestens dem vom Verbraucher gezahlten Preis entsprechen muss. Wenn einzelne dieser Abhilfemaßnahmen in einem gegebenen Fall unmöglich oder unverhältnismäßig teuer sein könnten, darf der betroffene Wirtschaftsakteur in solch einem Fall auch ausnahmsweise nur eine einzige Abhilfemaßnahme anbieten. Der Verbraucher kann allerdings immer Wertersatz verlangen, wenn die Reparatur oder der Austausch des Produkts nicht innerhalb eines angemessenen Zeitraums durchgeführt worden. Etwaige Transportkosten trägt immer der Wirtschaftsakteur.

- **Einführung einer Verbandsklage gegen Verstöße von Wirtschaftsakteuren und Anbietern von Online-Marktplätzen.**

  Soweit Verstöße gegen Vorschriften der GPSR „den Kollektivinteressen von Verbrauchern schaden oder schaden können", ist hiergegen eine Verbandsklage zulässig.

21 Während es sich bei der GPSD um eine Richtlinie handelte, die von den jeweiligen Mitgliedstaaten in nationales Recht umgesetzt werden musste – in Deutschland z. B. mit dem Produktsicherheitsgesetz –, ist die Nachfolgenorm GPSR eine Verordnung, das heißt, dass sie grundsätzlich in jedem Mitgliedstaat unmittelbar als nationales Recht gilt, auch wenn einzelne Bestimmungen – z. B. die Übertragung bestimmter Befugnisse auf die jeweilige nationale Marktüberwachungsbehörde – erst durch nationale Vorschriften umgesetzt werden müssen. Dies ist für die Marktbeteiligten grundsätzlich von Vorteil, da die nationalen Umsetzungsnormen doch teilweise voneinander abgewichen sind. Nunmehr reicht in der Regel der Blick in die Verordnung, um zu wissen, welche Anforderungen in allen Mitgliedstaaten gelten.

III. Das neue Produktsicherheitsrecht im Überblick

1. Allgemeine Bestimmungen

Bevor dieser Praxisleitfaden auf die konkreten Pflichten verschiedener Wirtschaftsakteure im Rahmen des Produktsicherheitsrechts eingeht, soll der Blick auf einige allgemeine Grundsätze gelenkt werden. Hier stellen sich insbesondere die folgenden Fragen: 22

- Was sind die Ziele des Produktsicherheitsrechts?
- Für wen gilt das Produktsicherheitsrecht?
- Welche Produkte sind vom Produktsicherheitsrecht erfasst?
- Wann unterliegen Produkte dem Produktsicherheitsrecht?
- Wann sind Produkte „sicher“?

a) Was sind die Ziele des Produktsicherheitsrechts?

(1) Produkte müssen sicher sein

Das wesentliche Ziel des Produktsicherheitsrechts lässt sich schon aus seiner Bezeichnung ablesen. Produkte sollen bei normaler oder vernünftigerweise vorhersehbarer Verwendung niemanden gefährden oder gar (tödlich) verletzen. Mithin: Sie sollen sicher sein. Dieser zentrale Grundsatz gilt sowohl für den harmonisierten als auch den nicht-harmonisierten Produktbereich. Hieraus ergibt sich auch die zentrale Pflicht für alle Wirtschaftsakteure: Es dürfen nur sichere Produkte in Verkehr gebracht oder auf dem Markt bereitgestellt werden (vgl. z. B. Art. 3 Abs. 1 GPSD; Art. 5 GPSR). 23

Dieses Konzept klingt auf dem ersten Blick ganz einfach, wirft in der Praxis aber überaus komplexe Fragen auf. Einerseits gibt es unzweifelhaft Produkte, die schon aufgrund ihrer Eigenschaften oder ihres Verwendungszwecks besonders gefährlich sind. Andererseits gibt es Produkte, welche die Gesundheit oder Sicherheit von Menschen in der Regel kaum gefährden. Gleichzeitig hängt der Risikograd eines Produkts oft auch vom Anwender bzw. der konkreten Anwendungssituation ab. Das erkennt man beispielsweise an allseits bekannten Warnungen auf Produkten wie „*Nicht geeignet für Kinder unter drei Jahren*“ oder „*Benutzen Sie das Produkt nur im Freien*“ oder „*Von Hitze, Funken und offenem Feuer fernhalten*“. 24

Letztlich müssen für die Bewertung der Sicherheit von Produkten verschiedenste Aspekte herangezogen werden. Eine detaillierte Erörterung zu all diesen Fragen finden sich in Rn. 159 ff. 25

(2) Zielbestimmungen in verschiedenen Rechtsvorschriften

26 Die verschiedenen Rechtsvorschriften, die bislang im Bereich des Produktsicherheitsrechts erlassen wurden, enthalten oft, aber nicht immer, eine ausdrückliche Zielbestimmung. Beim deutschen ProdSG ist dies beispielsweise nicht der Fall. Dieses Gesetz beginnt in § 1 direkt mit der Festlegung seines Anwendungsbereichs und verzichtet auf eine Aufzählung der Gesetzesziele. Gleichwohl sind die oben angeführten Überlegungen zu dem wesentlichen Ziel des Produktsicherheitsrechts auch im Rahmen des ProdSG relevant.

27 Etwas konkreter als der deutsche Gesetzgeber äußert sich der Unionsgesetzgeber. Die im Jahr 2001 beschlossene GPSD umschreibt ihre Ziele – wenn auch ziemlich lapidar – mit dem folgenden Satz:

> „*Mit dieser Richtlinie soll sichergestellt werden, dass die in den Verkehr gebrachten Produkte sicher sind.*" (Art. 1 Abs. 1 GPSD)

28 Die GPSR enthält ebenfalls eine Zielbestimmung, die im Gegensatz zu jener der GPSD etwas weiter gefasst ist, nämlich so:

> „*Das Ziel der vorliegenden Verordnung besteht darin, die Funktionsweise des Binnenmarkts zu verbessern und zugleich ein hohes Verbraucherschutzniveau zu gewährleisten.*" (Art. 1 Abs. 1 GPSR)

29 Konkreter wird die GPSR in ihren Erwägungsgründen. Diese setzen sich u. a. mit den Zielen der Verordnung auseinander. Hier heißt es beispielsweise:

> „*Die vorliegende Verordnung sollte darauf abzielen, die Verbraucher und ihre Sicherheit als eines der grundlegenden Prinzipien des Rechtsrahmens der Union, das in der Charta der Grundrechte der Europäischen Union (im Folgenden „Charta") verankert ist, zu schützen. Gefährliche Produkte können sich in erheblicher Weise negativ auf Verbraucher und Bürger auswirken. Alle Verbraucher, einschließlich besonders schutzbedürftiger wie etwa Kinder, ältere Menschen und Menschen mit Behinderungen haben das Recht auf sichere Produkte. Den Verbrauchern sollten ausreichende Mittel zur Verfügung stehen, um dieses Recht durchzusetzen, ebenso wie den Mitgliedstaaten geeignete Instrumente und Maßnahmen zur Verfügung stehen sollten, um diese Verordnung durchzusetzen.*" (ErwG 5 GPSR)

30 Die Erwägungsgründe zur GPSR gehen zudem auf den Begriff der „Gesundheit" näher ein. In diesem Zusammenhang weist die Verordnung darauf hin, dass „[d]*ie Weltgesundheitsorganisation* [...] *den Begriff „Gesundheit" als einen Zustand des vollständigen körperlichen, geistigen und sozialen Wohlbefindens und nicht nur als das Nichtvorliegen von Krankheit oder Gebrechen* [definiert]" (ErwG 19 GPSR). Mit anderen Worten: Der Begriff der

Gesundheit sollte grundsätzlich weit ausgelegt werden. Dies hat zur Folge, dass ein Produkt unter Umständen bereits dann als gesundheitsschädlich und somit unsicher gesehen werden kann, wenn es zwar keine körperlichen Verletzungen verursacht, dafür aber das körperliche, geistige oder soziale Wohlbefinden beeinträchtigt. Freilich müssen solche Fragen stets auf Basis des Einzelfalls bewertet und entschieden werden.

Aus der oben zitierten Zielbestimmung in Art. 1 Abs. 1 GPSR lässt sich zu- **31**
dem ablesen, dass diese Verordnung (wie zuvor schon die GPSD) nur für Verbraucherprodukte gilt und somit primär Verbraucher schützen will. Dies ändert jedoch nichts an der Tatsache, dass das Produktsicherheitsrecht in seiner Gesamtheit nicht auf den Verbraucherschutz beschränkt ist, sondern die Gesundheit bzw. Sicherheit aller Menschen gewährleisten soll.

(3) Schutz des Binnenmarkts vor Einschränkungen

Neben dem Verbraucherschutz spricht die Zielbestimmung in Art. 1 Abs. 1 **32**
GPSR auch noch ein weiteres wesentliches Merkmal des europäischen Produktsicherheitsrechts an, nämlich die „Funktionsweise des Binnenmarktes". Tatsächlich zielten die ersten Produktvorschriften auf europäischer Ebene primär gar nicht auf den Schutz von Verbrauchern ab (vgl. Blue Guide, Pkt. 1.1, S. 5). Vielmehr sollten die entsprechenden Richtlinien sicherstellen, dass vorschriftsgemäße Waren im europäischen Binnenmarkt keinen Beschränkungen durch nationalstaatliche Vorgaben unterliegen. Es liegt auf der Hand, dass unterschiedliche rechtliche Vorgaben der Mitgliedstaaten im Bereich der Produktsicherheit eine starke Behinderung für den freien Warenverkehr darstellen können. Daher finden sich auch heute in vielen Rechtsvorschriften im Bereich des Produktsicherheitsrechts Klauseln, wonach die Mitgliedstaaten die Bereitstellung von Produkten auf dem Markt nicht behindern dürfen, wenn diese den Vorgaben der entsprechenden Richtlinie entsprechen (vgl. z. B. Art. 9 Abs. 1 RED). Aus diesem Gedanken heraus entwickelte sich auch die CE-Kennzeichnung (siehe hierzu im Detail Rn. 226 f.). Dieses Zeichen, welches auch „Reisepass für Produkte" im Binnenmarkt genannt wird, bringt zum Ausdruck, dass das gekennzeichnete Produkt den einschlägigen Harmonisierungsrechtsvorschriften der EU entspricht. Folglich soll ein solches Produkt im Sinne der Warenverkehrsfreiheit unbeschränkt im Binnenmarkt zirkulieren können.

(4) Spezifische Ziele im harmonisierten Produktbereich

Die Harmonisierungsrechtsvorschriften der Union beziehen sich auf be- **33**
stimmte Produktkategorien und sehen für diese unionsweite Anforderungen an deren Sicherheit vor. In der Regel hat der Unionsgesetzgeber Harmonisierungsrechtsvorschriften für solche Produktkategorien beschlossen, die

besondere Eigenschaften und/oder Risiken aufweisen (z. B. Funkanlagen, Kinderspielzeug, Maschinen etc.). Vor diesem Hintergrund überrascht es nicht, dass die entsprechenden Harmonisierungsrechtsvorschriften teilweise auch besondere Zielbestimmungen enthalten. Dies soll im Folgenden an zwei Harmonisierungsrechtsvorschriften demonstriert werden:

– Die Europäische Maschinenverordnung (**MR**) fasst ihre Ziele relativ detailliert zusammen. In diesem Sinne lautet Art. 1 MR:

  „*In dieser Verordnung werden Sicherheits- und Gesundheitsschutzanforderungen an Konstruktion und Bau von Maschinen, dazugehörigen Produkten und unvollständigen Maschinen festgelegt, um deren Bereitstellung auf dem Markt oder Inbetriebnahme zu ermöglichen und gleichzeitig ein hohes Maß an Schutz der Sicherheit und Gesundheit von Personen, insbesondere von Verbrauchern und professionellen Nutzern, und gegebenenfalls von Haustieren und Sachen sowie, soweit anwendbar, der Umwelt zu gewährleisten. Außerdem werden darin Regeln für den freien Verkehr von in den Anwendungsbereich dieser Verordnung fallenden Produkten in der Union festgelegt.*“

  Neben den oben bereits erläuterten Zielen der Sicherheit und Gesundheit von Personen sowie des freien Warenverkehrs werden in der MR somit auch der Schutz von Haustieren und Sachen sowie der Schutz der Umwelt angesprochen. Der Aspekt des Umweltschutzes überrascht nicht, da der Einsatz von (insbesondere unsicheren) Maschinen durchaus zu einer Umweltbelastung führen kann. Das Ziel des Schutzes von Haustieren und Sachen ist im Hinblick auf Maschinen sicherlich auch berechtigt. Gleichzeitig kann man sich aber fragen, ob diese beiden Aspekte nicht ohnehin als generelle Ziele für das gesamte Produktsicherheitsrecht gelten sollten.

– Als zweites Beispiel aus dem harmonisierten Produktbereich kann die Pyrotechnische-Gegenstände-Richtlinie (**PAD**) dienen. Art. 1 Abs. 1 PAD lautet:

  „*In dieser Richtlinie werden Vorschriften festgelegt, die den freien Verkehr pyrotechnischer Gegenstände im Binnenmarkt sicherstellen und ein hohes Niveau an Schutz für die menschliche Gesundheit, die öffentliche Sicherheit und den Schutz und die Sicherheit der Verbraucher gewährleisten und die einschlägigen Aspekte im Zusammenhang mit dem Umweltschutz berücksichtigen sollen.*“

  Es liegt auf der Hand, dass pyrotechnischer Gegenstände nicht nur eine besondere Umweltbelastung nach sich ziehen, sondern auch die öffentliche Sicherheit gefährden können. Folgerichtig nennt die oben zitierte Zielbestimmung konkret diese beiden Aspekte.

(5) Zusammenfassung

Da das europäische Produktsicherheitsrecht über viele verschiedene Rechtsakte verstreut ist, gibt es auch keine einheitliche oder zentrale Liste zu dessen Zielen. Zusammenfassend kann man aber feststellen, dass das europäische Produktsicherheitsrecht insbesondere die folgenden Ziele verfolgt: 34

- Schutz der Gesundheit bzw. Sicherheit von Menschen, insbesondere im Hinblick auf Verbraucher, einschließlich besonders schutzbedürftiger wie etwa Kinder, ältere Menschen und Menschen mit Behinderungen.
- Verbesserung der Funktionsweise des Binnenmarkts, insbesondere die Sicherstellung des freien Warenverkehrs im Binnenmarkt.
- Schutz der Sicherheit und Gesundheit von Haus- und Nutztieren.
- Schutz der Sicherheit von Sachen.
- Schutz der Umwelt.
- Schutz der öffentlichen Sicherheit.

b) Für wen gilt das Produktsicherheitsrecht?

(1) Die Akteure in der Lieferkette

Dieses Kapitel setzt sich mit dem persönlichen Anwendungsbereich des Produktsicherheitsrechts auseinander. Anders ausgedrückt: An wen sind die Vorschriften des Produktsicherheitsrechts adressiert? Es liegt in der Natur der Sache, dass in dieser Hinsicht die Akteure in der Lieferkette in die Pflicht genommen werden. In der Regel wird ein Produkt vom Zeitpunkt seiner Herstellung an von einer Hand zur anderen weitergegeben. Dies geschieht so lange, bis das Produkt schlussendlich zum Verbraucher bzw. Endnutzer gelangt. Es macht Sinn, dass gerade die an der Lieferkette beteiligten Akteure verpflichtet werden, die Ziele des Produktsicherheitsrechts zu unterstützen. Freilich unterscheiden sich der Umfang bzw. die Inhalte dieser Pflichten je nach der konkreten Rolle der betroffenen Akteure. 35

In diesem Sinne kennt das Produktsicherheitsrecht die folgenden zentralen Akteure in der Lieferkette:

1. Hersteller
2. Bevollmächtigte
3. Einführer
4. Händler
5. Fulfilment-Dienstleister

6. Anbieter eines Online-Marktplatzes
7. Die für ein in der Union in Verkehr gebrachtes Produkt „verantwortlichen Personen"
8. Anbieter von Diensten der Informationsgesellschaft
9. Verbraucher bzw. Endnutzer

36 Darüber hinaus ist in viele Rechtsvorschriften im Bereich des Produktsicherheitsrechts auch von „Wirtschaftsakteuren" die Rede. Dieser Begriff fasst mehrere Akteure in der Lieferkette zusammen, um auf diese Weise bestimmte Pflichten gleichzeitig an mehrere Personen adressieren zu können.

37 Ein weiterer – im Rahmen der MSR genannter Akteur – ist der Anbieter von Diensten der Informationsgesellschaft.

38 Bevor dieses Kapitel auf die oben genannten Akteure näher eingeht, sei auf Folgendes hingewiesen:

- Für dieses Kapitel macht die Unterscheidung zwischen dem harmonisierten bzw. nicht-harmonisierten Produktbereich kaum Sinn. Auch wenn die einzelnen Rechtsvorschriften im Bereich des Produktsicherheitsrechts stets eigene Begriffsbestimmungen enthalten, gehen diese grundsätzlich von denselben Begriffsverständnissen aus (vgl. insbesondere Anhang I Art. R1 Nr. 7 CFD). Der Einfachheit halber verweisen die nachfolgenden Erläuterungen zu den diversen Akteuren in der Lieferkette meist auf die Begriffsbestimmungen in der GPSR.
- Die folgenden Erörterungen konzentrieren sich auf die grundsätzlichen Charakteristika und Besonderheiten der einzelnen Akteure in der Lieferkette. Welche konkreten Pflichten diesen im Rahmen des Produktsicherheitsrechts letztlich zukommen, ergibt sich direkt aus den jeweils einschlägigen Rechtsvorschriften.

(2) Hersteller

39 Für die Ziele des Produktsicherheitsrechts kommt dem Hersteller eine besonders wichtige Rolle bzw. Verantwortung zu. Schließlich ist es in der Regel der Hersteller, welcher am besten über die technischen und sonstigen Eigenschaften eines Produkts Bescheid weiß. Damit ist der Hersteller auch am ehesten dazu in der Lage, die potenziellen Risiken eines Produkts einschätzen zu können. Folglich legt das Produktsicherheitsrecht von allen Akteuren in der Lieferkette dem Hersteller die umfangreichsten Pflichten auf.

40 Der Begriff des Herstellers ist jedoch nicht ganz so eindeutig, wie dies auf den ersten Blick scheinen mag. Insbesondere muss der Hersteller das Pro-

dukt gar nicht selbst herstellen. Der Hersteller ist also nicht unbedingt der eigentliche Produzent eines Produkts.

Im Rahmen des europäischen Produktsicherheitsrechts bezeichnet der Begriff „Hersteller" gemeinhin „*jede natürliche oder juristische Person, die ein Produkt herstellt oder entwerfen oder herstellen lässt und dieses Produkt in ihrem eigenen Namen oder unter ihrer eigenen Handelsmarke vermarktet.*" (Art. 3 Nr. 8 GPSR) 41

Aus dieser Definition folgt, dass ein Hersteller die folgenden beiden Bedingungen gleichermaßen erfüllen muss: 42

1. Der Hersteller stellt das Produkt her oder lässt es entwerfen oder herstellen.
2. Der Hersteller vermarktet das Produkt in seinem eigenen Namen oder unter seiner eigenen Handelsmarke.

Der Blue Guide macht zur Funktion des Herstellers die folgenden Bemerkungen: 43

> „*Der Hersteller kann das Produkt selbst entwickeln und herstellen. Er kann es aber auch entwickeln, herstellen, zusammenbauen, verpacken, verarbeiten oder etikettieren lassen, um es unter seinem Namen oder seiner Marke in Verkehr zu bringen, wodurch er selbst als Hersteller fungiert. Bei der Vergabe von Arbeiten an Subunternehmer muss der Hersteller die Oberaufsicht über das Produkt behalten und sicherstellen, dass er alle notwendigen Informationen erhält, die für die Erfüllung seiner Verpflichtungen entsprechend dem einschlägigen Harmonisierungsrechtsakt der Union notwendig sind. Auf keinen Fall darf der Hersteller, der seine Arbeiten vollständig oder teilweise an einen Subunternehmer vergibt, seine Verantwortung beispielsweise an einen Bevollmächtigten, eine Vertriebsgesellschaft, einen Benutzer oder Subunternehmer weiterreichen.*" (Blue Guide, Pkt. 3.1, S. 34)

Hingegen spielt es keine Rolle, in welcher Jurisdiktion der Hersteller seinen Hauptsitz hat. Die einschlägigen Pflichten gelten daher auch für solche Hersteller, die über keine Niederlassung in der Union verfügen. 44

Darüber hinaus sehen die meisten Rechtsvorschriften im europäischen Produktsicherheitsrecht Umstände vor, in welchen die Pflichten des Herstellers auch für Einführer und Händler gelten (vgl. z. B. Anhang I Art. R6 CFD; Art. 14 RED; Art. 10 LVD). In diesem Sinne gilt ein Einführer oder Händler immer dann als Hersteller und unterliegt somit den Verpflichtungen eines Herstellers, wenn er 45

a) ein Produkt unter seinem eigenen Namen oder seiner eigenen Marke in Verkehr bringt, oder
b) ein bereits auf dem Markt befindliches Produkt wesentlich verändert.

ad a)

46 Bringt ein Einführer oder Händler das Produkt eines Dritten unter seinem eigenen Namen oder seiner eigenen (Handels)marke in Verkehr, so gibt er sich gegenüber der Allgemeinheit als Hersteller aus. Als Konsequenz hat er dann auch die Herstellerpflichten für dieses Produkt zu tragen. Dieses Prinzip darf in seiner Tragweite nicht unterschätzt werden. Die einschlägigen Pflichten eines Herstellers sind weitaus umfangreicher und kostspieliger als jene für Einführer oder Händler. Diese sollten daher gut überlegen, ob sie das Produkt eines Dritten tatsächlich unter ihrem eigenen Namen oder ihrer eigenen Marke in Verkehr bringen wollen.

47 **Hinweis**: Im Anwendungsbereich der GPSR gilt nicht nur der Einführer und Händler, sondern jede natürliche oder juristische Person als Hersteller, die ein Produkt unter ihrem Namen oder ihrer Handelsmarke in Verkehr bringt (vgl. ErwG 34 GPSR und Art. 13 Abs. 1 GPSR).

ad b)

48 Auch die wesentliche Veränderung eines Produkts kann dazu führen, dass die Herstellerpflichten auf eine andere Person übergehen.

49 Im nicht-harmonisierten Produktbereich ist die Möglichkeit eines solchen Pflichtenübergangs nicht einmal auf den Einführer oder Händler eingeschränkt. Art. 13 Abs. 2 GPSR enthält in diesem Sinne die folgende sehr weitgehende Regelung:

> „*Wenn eine natürliche oder juristische Person, bei der es sich nicht um den Hersteller handelt, das Produkt wesentlich verändert, gilt sie, sofern sich die wesentliche Änderung auf die Sicherheit des Produkts auswirkt, für die Zwecke dieser Verordnung als Hersteller und unterliegt für den von der Änderung betroffenen Teil des Produkts oder für das gesamte Produkt den Pflichten des Herstellers* […].“

50 Die wesentliche Änderung eines Produkts kann physischer oder auch nur rein digitaler Natur sein. Somit ist es denkbar, dass der Übergang der Herstellerpflichten auf eine andere Person durch ein bloßes Software-Update ausgelöst wird (vgl. ErwG 25 GPSR).

51 Die GPSR führt schließlich konkrete Kriterien an, nach welchen die Wesentlichkeit einer Produktänderung zu messen ist (vgl. Art. 13 Abs. 3 GPSR). In diesem Sinne ist eine physische oder digitale Änderung (nur dann) wesentlich, wenn

1. sich diese auf die Sicherheit des Produkts auswirkt,
2. diese in der ursprünglichen Risikobewertung des Produkts nicht vorgesehen war,

3. sich durch diese die Art der Gefahr geändert hat, eine neue Gefahr entstanden ist oder sich das Risikoniveau erhöht hat und
4. diese nicht von den Verbrauchern selbst oder in ihrem Auftrag für ihren eigenen Bedarf vorgenommen wurde.

Im harmonisierten Produktbereich gilt in Bezug auf wesentliche Veränderungen der folgende Grundsatz: **52**

Ändert ein Einführer oder Händler ein bereits in Verkehr gebrachtes bzw. auf dem Markt befindliches Produkt so, dass die Konformität mit den geltenden Anforderungen beeinträchtigt werden kann, geht die Herstellereigenschaft auf diesen über (vgl. z. B. Anhang I Art. R6 CFD; Art. 14 RED; Art. 10 LVD). Zur Konformität bzw. dem Konformitätsbewertungsverfahren siehe unten Rn. 209 ff.). Die hier anzuwenden Kriterien zur Bewertung der Wesentlichkeit einer Veränderung sind grundsätzlich dieselben wie die oben aus Art. 13 Abs. 3 GPSR zitierten.

(3) Bevollmächtigter

Das europäische Produktsicherheitsrecht ermöglicht dem Hersteller die Übertragung bestimmter Pflichten auf einen Bevollmächtigten. **53**

In diesem Sinne bezeichnet der Begriff „Bevollmächtigter" eine innerhalb der Union niedergelassene natürliche oder juristische Person, die von einem Hersteller schriftlich beauftragt wurde, in dessen Namen bestimmte Aufgaben im Hinblick auf die Erfüllung der Pflichten des Herstellers gemäß der GPSR, der MSR oder der einschlägigen Harmonisierungsrechtsvorschriften der Union wahrzunehmen (vgl. z. B. Art. 3 Nr. 9 GPSR; Art. 3 Nr. 12 MSR). **54**

Folgende Aspekte einer Bevollmächtigung sind besonders hervorzuheben: **55**

- Jeder Hersteller kann einen Bevollmächtigten beauftragen. Es spielt hierfür keine Rolle, ob der beauftragende Hersteller innerhalb oder außerhalb der Union niedergelassen ist. Hingegen muss der Bevollmächtige selbst zwingendermaßen eine Niederlassung in der Union haben.
- Die Beauftragung eines Bevollmächtigten ist freiwillig. Dies gilt selbst für Hersteller ohne Niederlassung in der Union. Von diesem Grundsatz gibt es jedoch vereinzelt Ausnahmen. Beispielsweise muss im Anwendungsbereich der Schiffsausrüstungs-Richtlinie (**MED**) jeder Hersteller, der seinen Sitz nicht im Gebiet mindestens eines Mitgliedstaats hat, schriftlich einen Bevollmächtigten für die Union benennen (Art. 13 Abs. 1 MED).
- Der „Bevollmächtigte" und „die für ein in der Union in Verkehr gebrachtes Produkt verantwortliche Person" sind zwei verschiedene Funktionen.

Jedoch kann derselbe Wirtschaftsakteur diese beiden Funktionen gleichzeitig ausüben.

- Der Bevollmächtigte kann gleichzeitig auch ein Einführer oder Händler sein. In diesen Fällen muss der jeweilige Wirtschaftsakteur allen einschlägigen Verpflichtungen nachkommen.
- Der Bevollmächtigte muss schriftlich bestellt werden. Der schriftliche Auftrag muss genau festlegen, welche Pflichten und Befugnisse auf den Bevollmächtigten übertragen werden.

56 Die einzelnen Rechtvorschriften sehen zudem vor, dass ein beauftragter Bevollmächtigter jedenfalls berechtigt sein muss, bestimmte Aufgaben wahrzunehmen. Im harmonisierten Produktbereich handelt es sich hierbei in der Regel um folgende Aufgaben (vgl. Anhang I Art. R3 Abs. 2 CFD):

1. Bereithaltung der Konformitätserklärung und der technischen Unterlagen für die nationalen Überwachungsbehörden über einen bestimmten Zeitraum;
2. Aushändigung aller erforderlichen Informationen und Unterlagen zum Nachweis der Konformität eines Produkts an die zuständige nationale Behörde auf deren begründetes Verlangen;
3. Kooperation bei allen Maßnahmen zur Abwendung der Gefahren durch das betreffende Produkt auf Verlangen der zuständigen nationalen Behörde.

57 Im nicht-harmonisierten Produktbereich kennt die GPSR eine sehr ähnliche Regelung. Art. 10 Abs. 2 GPSR zufolge muss der Auftrag den Bevollmächtigten berechtigen, mindestens die folgenden Aufgaben wahrzunehmen:

a) *„auf begründetes Verlangen einer Marktüberwachungsbehörde: Übermittlung aller zum Nachweis der Sicherheit des Produkts erforderlichen Informationen und Unterlagen an die Behörde in einer für diese Behörde verständlichen Amtssprache;*

b) *sofern der Bevollmächtigte der Auffassung ist oder Grund zu der Annahme hat, dass es sich bei einem fraglichen Produkt um ein gefährliches Produkt handelt: Unterrichtung des Herstellers davon;*

c) *Unterrichtung der zuständigen nationalen Behörden über alle Maßnahmen zur Beseitigung der Risiken, die mit Produkten verbunden sind, welche unter seinen Auftrag fallen, durch eine Meldung im Safety-Business-Gateway, sofern die Informationen nicht bereits vom Hersteller oder auf Anweisung des Herstellers bereitgestellt wurden;*

d) *auf Verlangen der zuständigen nationalen Behörden: Zusammenarbeit mit ihnen bei allen Maßnahmen zur Beseitigung der Risiken auf wirksa-*

me Weise, die mit Produkten verbunden sind, welche unter seinen Auftrag fallen.“

(4) Einführer

Die Kontrolle von Produkten, die auf den Unionsmarkt gelangen, ist eine der zentralen Aufgaben der Zollbehörden (vgl. Kapitel VII in der MSR). Das Ziel ist klar: Unsichere Produkte sollen erst gar nicht in die Union eingeführt werden. Um dieses Ziel zu erreichen, legt das europäische Produktsicherheitsrecht auch dem Einführer spezifische Pflichten auf. 58

Definiert wird der Einführer als „*jede in der Union niedergelassene natürliche oder juristische Person, die ein Produkt aus einem Drittland in der Union in Verkehr bringt.*“ (Art. 3 Nr. 10 GPSR) 59

Der Einführer muss somit jedenfalls in der Union ansässig sein. Diese Anforderung folgt aus der Erwägung, dass im Fall des Imports von Produkten in die Union der Hersteller selbst oft in einem Drittstaat niedergelassen ist. Sollte daher der Hersteller für die Behörden in der Union nicht greifbar sein, können sich diese zumindest an den Einführer halten. Aus diesem Grund bauen die Pflichten des Einführers auf jenen des Herstellers auf. Konkret muss der Einführer vor allem sicherstellen, dass der Hersteller seinen Verpflichtungen im Bereich des Produktsicherheitsrechts nachgekommen ist. 60

Ein Beispiel:
Die diversen Rechtsvorschriften sehen vor, dass der Hersteller seinem Produkt bestimmte Unterlagen (z. B. Sicherheitshinweise, Gebrauchsanweisungen etc.) beifügen muss. Diese Pflicht trifft per se zwar nicht den Einführer. Dieser aber muss formell prüfen, ob der Hersteller seinerseits eben diese Pflicht erfüllt hat. Ein unsicheres bzw. nicht-konformes Produkt darf der Einführer in der Union nicht in Verkehr bringen. In gewisser Weise fungieren die Einführer somit als Gehilfen der Zollbehörden.

Zwischen dem Hersteller und dem Einführer muss es keinen Auftrag in Hinblick auf die Erfüllung dieser Pflichten geben. Da jedoch die Pflichten des Einführers auf jene des Herstellers aufbauen, sollten beide in Kontakt stehen oder zumindest bei Bedarf in Kontakt treten können. In der Praxis macht es Sinn, dass sich der Einführer in den jeweiligen Verträgen mit seinen Lieferanten versichern lässt, dass die einzuführenden Produkte den einschlägigen Rechtsvorschriften im Bereich des Produktsicherheitsrechts entsprechen. Schließlich ist es auch möglich, dass der Hersteller einen Einführer als seinen Bevollmächtigten beauftragt (vgl. Blue Guide, Pkt. 3.3, S. 41). In die- 61 sem Fall muss der betroffene Wirtschaftsakteur die einschlägigen Pflichten aus diesen beiden Funktionen erfüllen.

(5) Händler

62 Neben dem Hersteller und dem Einführer ist der Händler der dritte zentrale Wirtschaftsakteur im Produktsicherheitsrecht. Unter einem Händler versteht man „*jede natürliche oder juristische Person in der Lieferkette, die ein Produkt auf dem Markt bereitstellt, mit Ausnahme des Herstellers und des Einführers*" (Art. 3 Nr. 11 GPSR).

63 Gelangt ein Produkt vom Hersteller bzw. Einführer an einen Zwischenhändler und von diesem wiederum an diverse Zwischenhändler, gelten alle diese Zwischenhändler gleichermaßen als Händler im Sinne der obigen Bestimmung. Es spielt somit keine Rolle, ob ein Händler das Produkt vom Hersteller, Einführer oder einem anderen Händler erwirbt (vgl. Blue Guide, Pkt. 3.4, S. 41).

64 Die spezifische Aufgabe des Händlers im Produktsicherheitsrecht ähnelt der des Einführers. Der Einführer muss – wie oben dargestellt – sicherstellen, dass der Hersteller seinen Verpflichtungen nachgekommen ist. Der Händler wiederum muss sicherstellen, dass der Hersteller und gegebenenfalls der Einführer ihren jeweiligen Verpflichtungen im Bereich des Produktsicherheitsrechts nachgekommen sind. Der Händler stellt die letzte Kontrollinstanz dar, die ein Produkt passieren muss, bevor es an den Verbraucher oder Endnutzer gelangt. Spätestens beim letzten Händler in der Lieferkette sollte daher ein unsicheres bzw. nicht-konformes Produkt aufgehalten werden. Ein unsicheres bzw. nicht-konformes Produkt darf der Händler nicht auf dem Markt bereitstellen. Hierin liegt die besondere Bedeutung und Aufgabe der Händler im Rahmen des Produktsicherheitsrechts.

65 Zwischen dem Händler und Hersteller bzw. dem Einführer muss es keinen Auftrag in Hinblick auf die Erfüllung dieser Pflichten geben. Da jedoch die Pflichten des Einführers auf jene des Herstellers bzw. Einführers aufbauen, sollten diese Akteure in Kontakt stehen oder zumindest bei Bedarf in Kontakt treten können. In der Praxis macht es Sinn, dass sich der Händler in den jeweiligen Verträgen mit seinen Lieferanten versichern lässt, dass die erworbenen Produkte den einschlägigen Rechtsvorschriften im Bereich des Produktsicherheitsrechts entsprechen.

66 Es ist auch möglich, dass der Hersteller einen Händler als seinen Bevollmächtigten beauftragt. In diesem Fall muss der Einführer alle einschlägigen Pflichten erfüllen.

(6) Fulfilment-Dienstleister

Fulfilment-Dienstleister stellen im Produktsicherheitsrecht eine relativ neue Kategorie von Wirtschaftsakteuren dar. Letztlich war es der Online-Handel, der das Geschäftsmodell des Fulfilment-Dienstleisters wesentlich vorangetrieben hat. Online-Händler wollen ihre Kunden nach einem Bestelleingang rasch beliefern. Gleichzeitig ist die damit verbundene Logistik aufwendig und kostspielig. Daher greifen Online-Händler häufig auf Fulfilment-Dienstleister zurück, welche sich um diese logistischen Aufgaben kümmern. **67**

Unter einem Fulfilment-Dienstleister versteht man im Sinne des Produktsicherheitsrechts jede natürliche oder juristische Person, die im Rahmen einer Geschäftstätigkeit mindestens zwei der folgenden Dienstleistungen anbietet, ohne jedoch an den Produkten ein Eigentumsrecht zu haben: **68**

1. Lagerhaltung,
2. Verpackung und
3. Adressierung und Versand von Produkten.

Die folgenden Dienstleistungen sind hierbei jedoch nicht erfasst (vgl. Art. 3 Nr. 12 GPSR): **69**

- Postdienste im Sinne des Art. 2 Nr. 1 PSD,
- Paketzustelldienste im Sinne des Art. 2 Nr. 2 CPDSR und
- alle sonstigen Postdienste oder Frachtverkehrsdienstleistungen.

Im Gegensatz zu einem reinen Post- oder Paketzustelldienst ist der Fulfilment-Dienstleister nicht bloß an dem Transport eines Produkts beteiligt. Vielmehr interagiert der Fulfilment-Dienstleister mit dem Produkt in einem stärkeren Ausmaß, nämlich indem er dieses eben lagert, verpackt und/oder sogar adressiert und versendet. Aus diesem Grund gelten die Fulfilment-Dienstleister als „Wirtschaftsakteure“ (siehe dazu gleich unten Rn. 90 f.) und sind somit von diversen Pflichten im Rahmen des Produktsicherheitsrechts erfasst. **70**

Eine besondere Bedeutung hat der Fulfilment-Dienstleister schließlich in Bezug auf die Wahrnehmung der Aufgaben der „verantwortlichen Person“ im Sinne des Art. 16 GPSR (siehe dazu gleich unten Rn. 81 ff.). **71**

(7) Anbieter eines Online-Marktplatzes

Online-Marktplätze spielen im heutigen Wirtschaftsleben eine große Rolle. Dies hat direkte Auswirkungen auf die Belange des Produktsicherheitsrechts. Schließlich sind Online-Marktplätzen in der Regel ein Ort, an welchem eine große Anzahl von Wirtschaftsakteuren mit einer ebenso großen Anzahl von Verbrauchern bzw. Endnutzern in Kontakt treten kann. Somit **72** kommt den Anbietern von Online-Marktplätzen eine besondere Rolle in der Lieferkette zu (vgl. ErwG 45 GPSR). In Konsequenz nimmt das Produktsicherheitsrecht auch die Anbieter von Online-Marktplätzen in die Pflicht.

73 In diesem Sinne bezeichnet der Begriff Anbieter eines Online-Marktplatzes *„einen Anbieter eines Vermittlungsdienstes, der unter Einsatz einer Online-Schnittstelle, die es Verbrauchern ermöglicht, mit Unternehmern Fernabsatzverträge über den Verkauf von Produkten abzuschließen*“ (Art. 3 Nr. 14 GPSR). Unter Online-Schnittstelle versteht man *„jede Software, einschließlich einer Website, eines Teils einer Website oder einer Anwendung, einschließlich mobiler Anwendungen.*“ (Art. 3 Nr. 15 GPSR)

74 Gleichzeitig kann ein solcher Online-Marktplatz in vielen verschiedenen Formen existieren. Dessen Anbieter kann somit verschiedene Funktionen erfüllen. In ihren Erwägungsgründen äußert sich die GPSR folgendermaßen zu dieser Vielfalt:

> *„Im Rahmen der neuen komplexen Geschäftsmodelle im Zusammenhang mit Online-Verkäufen kann dasselbe Unternehmen eine Vielzahl von Dienstleistungen anbieten. Abhängig von der Art der für ein bestimmtes Produkt erbrachten Dienstleistungen kann dasselbe Unternehmen im Rahmen dieser Verordnung unter verschiedene Kategorien von Geschäftsmodellen fallen. Bietet ein Unternehmen lediglich Online-Vermittlungsdienste für ein bestimmtes Produkt an, so würde es lediglich als Anbieter eines Online-Marktplatzes für dieses Produkt gelten. Erbringt dasselbe Unternehmen im Rahmen dieser Verordnung Online-Marktplatzdienste für den Verkauf eines bestimmten Produkts und tritt auch als Wirtschaftsakteur auf, so würde es auch als der betreffende Wirtschaftsakteur gelten. In einem solchen Fall müsste das betreffende Unternehmen daher die für den betreffenden Wirtschaftsakteur geltenden Pflichten erfüllen. Vertreibt beispielsweise der Anbieter des Online-Marktplatzes auch ein Produkt, so wird er in Bezug auf den Verkauf des vertriebenen Produkts als Händler betrachtet. Ebenso würde das betreffende Unternehmen, wenn es seine eigenen Markenprodukte verkauft, als Hersteller auftreten und müsste somit die für Hersteller geltenden Anforderungen erfüllen. Einige Unternehmen können auch als Fulfilment-Dienstleister gelten, wenn sie Fulfilment-Dienstleistungen anbieten. Die betreffenden Fälle müssten somit im Einzelfall bewertet werden.*“ (ErwG 46 GPSR)

75 Letztlich muss daher in jedem Einzelfall genau geprüft werden, welche konkrete Funktion im Sinne des Produktsicherheitsrechts ein bestimmter Akteur einnimmt.

(8) Verbraucher bzw. Endnutzer

Die GPSR dient konkret dem Verbraucherschutz und gilt daher auch nur für Verbraucherprodukte. Viele Harmonisierungsrechtsvorschriften der Union haben jedoch einen weiteren Anwendungsbereich. Sie dienen dem Schutz aller Endnutzer von bestimmten Produkten bzw. Produktkategorien. Dies schließt auch und gerade die gewerbliche bzw. berufliche Verwendung dieser Produkte mit ein. Vor diesem Hintergrund verwendet das Produktsicherheitsrecht sowohl den Begriff „Verbraucher" als auch den weiteren Begriff „Endnutzer". Diese beiden Begriffe werden in der Regel folgendermaßen definiert: 76

- Verbraucher ist *„jede natürliche Person, die zu Zwecken handelt, die außerhalb ihrer gewerblichen, geschäftlichen, handwerklichen oder beruflichen Tätigkeit liegen."* (Art. 3 Nr. 17 GPSR)
- Endnutzer ist *„jede natürliche oder juristische Person mit Wohnsitz oder Niederlassung in der Union, der ein Produkt entweder als Verbraucher außerhalb seiner gewerblichen, geschäftlichen, handwerklichen oder beruflichen Tätigkeit oder als beruflicher Endnutzer im Rahmen seiner gewerblichen oder beruflichen Tätigkeit bereitgestellt wird."* (Art. 3 Nr. 21 MSR)

Verbraucher bzw. Endnutzer unterliegen im Rahmen des Produktsicherheitsrechts grundsätzlich keinen spezifischen Verpflichtungen. Vielmehr dient das Produktsicherheitsrecht deren Schutz. Anders ausgedrückt: Die einschlägigen Rechtsvorschriften sollen Verbraucher bzw. Endnutzer begünstigen, nicht aber verpflichten. In diesem Punkt unterscheidet sich das Produktsicherheitsrecht beispielsweise vom Umwelt- oder Kreislaufwirtschaftsrecht. In diesen Rechtsgebieten sind für private Akteure sehr wohl auch Pflichten vorgesehen. 77

Von diesem allgemeinen Prinzip gibt es allerdings eine Ausnahme: Die Richtlinie 2013/53/EU vom 20. November 2013 über Sportboote und Wassermotorräder (**RCD**) ist eine Harmonisierungsrechtsvorschrift der Union. Sie enthält Anforderungen für den Entwurf und die Herstellung von bestimmten Arten von Booten und Bauteile von Wasserfahrzeugen (vgl. Art. 2 Abs. 1 RCD). Die Besonderheit der RDC liegt darin, dass diese u. a. den Begriff des „privaten Einführers" kennt. Dieser Begriff bezeichnet *„jede in der Union ansässige natürliche oder juristische Person, die ein Produkt aus einem Drittstaat im Zuge einer nichtgewerblichen Tätigkeit auf dem Unionsmarkt mit der Absicht in Verkehr bringt, es zum eigenen Gebrauch in Betrieb zu nehmen"* (vgl. Art. 3 Nr. 17 RCD). An eben diesen privaten Einführer knüpft die RCD konkrete Pflichten. Diese beziehen sich insbesondere auf Fälle, in denen der Hersteller (d. h. der eigentlich Verpflichtete) seinen 78

Aufgaben in Bezug auf die Übereinstimmung des Produkts mit den Bestimmungen der RCD nicht nachkommt (vgl. Art. 12 RCD).

79 Für die Zukunft ist es nicht ausgeschlossen, dass der Unionsgesetzgeber auch noch für weitere Produktkategorien Pflichten an private Akteure knüpfen könnte.

80 Abschließend sei darauf hingewiesen, dass Produkte auch dann ein potenzielles Sicherheitsrisiko darstellen können, wenn diese von Arbeitnehmern im Rahmen von deren beruflichen Tätigkeit genutzt werden. Dies gilt vor allem für Produkte aus dem harmonisierten Produktbereich. Man denke hier insbesondere an Maschinen oder an Geräte zur bestimmungsgemäßen Verwendung in explosionsgefährdeten Bereichen. Daher müssen sich auch Arbeitgeber mit Fragen der Produktsicherheit befassen. Mit dieser Thematik setzt sich das europäische bzw. deutsche Arbeitsschutzrecht auseinander, welches im Rahmen des vorliegenden Praxisleitfadens nicht abgedeckt werden kann.

(9) Die verantwortliche Person

81 Die sog. „verantwortliche Person" bezieht sich nicht auf eine eigenständige Funktion, welche etwa neben die oben bereits behandelten Wirtschaftsakteure treten würde. Vielmehr muss einer der folgenden Akteure auch die Aufgaben der verantwortlichen Person wahrnehmen (vgl. Art. 4 Abs. 2 MSR):

1. der Hersteller, falls dieser in der Union niedergelassen ist,
2. der Einführer, falls der Hersteller nicht in der Union niedergelassen ist oder
3. ein Bevollmächtigter, der vom Hersteller schriftlich zur Wahrnehmung der Aufgaben der verantwortlichen Person beauftragt wurde.

82 Sollte keiner dieser drei Wirtschaftsakteure in der Union niedergelassen sein, so gilt ein in der Union niedergelassener Fulfilment-Dienstleister als verantwortliche Person für die von ihm abgefertigten Produkte (vgl. Art. 4 Abs. 2 lit. d MSR).

Wozu wird die verantwortliche Person benötigt?

83 Den Sinn und Zweck dieser Funktion kann man bereits durch die obigen mehrmaligen Verweise auf eine Niederlassung in der Union erahnen. Die Marktüberwachungsbehörden in Europa stehen oft vor dem Problem, dass die Vorschriften des Produktsicherheitsrechts gegen Wirtschaftsakteure, die außerhalb der Union niedergelassen sind, nur sehr schwer durchgesetzt werden können. Wenn solche Akteure aus Drittstaaten Produkte durch einen Einführer in die Union importieren lassen, können sich die Marktüberwa-

chungsbehörden zumindest an eben diesen Einführer halten. Problematisch war und ist jedoch der direkte Verkauf von Produkten aus Drittstaaten an Endnutzer in der Union im Wege des Versand- bzw. Online-Handels. In diesem Fall gibt es keinen Wirtschaftsakteur, der Ansprechpartner für die Marktüberwachungsbehörden sein könnte. Denn gegenüber Wirtschaftsakteuren in Drittstaaten können die Marktüberwachungsbehörden nicht effektiv vorgehen. Die Endnutzer selbst unterliegen ohnehin keinen Verpflichtungen im Rahmen des Produktsicherheitsrechts. Dies hat zur Folge, dass insbesondere durch den Versand- bzw. Online-Handel viele unsichere Produkte auf den Unionsmarkt gelangen (vgl. ErwG 39 GPSR). Den Zollbehörden kann es schon aus rein praktischen Gründen nicht gelingen, sämtliche solche Produkte an den Grenzen abzufangen.

Aus diesem Grund dürfen bestimmte Produkte nur dann in der Union in Verkehr gebracht werden, wenn es für diese Produkte eine verantwortliche Person gibt. Diese verantwortliche Person muss für das jeweilige Produkt zudem eine Reihe von bestimmten Aufgaben wahrnehmen. 84

Welche Produkte erfordern die Existenz einer verantwortlichen Person?

Im nicht-harmonisierten Produktbereich erfordern sämtliche in den Anwendungsbereich der GPSR fallende Produkte die Existenz einer verantwortlichen Person (vgl. Art. 16 Abs. 1 GPSR). In der Praxis stellt dieses Erfordernis meist kein Problem dar, weil der Hersteller entweder ohnehin in der Union niedergelassen ist oder es zumindest einen Einführer gibt. 85

Im harmonisierten Produktbereich ist eine verantwortliche Person hingegen nur für jene Produkte notwendig, die Gegenstand jener Harmonisierungsrechtsvorschriften sind, die in Art. 4 Abs. 5 MSR aufgezählt werden. Es handelt sich hierbei um die folgenden Produkte bzw. Harmonisierungsrechtsvorschriften: 86

Produkt, welches die Existenz einer „verantwortlichen Person“ erfordert	Zugrunde liegende Harmonisierungsrechtsvorschrift
Bauprodukte	Verordnung (EU) Nr. 305/2011
Persönliche Schutzausrüstung	Verordnung (EU) 2016/425
Geräte zur Verbrennung gasförmiger Brennstoffe	Verordnung (EU) 2016/426
Bestimmte zur Verwendung im Freien vorgesehene Geräte und Maschinen	Richtlinie 2000/14/EG
Maschinen	Richtlinie 2006/42/EG

Produkt, welches die Existenz einer „verantwortlichen Person“ erfordert	Zugrunde liegende Harmonisierungsrechtsvorschrift
Produkte, die – ausschließlich oder nicht ausschließlich – dazu bestimmt oder gestaltet sind, von Kindern unter 14 Jahren zum Spielen verwendet zu werden	Richtlinie 2009/48/EG
Energieverbrauchsrelevante Produkte	Richtlinie 2009/125/EG (künftig abgelöst durch Verordnung (EU) 2024/1781)
Bestimmte Kategorien von Elektro- und Elektronikgeräten, z. B. Haushaltskleingeräte, Haushaltsgroßgeräte, IT- und Telekommunikationsgeräte, Geräte der Unterhaltungselektronik, Beleuchtungskörper etc.	Richtlinie 2011/65/EU
Pyrotechnische Gegenstände	Richtlinie 2013/29/EU
Sportboote und Wassermotorräder	Richtlinie 2013/53/EU
Einfache Druckbehälter	Richtlinie 2014/29/EU
Geräte oder ortsfeste Anlagen, die elektromagnetische Störungen verursachen können oder deren Betrieb durch elektromagnetische Störungen beeinträchtigt werden kann	Richtlinie 2014/30/EU
Nichtselbsttätige Waagen	Richtlinie 2014/31/EU
Messgeräte	Richtlinie 2014/32/EU
Geräte und Schutzsysteme zur bestimmungsgemäßen Verwendung in explosionsgefährdeten Bereichen	Richtlinie 2014/34/EU
Elektrische Betriebsmittel zur Verwendung bei einer Nennspannung zwischen 50 und 1.000 Volt für Wechselstrom und zwischen 75 und 1.500 Volt für Gleichstrom	Richtlinie 2014/35/EU
Funkanlagen	Richtlinie 2014/53/EU
Druckgeräten und Baugruppen mit einem maximal zulässigen Druck (PS) von über 0,5 bar	Richtlinie 2014/68/EU

87 Die konkreten Aufgaben der verantwortlichen Person werden für den harmonisierten Produktbereich in Art. 4 Abs. 3 MSR aufgelistet. Sie lauten:

a) *„Falls in den für ein Produkt geltenden Harmonisierungsrechtsvorschriften der Union eine EU-Konformitätserklärung oder eine Leistungserklärung und technische Unterlagen vorgeschrieben sind: Überprüfung, dass die EU-Konformitätserklärung oder die Leistungserklärung und die* *technischen Unterlagen erstellt wurden, Bereithaltung der Konformitätserklärung oder der Leistungserklärung für die Marktüberwachungsbehörden während des vorgeschriebenen Zeitraums und Sicherstellung, dass die technischen Unterlagen diesen Behörden auf Aufforderung zur Verfügung gestellt werden können;*

b) auf begründetes Verlangen einer Marktüberwachungsbehörde: Übermittlung aller zum Nachweis der Konformität des Produkts erforderlichen Informationen und Unterlagen an die Behörde in einer Sprache, die für diese Behörde leicht verständlich ist;

c) sofern Gründe für die Annahme vorliegen, dass ein bestimmtes Produkt ein Risiko darstellt: Unterrichtung der Marktüberwachungsbehörden;

d) Zusammenarbeit mit den Marktüberwachungsbehörden und – auf begründetes Verlangen – Gewährleistung, dass unverzüglich die notwendigen Korrekturaktivitäten ergriffen werden, um in einem Fall der Nichtkonformität mit den Anforderungen, die in den für das betreffende Produkt geltenden Harmonisierungsrechtsvorschriften der Union festgelegt sind, Abhilfe zu schaffen oder, falls dies nicht möglich ist, die von diesem Produkt ausgehenden Risiken zu mindern, und zwar entweder nach Aufforderung durch die Marktüberwachungsbehörden oder auf eigene Initiative, wenn [die verantwortliche Person] der Ansicht ist oder Grund zu der Annahme hat, dass das betreffende Produkt ein Risiko darstellt."

Die GPSR hat eben diese Aufgaben sinngemäß auch für den nicht-harmonisierten Produktbereich für anwendbar erklärt. Darüber hinaus muss im nicht-harmonisierten Produktbereich die verantwortliche Person auch einige weitere Aufhaben wahrnehmen. Beispielsweise muss sie sicherstellen, dass das betreffende Produkt den technischen Unterlagen entspricht. Zudem muss sie auf Verlangen der Marktüberwachungsbehörden die durchgeführten Überprüfungen dokumentieren können (vgl. Art. 16 Abs. 2 GPSR). **88**

Schließlich gibt es für die verantwortliche Person eine spezielle Kennzeichnungsvorschrift. So müssen „*auf dem Produkt oder seiner Verpackung, dem Paket oder in einem Begleitdokument der Name, der eingetragene Handelsname oder die eingetragene Handelsmarke und die Kontaktdaten einschließlich der Postanschrift*" der verantwortlichen Person angegeben werden (Art. 4 Abs. 4 MSR). Im nicht-harmonisierten Produktbereich ist zusätzlich auch noch eine E-Mail-Adresse anzugeben (vgl. Art. 16 Abs. 3 GPSR). Diese Angaben müssen spätestens zu jenem Zeitpunkt vorliegen bzw. erkennbar sein, an welchem das Produkt bei der Zollabfertigung zum zollrechtlich freien Verkehr angemeldet wird (vgl. Art. 26 Abs. 1 lit. d MSR). In der Praxis kommt dieser Kennzeichnungsvorschrift für die verantwortliche Person oft keine eigenständige Bedeutung zu. Dies liegt darin, dass **89** für Hersteller bzw. Einführer – welche häufig gleichzeitig auch als verantwortliche Person agieren – ohnehin dieselben oder sehr ähnliche Kennzeichnungsvorschriften gelten. Es ist nicht notwendig, dass ein und derselbe Wirtschaftsakteur seine Daten doppelt angibt. An dieser Stelle ist aber zu beachten, dass einzelne Harmonisierungsrechtsvorschriften im Hinblick auf die Stelle, an der eine solche Kennzeichnung anzubringen ist, strengere Vorgaben machen können.

(10) Wirtschaftsakteur

90 Im Rahmen des Produktsicherheitsrechts bezeichnet der Begriff „Wirtschaftsakteur" den

1. Hersteller,
2. Bevollmächtigten,
3. Einführer,
4. Händler,
5. Fulfilment-Dienstleister oder
6. jede andere natürliche oder juristische Person, die Pflichten im Zusammenhang mit der Herstellung von Produkten oder deren Bereitstellung auf dem Markt gemäß der GPSR oder den einschlägigen Harmonisierungsrechtsvorschriften der Union unterliegt (vgl. z. B. Art. 3 Nr. 13 GPSR; Art. 3 Nr. 13 MSR).

91 Wirtschaftsakteur ist ein Sammelbegriff. Auf diese Weise können einzelne Rechtsvorschriften im Produktsicherheitsrecht alle oben genannten Personen gleichermaßen adressieren. Die in der Praxis überwiegende Mehrheit aller Wirtschaftsakteure fällt unter die oben genannten Punkte 1 bis 5. Die Reichweite von Punkt 6 ist sehr weit, spielt im Wesentlichen aber nur im harmonisierten Produktbereich eine Rolle. Beispiele für solche „sonstige Wirtschaftsakteure" sind:

– der Produzent eines Erzeugnisses und der nachgeschaltete Anwender gemäß den jeweiligen Begriffsbestimmungen in der REACH-Verordnung bzw. der CLP-Verordnung;
– der Montagebetrieb gemäß der Begriffsbestimmung in der Aufzugs-Richtlinie 2014/33/EU;
– der Lieferant gemäß der Begriffsbestimmung in der Verordnung (EU) 2020/740;
– der Händler gemäß der Begriffsbestimmung in der Verordnung (EU) 2017/1369.

Hingegen fällt auf, dass der Anbieter eines Online-Marktplatzes grundsätzlich nicht unter den Begriff „Wirtschaftsakteur" fällt. Auch sind Verbraucher bzw. Endnutzer keine Wirtschaftsakteure, da ihnen im Rahmen des Produktsicherheitsrechts grundsätzlich keine Pflichten zukommen. 92

(11) Anbieter von Diensten der Informationsgesellschaft

Dieser Akteur taucht in der GPSR gar nicht auf, unterliegt aber Pflichten nach der MSR. Unter „Dienst" versteht man in diesem Zusammenhang 93

> *„jede in der Regel gegen Entgelt elektronisch im Fernabsatz und auf individuellen Abruf eines Empfängers erbrachte Dienstleistung. Im Sinne dieser Definition bezeichnet der Ausdruck*
>
> *i. „im Fernabsatz erbrachte Dienstleistung" eine Dienstleistung, die ohne gleichzeitige physische Anwesenheit der Vertragsparteien erbracht wird;*
>
> *ii. „elektronisch erbrachte Dienstleistung" eine Dienstleistung, die mittels Geräten für die elektronische Verarbeitung (einschließlich digitaler Kompression) und Speicherung von Daten am Ausgangspunkt gesendet und am Endpunkt empfangen wird und die vollständig über Draht, über Funk, auf optischem oder anderem elektromagnetischem Wege gesendet, weitergeleitet und empfangen wird;*
>
> *iii. „auf individuellen Abruf eines Empfängers erbrachte Dienstleistung" eine Dienstleistung die durch die Übertragung von Daten auf individuelle Anforderung erbracht wird.*" (Art. 1 Abs. 1 lit. b der Richtlinie (EU) 2015/1535)

Der Anbieter von Diensten der Informationsgesellschaft ist gemäß Art. 7 Abs. 2 MSR verpflichtet, „*auf Aufforderung der Marktüberwachungsbehörden und in konkreten Fällen mit diesen zur Unterstützung von Maßnahmen zusammen*[zuarbeiten], *um die Risiken abzuwenden oder – falls das nicht möglich ist – zu mindern, die von einem Produkt ausgehen, das über ihre Dienste online zum Verkauf angeboten wurde oder wird*". 94

c) Welche Produkte sind vom Produktsicherheitsrecht erfasst?

Dieses Kapitel setzt sich mit dem sachlichen Anwendungsbereich des europäischen Produktsicherheitsrechts auseinander. Die zentralen Fragen in diesem Zusammenhang lauten: 95

- Was versteht man unter einem „Produkt"?
- Was ist mit Produkten, die aus mehreren Teilen bestehen?
- Welche Rolle spielt Software?

- Gibt es Sonderregelungen für gebrauchte, reparierte und/oder wiederaufgearbeitete Produkte?
- Welche Kategorien von Produkten sind vom Anwendungsbereich der GPSR bzw. der einzelnen Harmonisierungsrechtsvorschriften erfasst?

96 Im Folgenden wird zunächst der Begriff des Produkts in einem allgemeinen Sinn erörtert. Die entsprechenden Erwägungen gelten grundsätzlich gleichermaßen für den nicht-harmonisierten wie auch für den harmonisierten Produktbereich. Bei der Erläuterung des Anwendungsbereichs der einschlägigen Rechtsvorschriften auf bestimmte Produktkategorien muss jedoch zwischen diesen beiden Bereichen unterschieden werden.

(1) Der Begriff des „Produkts"

97 Es ist unmöglich, den Begriff des Produkts umfassend zu definieren. Die Bandbreite an Produkten, die tagtäglich am Unionsmarkt angeboten bzw. bereitgestellt werden, ist im wahrsten Sinn des Wortes unüberschaubar. Selbst innerhalb einer einzelnen Produktkategorie (z. B. Elektronikgeräte) kann eine enorme Vielfalt herrschen. Diese Heterogenität schlägt sich auch in einer bunten Begriffsvielfalt nieder. Der Blue Guide kommentiert dies so:

> „*Die unter die Rechtsvorschriften fallenden Gegenstände werden beispielsweise als Produkte, Ausrüstungen, Apparate, Geräte, Einrichtungen, Instrumente, Stoffe, Vorrichtungen, Ausrüstungsteile oder Ausrüstungsteile mit Sicherheitsfunktion, Einheiten, Elemente, Zubehörteile, Systeme oder unvollständige Maschinen bezeichnet.*" (Blue Guide, Pkt. 2.1, S. 16)

98 Trotz dieser Vielfalt gibt es aber dennoch drei Charakteristika, durch welche sich „Produkte" im Sinne des europäischen Produktsicherheitsrechts auszeichnen. In der Regel sind Produkte **fertiggestellte**, **neue** und **körperliche** Gegenstände. Diese Aspekte sollen nachfolgend näher erläutert werden:

1. Erstens unterliegen nur „Endprodukte" den Vorgaben des Produktsicherheitsrechts. Anders ausgedrückt: Die entsprechenden Vorgaben gelten nicht für einzelne Ressourcen oder Komponenten, die weder eine eigenständige Funktion haben noch eigenständig vermarktet werden. Das Produktsicherheitsrecht soll primär den Verbraucher bzw. Endnutzer schützen. Dieser erhält im Regelfall ein fertiges Endprodukt und nicht etwa eine Ansammlung von Einzelteilen, die sich noch im Herstellungsprozess befinden.

   Ein Produkt kann aber auch dazu dienen, den Herstellungsprozess eines anderen Produkts zu unterstützen. Ebenso können Ersatzteile Produkte sein, auch wenn diese letztlich in ein anderes eingebaut werden. In diesen Fällen handelt es sich somit nicht um bloße Komponenten, sondern um

Endprodukte. Diese unterliegen damit ihrerseits den Vorgaben des Produktsicherheitsrechts. Der Blue Guide kommentiert zu solchen Fällen:

> „*Daher können im Sinne einer spezifischen Harmonisierungsrechtsvorschrift Ausrüstungsteile, Ersatzteile oder Baugruppen als Endprodukte angesehen werden, wobei ihre Endnutzung darin besteht, in ein Enderzeugnis eingebaut oder zu seiner Herstellung verwendet zu werden.*“ (Blue Guide, Pkt. 2.1, S. 16)

Vor diesem Hintergrund spielt es im Hinblick auf die Anwendung des Produktsicherheitsrechts keine Rolle, ob ein bestimmtes „Endprodukt“ gebrauchsfertig ist oder ob es zum Einbau in ein anderes Produkt bestimmt ist.

Beispiel:
Ein Autoreifen ist ein Endprodukt, welches den einschlägigen Rechtsvorschriften entsprechen muss. Die Tatsache, dass dieser Autoreifen seinen Verwendungszweck erst nach Montage an einem Fahrzeug erfüllen kann, ändert hieran nichts.

Ebenso ist es möglich, dass ein Endprodukt ein anderes Produkt enthält. Der für das Endprodukt verantwortliche Wirtschaftsakteur muss in diesem Fall sicherstellen, dass das gesamte Produkt den einschlägigen Rechtsvorschriften entspricht.

Wird eine Kombination aus verschiedenen Produkten und Teilen vermarktet, stellt sich folgende Frage: Reicht es aus, wenn die jeweiligen Einzelteile den einschlägigen Rechtsvorschriften entsprechen? Oder gilt die Kombination als ein einheitliches Endprodukt? Im letzteren Falle müsste das Endprodukt als solches den Vorgaben genügen. Solche Konstellationen müssen stets im Einzelfall geprüft werden (vgl. Blue Guide, Pkt. 2.1, S. 17). Schließlich entstehen manche Produktrisiken erst durch eine Kombination von verschiedenen Produkten und Teilen.

Ähnliche Überlegungen gibt es auch im Hinblick auf Endprodukte, die gemeinsam angeboten werden. Der Blue Guide sagt hierzu:

> „*Werden zwei oder mehr Endprodukte in derselben Verpackung angeboten, die kein einziges Endprodukt darstellen, sondern zusammen verwendet werden sollen, muss der Hersteller, der die Kombination vermarktet, auf die Risiken der in der Verpackung enthaltenen Produkte eingehen, wenn diese zusammen verwendet werden.*“ (Blue Guide, Pkt. 2.1, S. 17)

2. Zweitens unterliegen nur neue – nicht gebrauchte – Produkte den Vorgaben des Produktsicherheitsrechts. Werden Produkte jedoch aus einem

Drittstaat erstmals in den Unionsmarkt eingeführt, spielt dieses Kriterium keine Rolle. Im Fall der Einführung müssen auch gebrauchte Produkte den einschlägigen Rechtsvorschriften entsprechen.

Darüber hinaus sind gebrauchte Produkte dann als „neu" anzusehen, wenn sie einer „wesentlichen Veränderung" unterzogen wurden. Dies hat zur Folge, dass derartig modifizierte Produkte bei ihrer erneuten Bereitstellung auf dem Markt als neu in Verkehr gebracht gelten. Sie müssen daher alle aktuellen Vorgaben des Produktsicherheitsrechts einhalten. Für Details zum Begriff der wesentlichen Veränderung siehe oben Rn. 48 ff.

Solange die Schwelle einer wesentlichen Veränderung noch nicht erreicht wird, hat die Reparatur, Instandsetzung, Wartung und/oder Modifizierung von Produkten keine Auswirkungen auf das Produktsicherheitsrecht. Dies gilt sogar dann, wenn das Produkt durch solche Maßnahmen verbessert wird. Der Blue Guide sagt hierzu:

> *„Wird die ursprüngliche Leistung eines Produkts geändert (im Rahmen des im Entwurfsstadium festgelegten vorgesehenen Verwendungszwecks und Leistungsbereichs sowie der vorgesehenen Instandhaltung), weil die zu seiner Reparatur verwendeten Ersatzteile bedingt durch den technischen Fortschritt eine bessere Leistung erbringen, ist dieses Produkt nicht als neu gemäß den Harmonisierungsrechtsvorschriften der Union zu erachten.*" (Blue Guide, Pkt. 2.1, S. 18)

3. Das dritte Charakteristikum ist etwas schwer zu fassen. Es geht um folgende Frage: Ist unter dem Begriff „Produkt" prinzipiell ein körperlicher Gegenstand zu verstehen? Falls ja, würde Software per se kein Produkt darstellen. Die GPSR äußert sich hierzu nicht. Der Blue Guide trifft ebenfalls keine klare Aussage zu diesem Thema. Eine eindeutige Festlegung gibt es nur für Medizinprodukte und für In-vitro-Diagnostika. Solche Produkte können ausdrücklich auch in der Form von Software vorliegen (vgl. Art. 2 Nr. 1 MDR bzw. Art. 2 Nr. 1 IVDR). Diese ausdrücklichen Festlegungen wären nicht notwendig gewesen, würde Software grundsätzlich als ein Produkt im Sinne des europäischen Produktsicherheitsrechts qualifiziert werden. Vor diesem Hintergrund bestehen gute Gründe zur Annahme, dass unter dem Begriff „Produkt" tatsächlich (nur) ein körperlicher Gegenstand zu verstehen ist. Anders verhält es sich, wenn Software in Form eines Datenträgers verkörpert wird. Ein Computerspiel auf CD-ROM ist zweifellos ein Produkt. Dieses unterliegt somit auch den einschlägigen Vorgaben des Produktsicherheitsrechts.

   Wie dem auch sei, Software spielt für viele Produkte eine essenzielle Rolle. Viele Produkte werden – oft vom Nutzer sogar unbemerkt – ganz oder teilweise durch Software gesteuert. Seit jüngerer Vergangenheit gibt es auch noch die Gruppe der „vernetzten Produkte“. Diese sind in der Lage mit einem Backend, einem Netzwerk oder gar dem offenen Internet zu kommunizieren. Grundsätzlich kann man beim Einsatz von Software vier Szenarien unterscheiden (vgl. Opinion AI Sub-Group, S. 8 bis 9):

- Software kann in einem Produkt bereits enthalten bzw. installiert sein (sog. „embedded software“);
- Software kann dazu gedacht sein, auf einem Produkt erst noch installiert zu werden (z. B. nach oder bei der erstmaligen Inbetriebnahme durch den Endnutzer);
- Software kann unter Umständen mit einem Produkt interagieren und diese beeinflussen, ohne jedoch auf diesem selbst installiert zu sein (z. B. bei der Nutzung von Cloud-Diensten);
- Software kann ein eigenständiges Produkt darstellen (z. B. kauft der Endnutzer online eine App und lädt diese auf seinen Rechner herunter). In diesem Fall stellt sich dann die oben aufgeworfene Frage nach der Produkteigenschaft von Software an sich.

In jedem Fall ist klar, dass die Nutzung von Software in oder mit einem Produkt diverse Risiken nach sich ziehen kann. Produkte mit Software bilden im Rahmen des Produktsicherheitsrechts allerdings keine eigenständige Kategorie. Sie müssen vielmehr ganz einfach die einschlägigen Rechtsvorschiften erfüllen. Bei der Risikobewertung solcher Produkte müssen daher insbesondere auch jene Gefahren geprüft werden, die von integrierter Software bzw. Konnektivität ausgehen können (vgl. Blue Guide, Pkt. 2.1, S. 18).

(2) Welche Produkte sind vom nicht-harmonisierten Produktbereich erfasst?

Für den nicht-harmonisierte Produktbereich definiert die GPSR als Pro- 99
dukt *„jeden Gegenstand, der für sich allein oder in Verbindung mit anderen Gegenständen entgeltlich oder unentgeltlich — auch im Rahmen der Erbringung einer Dienstleistung — geliefert oder bereitgestellt wird und für Verbraucher bestimmt ist oder unter vernünftigerweise vorhersehbaren Bedingungen wahrscheinlich von Verbrauchern benutzt wird, selbst wenn er nicht für diese bestimmt ist“* (Art. 3 Nr. 1 GPSR).

Somit ist der Anwendungsbereich der GPSR auf Verbraucherprodukte ein- 100
geschränkt (für Details zur Definition und Rolle des Verbrauchers siehe oben Rn. 76 ff. Abgesehen von dieser Einschränkung weist die GPSR jedoch einen sehr weiten Anwendungsbereich auf. Sie gilt für sämtliche in Verkehr gebrachte oder auf dem Markt bereitgestellte Produkte, die nicht bereits ganz oder teilweise durch speziellere Vorschriften im Bereich des Produktsi-

cherheitsrechts abgedeckt sind (vgl. Art. 2 Abs. 1 GPSR). Mit anderen Worten: Die GPSR schafft ein Auffangnetz für alle Verbraucherprodukte, die nicht ganz oder teilweise einer Harmonisierungsvorschrift unterliegen.

101 Von dieser klaren Trennung zwischen dem nicht-harmonisierte Produktbereich (geregelt durch die GPSR) und dem harmonisierten Produktbereich (geregelt durch diverse Harmonisierungsvorschriften) gibt es allerdings ein paar Ausnahmen. So sind manche Kapitel der GPSR dennoch auch für solche Verbraucherprodukte anwendbar, die bereits von einer Harmonisierungsvorschrift abgedeckt sind. Beispiele hierfür sind die Regelungen der GPSR zu Anbietern eines Online-Marktplatzes, zum Safety Gate sowie zu Maßnahmen und Abhilfe bei unsicheren Produkten (vgl. Art. 2 Abs. 1 UAbs. 3 GPSR).

102 Darüber hinaus gibt es eine Reihe von Produktkategorien, die vom Anwendungsbereich der GPSR generell ausgenommen sind. In der Regel handelt es sich hierbei um Produktkategorien, für die ohnehin ein ganz eigenständiger Rechtsrahmen geschaffen wurde. In diesem Sinne gilt die GPSR gemäß Art. 2 Abs. 2 nicht für:

a) „Human- und Tierarzneimittel,

b) Lebensmittel,

c) Futtermittel,

d) lebende Pflanzen und Tiere, genetisch veränderte Organismen und genetisch veränderte Mikroorganismen in geschlossenen Systemen sowie Erzeugnisse von Pflanzen und Tieren, die unmittelbar mit ihrer künftigen Reproduktion zusammenhängen,

e) tierische Nebenprodukte und Folgeprodukte,

f) Pflanzenschutzmittel,

g) Beförderungsmittel, mittels derer Verbraucher sich fortbewegen oder reisen und die von Dienstleistungserbringern im Rahmen einer Transportdienstleistung, die Verbrauchern erbracht wird, direkt bedient werden und nicht von den Verbrauchern selbst bedient werden,

h) Luftfahrzeuge gemäß Art. 2 Abs. 3 lit. d der Verordnung (EU) 2018/1139,

i) Antiquitäten."

(3) Welche Produkte sind vom harmonisierten Produktbereich erfasst?

103 Es würde den verfügbaren Rahmen in diesem Praxisleitfaden sprengen, alle Produkte aufzuzählen oder gar näher zu erörtern, die vom harmonisierten Produktbereich erfasst sind. Die folgende Tabelle bietet eine beispielhafte

Aufzählung solcher Produkte samt den jeweils zugrunde liegenden Harmonisierungsrechtsvorschriften:

Produkt im harmonisierten Produktbereich	**Zugrunde liegende Harmonisierungsrechtsvorschrift**
Kosmetische Mittel	Verordnung (EG) Nr. 1223/2009
Bauprodukte	Verordnung (EU) Nr. 305/2011
Textilerzeugnisse	Verordnung (EU) Nr. 1007/2011
Biozidprodukte	Verordnung (EU) Nr. 528/2012
Persönliche Schutzausrüstung	Verordnung (EU) 2016/425
Geräte zur Verbrennung gasförmiger Brennstoffe	Verordnung (EU) 2016/426
Maschinen	Bis 19.1.2027: Richtlinie 2006/42/EG ab 20.1.2027: Verordnung (EU) 2023/1230
Produkte, die – ausschließlich oder nicht ausschließlich – dazu bestimmt oder gestaltet sind, von Kindern unter 14 Jahren zum Spielen verwendet zu werden	Richtlinie 2009/48/EG
Energieverbrauchsrelevante Produkte	Richtlinie 2009/125/EG (künftig abgelöst durch Verordnung (EU) 2024/1781)
Bestimmte Kategorien von Elektro- und Elektronikgeräten, z. B. Haushaltskleingeräte, Haushaltsgroßgeräte, IT- und Telekommunikationsgeräte, Geräte der Unterhaltungselektronik, Beleuchtungskörper etc.	Richtlinie 2011/65/EU
Pyrotechnische Gegenstände	Richtlinie 2013/29/EU
Sportboote und Wassermotorräder	Richtlinie 2013/53/EU
Explosivstoffe für zivile Zwecke	Richtlinie 2014/28/EU
Einfache Druckbehälter	Richtlinie 2014/29/EU
Geräte oder ortsfeste Anlagen, die elektromagnetische Störungen verursachen können oder deren Betrieb durch elektromagnetische Störungen beeinträchtigt werden kann	Richtlinie 2014/30/EU
Nichtselbsttätige Waagen	Richtlinie 2014/31/EU
Messgeräte	Richtlinie 2014/32/EU

Produkt im harmonisierten Produktbereich	Zugrunde liegende Harmonisierungsrechtsvorschrift
Aufzüge und Sicherheitsbauteile für Aufzüge	Richtlinie 2014/33/EU
Geräte und Schutzsysteme zur bestimmungsgemäßen Verwendung in explosionsgefährdeten Bereichen	Richtlinie 2014/34/EU
Elektrische Betriebsmittel zur Verwendung bei einer Nennspannung zwischen 50 und 1.000 Volt für Wechselstrom und zwischen 75 und 1.500 Volt für Gleichstrom	Richtlinie 2014/35/EU
Funkanlagen	Richtlinie 2014/53/EU
Druckgeräte und Baugruppen mit einem maximal zulässigen Druck (PS) von über 0,5 bar	Richtlinie 2014/68/EU

104 Es ist möglich, dass ein einzelnes Produkt mehreren Harmonisierungsrichtlinien unterfällt. In einem solchen Fall muss das betroffene Produkt sämtlichen anwendbaren Rechtsvorschriften genügen.

Beispiel:

Ein Smartphone unterliegt in der Regel den folgenden drei Harmonisierungsrechtsvorschriften:

- Richtlinie 2014/53/EU, denn das Smartphone ist eine Funkanlage;
- Richtlinie 2011/65/EU, denn Smartphone ist zudem auch ein elektronisches IT- und Telekommunikationsgerät;
- Richtlinie 2009/125/EC, denn das Smartphone ist zuletzt auch noch ein energieverbrauchsrelevantes Produkt.

Daher muss ein Smartphone die Anforderungen aus allen drei genannten Richtlinien erfüllen. Viele der hier relevanten Vorschriften sind aber ohnehin deckungsgleich, insbesondere Kennzeichnungsvorschriften. Diese müssen auch nur einmal erfüllt werden. Sehen mehrere anwendbare Richtlinien beispielsweise gleichermaßen vor, dass der Hersteller am Produkt die CE-Kennzeichnung anzubringen hat, dann muss dies nur ein einziges Mal geschehen – aber eben auch nur dann, wenn das zu kennzeichnende Produkt tatsächlich all diesen anwendbaren Rechtsvorschriften entspricht.

105 Wie man an der obigen Tabelle beispielhaft sehen kann, weisen die einzelnen Harmonisierungsrechtsvorschriften jeweils einen konkreten sachlichen Anwendungsbereich auf. Dieser wird in der Regel gleich zu Beginn einer solchen Vorschrift in einem entsprechenden Artikel definiert. Er erfasst meist ein spezifisches Produkt oder eine spezifische Produktkategorie. Diese Definitionen sind vielfach sehr weit gefasst und müssen daher oft durch eine Liste von Ausnahmen ergänzt werden. Auf diese Weise werden bestimmte für die Harmonisierung unerwünschte Typen oder Verwendungszwecke der eigentlich erfassten Produkte bzw. Produktkategorien vom Anwendungsbereich der Vorschrift wieder ausgenommen. Ein klassisches Beispiel für ausgenommene Produkte sind solche für polizeiliche oder militärische Zwecke. Weitere typische Ausnahmen betreffen Produkte, die im Zusammenhang mit Luftfahrtausrüstung oder Schiffsausrüstung stehen. Der Anwendungsbereich einer Harmonisierungsrechtsvorschrift muss zudem in enger Verbindung mit den jeweils relevanten Begriffsbestimmungen gelesen werden. Erst durch diese Zusammenschau lässt sich letztlich feststellen, ob ein spezifisches Produkt nun unter eine bestimmte Harmonisierungsrechtsvorschrift fällt oder nicht.

Das oben Gesagte soll am Beispiel der RED demonstriert werden: **106**

- Art. 1 Abs. 1 RED legt deren Anwendungsbereich mit folgenden Worten fest: „*Mit dieser Richtlinie wird in der Union ein Regelungsrahmen für die Bereitstellung auf dem Markt und die Inbetriebnahme von Funkanlagen festgelegt.*“

  Es geht also um Funkanlagen. Aber was versteht man unter diesem Begriff? Gemäß Art. 2 Abs. 1 Nr. 1 RED bezeichnet der Ausdruck Funkanlage

  > *„ein elektrisches oder elektronisches Erzeugnis, das zum Zweck der Funkkommunikation und/oder der Funkortung bestimmungsgemäß Funkwellen ausstrahlt und/oder empfängt, oder ein elektrisches oder elektronisches Erzeugnis, das Zubehör, etwa eine Antenne, benötigt, damit es zum Zweck der Funkkommunikation und/oder der Funkortung bestimmungsgemäß Funkwellen ausstrahlen und/oder empfangen kann“.*

- Da die RED aber nicht alle Funkanlagen einer Harmonisierung unterziehen will, listet deren Anhang I bestimmte Geräte auf, für welche die RED nicht gilt. Diese Liste lautet:

  > *„Funkanlagen, die von Funkamateuren im Sinne des Artikels 1 Definition 56 der Vollzugsordnung für den Funkdienst im Rahmen der Internationalen Fernmeldeunion verwendet werden, es sei denn, die Anlagen werden auf dem Markt bereitgestellt.*
  >
  > *Folgende Gegenstände gelten als nicht auf dem Markt bereitgestellt:*
  >
  > *a) Bausätze für Funkanlagen, die von Funkamateuren zusammengebaut und für ihre Zwecke verwendet werden;*

b) Funkanlagen, die von Funkamateuren umgebaut und für ihre Zwecke verwendet werden;

c) Geräte, die von einzelnen Funkamateuren im Rahmen des Amateurfunkdienstes zu experimentellen und wissenschaftlichen Zwecken zusammengebaut wurden.

1. Schiffsausrüstung, die von der Richtlinie 96/98/EG des Rates erfasst wird.

2. Die folgende Luftfahrtausrüstung, wenn diese Ausrüstung in den Anwendungsbereich der Verordnung (EU) 2018/1139 des Europäischen Parlaments und des Rates fällt und ausschließlich für die Nutzung in der Luft bestimmt ist:

a) Luftfahrzeuge, die keine unbemannten Luftfahrzeuge sind, und die dazugehörigen Motoren, Propeller und Teile und die dazugehörige nicht eingebaute Ausrüstung;

b) unbemannte Luftfahrzeuge sowie die dazugehörigen Motoren, Propeller, Teile und die dazugehörige nicht eingebaute Ausrüstung, deren Konstruktion gemäß Artikel 56 Absatz 1 der genannten Verordnung zertifiziert ist und die zum Betrieb ausschließlich auf den durch die Vollzugsordnung für den Funkdienst der Internationalen Fernmeldeunion zugeteilten Frequenzen für den geschützten Flugbetrieb bestimmt sind.

3. Kunden- und anwendungsspezifisch angefertigte Erprobungsmodule, die von Fachleuten ausschließlich in Forschungs- und Entwicklungseinrichtungen für ebensolche Zwecke verwendet werden.“

– Schlussendlich sieht Art. 1 Abs. 3 RED noch weitere Ausnahmen vor und bestimmt in diesem Sinne:

„*Diese Richtlinie gilt nicht für Funkanlagen, die ausschließlich für Tätigkeiten im Zusammenhang mit der öffentlichen Sicherheit, der Verteidigung, der Sicherheit des Staates einschließlich seines wirtschaftlichen Wohls, wenn sich die Tätigkeiten auf Angelegenheiten der staatlichen Sicherheit beziehen, oder für die Tätigkeiten des Staates im strafrechtlichen Bereich benutzt werden.*“

107 Letztlich muss man sich durch alle oben zitierten Texte durcharbeiten, um feststellen zu können, ob die RED nun für ein bestimmtes Gerät anwendbar ist oder nicht. Manche Harmonisierungsrechtsvorschriften bestimmen ihren sachlichen Anwendungsbereich viel kürzer und einfacher. Andere wiederum sind noch komplizierter gefasst als das obige Beispiel anhand der RED.

d) Wann unterliegen Produkte dem Produktsicherheitsrecht?

(1) Allgemeine Bemerkungen

Neben dem persönlichen und sachlichen Anwendungsbereich stellt sich die Frage nach dem zeitlichen Anwendungsbereich des europäischen Produktsicherheitsrechts. Mit anderen Worten: Wann müssen Produkte den einschlägigen Rechtsvorschriften entsprechen? **108**

Ein Produkt muss weder der GPSR noch den diversen Harmonisierungsrechtsvorschriften entsprechen, solange es sich bloß in der Entwicklungs- oder Herstellungsphase befindet. Zu diesem Zeitpunkt liegt noch gar kein „Produkt" im Sinne des Produktsicherheitsrechts vor. Gleichzeitig steht außer Frage, dass nur sichere Produkte den Verbraucher bzw. Endnutzer erreichen dürfen. Es muss daher im Laufe der Lieferkette einen spezifischen Zeitpunkt geben, ab dem ein bestimmtes Produkt die einschlägigen Rechtsvorschriften erfüllen muss. Dieser Zeitpunkt wird in den entsprechenden Rechtsvorschriften entweder explizit genannt oder ergibt sich aus dem Zusammenhang. **109**

Als allgemeiner Grundsatz gilt, dass ein einzelnes Produkt (spätestens) dann der GPSR bzw. den diversen Harmonisierungsrechtsvorschriften entsprechen muss, wenn es „in Verkehr gebracht" wird. In einigen Harmonisierungsrechtsvorschriften ist hierfür aber der Zeitpunkt der „Inbetriebnahme" eines Produkts maßgeblich. Ein weiteres wesentliches Konzept für die zeitliche Dimension des Produktsicherheitsrechts ist die „Bereitstellung auf dem Markt". Vor diesem Hintergrund knüpfen die konkreten Pflichten der einzelnen Wirtschaftsakteure meist an einen oder mehrere dieser Zeitpunkte an. **110**

Beispiele für die oben erwähnten zeitlichen Konzepte (eigene Hervorhebungen): **111**

- *„Die Wirtschaftsakteure dürfen nur sichere Produkte* ***in Verkehr bringen*** *oder* ***auf dem Markt bereitstellen****.*" (Art. 5 GPSR)
- *„Bevor Einführer ein Produkt* ***in Verkehr bringen****, gewährleisten sie, dass es dem allgemeinen Sicherheitsgebot* […] *entspricht* […]." (Art. 11 Abs. 1 GPSR)
- *„Die Händler berücksichtigen die Anforderungen dieser Richtlinie mit der gebührenden Sorgfalt, wenn sie ein elektrisches Betriebsmittel* ***auf dem Markt bereitstellen****.*" (Art. 9 Abs. 1 LVD)
- *„Mit dieser Richtlinie wird in der Union ein Regelungsrahmen für die* ***Bereitstellung auf dem Markt*** *und die* ***Inbetriebnahme*** *von Funkanlagen festgelegt.*" (Art. 1 Abs. 1 RED)

112 Besondere Fragen wirft der zeitliche Anwendungsbereich des Produktsicherheitsrechts bei solchen Produkten auf, die

- online oder über eine andere Form des Fernabsatzes angeboten werden, und/oder
- aus Drittstaaten in die Union eingeführt werden.

113 Ein weiterer wichtiger Aspekt betrifft die Präsentation von Produkten auf Fachmessen oder Ausstellungen sowie die Übergabe von Produkten an Personen zu Erprobungs- und Validierungszwecken. Hier drängt sich das Problem auf, ob Produkte auch für solche Zwecke bereits den einschlägigen Rechtsvorschriften voll entsprechen müssen.

114 Schlussendlich stellt sich die Frage, ob Produkte nach deren Inverkehrbringen bzw. Inbetriebnahme für ihre gesamte Lebensdauer den einschlägigen Rechtsvorschriften entsprechen müssen. Anders ausgedrückt: Ist der zeitliche Anwendungsbereich des europäischen Produktsicherheitsrechts auf ein Produkt in irgendeiner Form begrenzt?

115 Die oben erwähnten Konzepte und Begriffe sind relativ komplex und sollen in diesem Kapitel näher erörtert werden. In diesem Zusammenhang macht eine Unterscheidung zwischen dem harmonisierten bzw. nicht-harmonisierten Produktbereich keinen Sinn. Beide Bereiche gehen von denselben Begriffsverständnissen aus.

(2) Bereitstellung auf dem Markt

116 Unter „Bereitstellung auf dem Markt“ versteht das europäische Produktsicherheitsrecht *„jede entgeltliche oder unentgeltliche Abgabe eines Produkts zum Vertrieb, zum Verbrauch oder zur Verwendung auf dem Unionsmarkt im Rahmen einer Geschäftstätigkeit.“* (Art. 3 Nr. 6 GPSR)

117 Diese Definition ist aus sich heraus nur schwer verständlich. Zu welchem Zeitpunkt wird denn nun ein Produkt am Markt bereitgestellt? Geschieht dies in dem Moment, in dem der Händler einem Kunden die erworbene Ware physisch übergibt oder per Paket zusendet? Oder ist hierfür jener frühere Zeitpunkt entscheidend, an welchem sich die Parteien über den Handel geeinigt haben? Oder geschieht die Bereitstellung sogar noch früher, nämlich dann, wenn der Händler das Produkt auf Lager hat und durch Werbung zu dessen Kauf aufruft?

118 Für das Verständnis des Konzepts der „Bereitstellung auf dem Markt“ sind die folgenden Erwägungen zentral (vgl. Blue Guide, Pkt. 2.2, S. 19):

- Das Konzept der Bereitstellung bezieht sich immer auf ein einzelnes Produkt und nicht auf eine gesamte Produktkategorie oder Serie.

Beispiel:
Ein Hersteller bringt ein neues Smartphone-Modell auf den Markt (das „Modell X“). Es werden 100 Mio. Einheiten von Modell X produziert und über viele Jahre in der EU verkauft. Eine Bereitstellung auf dem Markt liegt jedes einzelne Mal vor, wenn ein Exemplar von Modell X von irgendeinem Händler in irgendeinem Mitgliedstaat angeboten oder verkauft wird. Hierbei spielt es keine Rolle, dass es sich bei Modell X um ein Serienerzeugnis handelt. Auch spielt es keine Rolle, dass derselbe Händler andere Exemplare von eben diesem Modell X bereits in der Vergangenheit angeboten oder verkauft hat.

- Die Bereitstellung muss sich in geografischer Hinsicht auf den Unionsmarkt beziehen. Soll das Produkt auf dem Unionsmarkt weder vertrieben, verbraucht oder verwendet werden, liegt keine Bereitstellung im obigen Sinne vor. Dies betrifft insbesondere Produkte, die zwar im Unionsmarkt hergestellt oder in diesen eingeführt werden, aber letztlich für die Ausfuhr in Drittstaaten bestimmt sind.
- Die Bereitstellung setzt voraus, dass sich das Produkt nicht mehr in der Herstellungsphase befindet. Das Produkt muss vereinfacht gesagt abgabe- bzw. lieferbereit sein. Es mag durchaus vorkommen, dass ein Kunde ein Produkt bestellt, das erst noch hergestellt oder final konfiguriert werden muss. Eine Bereitstellung im obigen Sinne liegt bei einer solchen Bestellung aber nicht vor.
- Die Bereitstellung muss im Rahmen einer Geschäftstätigkeit stattfinden. Die rein private Abgabe eines Produkts kann daher nie eine Bereitstellung im obigen Sinne sein. Diese löst somit auch keine Pflichten im Rahmen des Produktsicherheitsrechts aus. Eine Geschäftstätigkeit erfordert in der Regel zumindest eine Gewinnerzielungsabsicht. Letztlich muss der Aspekt der Geschäftstätigkeit aber stets in einer Gesamtschau aller Umstände bewertet werden.
- Für den Begriff der Bereitstellung ist es unerheblich, ob ein Produkt entgeltlich oder unentgeltlich abgegeben wird. Folglich spielt es auch keine Rolle, auf welcher Rechtsgrundlage eine solche Abgabe basiert. Das Produktsicherheitsrecht will auch jene Personen schützen, die ein Produkt geschenkt erhielten.
- Die Bereitstellung kann in der Form eines bloßen Angebots zur Abgabe vorliegen. Dies ist dann der Fall, wenn das Produkt zum Vertrieb, zum Verbrauch oder zur Verwendung auf dem Unionsmarkt angeboten wird und gleichzeitig dessen Abgabe an den Kunden tatsächlich möglich ist. Zunächst muss hierfür eine Kommunikation in Form einer Werbung,

einer Verkaufsaufforderungen oder dergleichen gegeben sein. Zum anderen muss das Produkt tatsächlich abgabe- oder lieferbereit sein. Umgangssprachlich gesagt: Das Produkt liegt im Lager oder im Verkaufsladen bereit und wartet nur noch auf die Mitnahme oder die Bestellung durch den Kunden.

– Die Bereitstellung kann auch in Form einer Vereinbarung zur Abgabe eines Produkts zum Vertrieb, zum Verbrauch oder zur Verwendung auf dem Unionsmarkt vorliegen. Diese Vereinbarung kann zwischen zwei oder mehreren natürlichen und/oder juristischen Personen geschlossen werden. Es ist belanglos, ob eine solche Vereinbarung mündlich oder schriftlich erfolgt. Ebenso irrelevant ist die Rechtsgrundlage einer solchen Vereinbarung. Auch ist es unerheblich, ob das Produkt im Rahmen der Vereinbarung physisch an eine andere Person übergeben wird. Es kommt alleine darauf an, dass die Parteien die Übertragung des Eigentums, des Besitzes oder anderer Rechte an dem Produkt vereinbaren.

119 Dem Begriff der Bereitstellung auf dem Markt kommt im Rahmen des Gesamtgefüges des europäischen Produktsicherheitsrechts eine zentrale Bedeutung zu. Jeder Akteur in der Lieferkette, der ein Produkt an eine andere Person im oben erläuterten Sinne weitergibt, stellt eben dieses am Markt bereit. Aus diesem Grund knüpft das Produktsicherheitsrecht immer dann an das Konzept der Bereitstellung auf dem Markt an, wenn Pflichten nicht bloß vom Hersteller und/oder Einführer, sondern von sämtlichen Akteuren in der Lieferkette (insbesondere den Händlern) beachtet werden sollen.

(3) Inverkehrbringen

120 Inverkehrbringen bezeichnet „*die erstmalige Bereitstellung eines Produkts auf dem Unionsmarkt*“ (Art. 3 Nr. 7 GPSR).

121 Das Inverkehrbringen ist begrifflich ein Unterfall der Bereitstellung auf dem Markt. Ein und dasselbe Produkt kann im Laufe der Lieferkette dutzende Male auf dem Markt bereitgestellt werden. Ein und dasselbe Produkt kann aber nur ein einziges Mal in Verkehr gebracht werden – und zwar bei seiner erstmaligen Bereitstellung auf dem Markt.

122 Vor diesem Hintergrund gelten alle oben angeführten Erläuterungen zum Begriff der Bereitstellung auf dem Markt auch für den Begriff des Inverkehrbringens – jedoch mit der Maßgabe des einmaligen Charakters des Inverkehrbringens.

123 Das Inverkehrbringen geschieht grundsätzlich durch den Hersteller oder den Einführer. Es spielt hierbei keine Rolle, ob ein Produkt beim Inverkehrbringen an einen Händler oder direkt an einen Verbraucher bzw. Endnutzer abgegeben wird.

Der Zeitpunkt des Inverkehrbringens ist im Produktsicherheitsrecht von entscheidender Bedeutung. In der Regel ist es dieser Zeitpunkt, an welchem ein Produkt spätestens den Vorschriften der GPSR bzw. der diversen Harmonisierungsrechtsvorschriften entsprechen muss (zu Besonderheiten bei der Einfuhr von Produkten aus Drittstaaten siehe gleich unten Rn. 143 ff.). Entspricht ein Produkt zum Zeitpunkt seines Inverkehrbringens den Vorgaben des europäischen Produktsicherheitsrechts, so geht diese Eigenschaft bei späteren Rechtsänderungen nicht verloren. Anders gesagt: Wurde ein Produkt ordnungsgemäß in Verkehr gebracht, kann es in der Lieferkette selbst dann weitergegeben und somit weiter am Markt bereitgestellt werden, wenn in der Zwischenzeit neue Anforderungen anwendbar wurden. **124**

Hierzu ein Beispiel:

- Die RED sieht vor, dass ab dem 28.12.2024 Mobiltelefone beim kabelgebundenen Laden den USB-C-Standard unterstützen müssen. Ab diesem Datum dürfen in der Union keine Mobiltelefone mehr in Verkehr gebracht werden, die für das kabelgebundene Laden bloß eine andere Steckverbindung eingebaut haben.
- Vor diesem Hintergrund wird am 27.12.2024 ein Mobiltelefon ohne USB-C-Steckverbindung in Verkehr gebracht. Dieses Gerät entspricht allen Anforderungen des europäischen Produktsicherheitsrechts, die am 27.12.2024 in Geltung stehen.
- Eben dieses Mobiltelefon ohne USB-C-Steckverbindung darf auch nach dem 28.12.2024 ohne zeitliche Begrenzung weiter am Unionsmarkt bereitgestellt werden. Die seit diesem Datum anwendbare neue Vorschrift bezüglich des USB-C-Standards gilt nicht rückwirkend für solche Produkte, die zu diesem Zeitpunkt bereits am Unionsmarkt in Verkehr gebracht gewesen sind.

Der Unionsgesetzgeber kann jedoch unter Umständen neuen Vorschriften des Produktsicherheitsrechts auch eine rückwirkende Geltung verschaffen. **125**

Aufgrund der großen Bedeutung des Zeitpunkts des Inverkehrbringens, enthält der Blue Guide eine Liste von Fällen, in denen ein Produkt als **nicht** in Verkehr gebracht gilt, nämlich: **126**

- *„wenn das Produkt für den Eigenbedarf hergestellt wurde, es sei denn, die Harmonisierungsrechtsvorschriften der Union umfassen für den Eigenbedarf hergestellte Produkte,*
- *wenn das Produkt von einem Verbraucher bei einem Aufenthalt in einem Drittland erworben und von diesem Verbraucher für seinen persönlichen Gebrauch in die EU eingeführt wurde,*

- *wenn ein Hersteller aus einem Drittland ein Produkt seinem in der Union niedergelassenen Bevollmächtigten überlässt, den er damit beauftragt hat, dafür zu sorgen, dass das Produkt die Harmonisierungsrechtsvorschriften der Union erfüllt,*
- *wenn das Produkt als Durchfuhrware aus einem Drittland in das Zollgebiet der EU eingeführt wurde, in Freizonen, Freilagern oder Zolllagern gelagert oder anderen besonderen Zollverfahren (vorübergehende Verwendung oder aktive Veredelung) unterzogen wurde,*
- *wenn das Produkt in einem Mitgliedstaat für den Export in ein Drittland hergestellt wurde (dies betrifft z. B. Bauteile, die einem Hersteller zum Einbau in ein in ein Drittland auszuführendes Endprodukt bereitgestellt werden),*
- *wenn noch als in der Herstellungsphase befindlich erachtete Prototypen zu Erprobungs- oder Validierungszwecken übertragen werden,*
- *wenn das Produkt unter kontrollierten Bedingungen auf Fachmessen, Ausstellungen oder Demonstrationsveranstaltungen gezeigt wird oder*
- *wenn sich das Produkt im Lager des Herstellers (oder seines in der Union niedergelassenen Bevollmächtigten) oder des Einführers befindet, wo es noch nicht bereitgestellt wird, also nicht für Handel, Verbrauch oder Verwendung zur Verfügung steht, sofern die anzuwendenden Harmonisierungsrechtsvorschriften der Union keine anderslautenden Bestimmungen enthalten.*“ (Blue Guide, Pkt. 2.3, S. 20 f.)

(4) Präsentation von Produkten

127 In der Praxis von großer Bedeutung ist die Präsentation eines Produkts auf Fachmessen oder Ausstellungen. Wenn ein Hersteller ein Produkt vorführt oder ausstellt, ist damit in der Regel kein Inverkehrbringen beabsichtigt. Das wäre auch problematisch, da Ausstellungsgeräte, insbesondere wenn es sich um Prototypen handelt, häufig noch nicht alle Anforderungen des Produktsicherheitsrechts erfüllen. Andererseits liegt es in der Natur der Sache, dass bei solchen Präsentationen auch voll funktionsfähige Produkte vorgeführt werden sollen. Das Produktsicherheitsrecht steht hier vor einem Dilemma. Zum einem sollen Produkte auch dann sicher sein, wenn sie zu Demonstrationszwecken ihrem Zweck nach vor Publikum verwendet werden. Zum anderen wollen Hersteller u. a. solche Produkte präsentieren, die – aus welchen Gründen auch immer – noch nicht in Verkehr gebracht werden sollen oder können.

128 Dieses Dilemma löst das Produktsicherheitsrecht mit der Anwendung von konkreten Sicherheitsvorgaben. In diesem Sinne stellt die Präsentation von Produkten auf Fachmessen oder Ausstellungen nur dann kein Inverkehrbringen dar, wenn sog. „kontrollierte Bedingungen" eingehalten werden. Der Blue Guide erläutert die hierfür notwendigen Maßnahmen wie folgt:

– *„Der Prototyp muss sicher sein und unter vollständiger Kontrolle und Überwachung stehen. Kontrollierte Bedingungen bedeuten fachkundige Betreiber, Beschränkungen für den Kontakt der Öffentlichkeit mit dem Produkt, die Vermeidung von unangemessenen Interferenzen mit benachbarten Produkten usw."* (Blue Guide, S. 21, FN 53)
– *„Unter solchen Bedingungen muss jedoch ein sichtbares Zeichen deutlich darauf hinweisen, dass das fragliche Produkt möglicherweise nicht in Verkehr gebracht oder in Betrieb genommen wird, bevor es nicht den Rechtsvorschriften entspricht."* (Blue Guide, S. 21, FN 54)

Werden diese kontrollierte Bedingungen im Hinblick auf ein ausgestelltes **129** oder vorgeführtes Produkt nicht eingehalten, kann es als in Verkehr gebracht (bzw. gegebenenfalls als in Betrieb genommen) gelten. Als Konsequenz müsste der verantwortliche Wirtschaftsakteur dafür einstehen, dass dieses Produkt alle einschlägigen Rechtsvorschriften erfüllt.

(5) Zurverfügungstellung von Prototypen zu Erprobungs- und Validierungszwecken

Prototypen können klassisch in einem Labor oder einer Produktionsanlage **130** unter entsprechenden Sicherheitsvorgaben entwickelt bzw. getestet werden. Es besteht in der Wirtschaft aber auch der Bedarf, Prototypen zu Erprobungs- und Validierungszwecken Teilnehmern eines Testprogramms zur Verfügung zu stellen. Dies ist vor allem dann der Fall, wenn der längerfristige Einsatz eines Produkts im Alltag getestet werden soll. Man denke beispielsweise an die Prüfung einer Smartwatch, welche im Laufe mehrerer Wochen bestimmte Gesundheitsdaten von Testpersonen richtig erfassen soll. Auch hier gibt es ein Dilemma. Ein solches Testprodukt wird häufig noch nicht alle Anforderungen des Produktsicherheitsrechts erfüllen. Es soll schließlich noch gar nicht in Verkehr gebracht werden. Gleichzeitig besteht aber ein Bedarf an derartigen Testprogrammen.

In einzelnen Harmonisierungsrechtsvorschriften gibt es zwar Sonderrege- **131** lungen für *„kunden- und anwendungsspezifisch angefertigte Erprobungsmodule, die von Fachleuten ausschließlich in Forschungs- und Entwicklungseinrichtungen für ebensolche Zwecke verwendet werden"* (Art. 2 Abs. 2 lit. e EMCD; vgl. auch Art. 1 Abs. 2 i. V. m. Anhang I, Nr. 4 RED; Art. 1 Satz 2 i. V. m. Anhang II LVD). Solche Erprobungsmodule sind vom Anwendungsbereich dieser Harmonisierungsrechtsvorschriften gänzlich ausgenommen. Diese Ausnahmen helfen aber nicht in jenen Fällen, in denen Prototypen zu Erprobungs- und Validierungszwecken Teilnehmern eines Testprogramms zur Verfügung gestellt werden soll. Solche Testprogramme finden nicht unbedingt in „Forschungs- oder Entwicklungseinrichtungen" statt. Ebenso muss es sich bei den Test-Teilnehmern nicht zwangsläufig um „Fachleute" handeln.

132 Es kann aber auch für solche „Testprogramme im Alltag" eine Ausnahme von der Anwendung der Anforderungen des Produktsicherheitsrechts hergeleitet werden. Diese Ausnahme stützt sich auf die oben zitierte Erläuterung im Blue Guide, wonach ein Inverkehrbringen nicht vorliegt, wenn ein „*noch als in der Herstellungsphase befindlich erachteter Prototyp zu Erprobungs- oder Validierungszwecken übertragen wird*" (vgl. Blue Guide, Pkt. 2.3, S. 20). In diesem Sinne sollte ein solches Produkt nicht als „für den Vertrieb, den Verbrauch oder die Verwendung auf dem Unionsmarkt im Rahmen einer gewerblichen Tätigkeit bereitgestellt" und somit auch nicht als „in Verkehr gebracht" betrachtet werden. Unter „Verwendung" ist in diesem Zusammenhang die endgültige beabsichtigte Verwendung des Produkts zu verstehen und nicht die Verwendung im Zusammenhang mit der Prüfung oder Validierung.

133 Vor diesem Hintergrund können die folgenden Faktoren darauf hindeuten, dass ein Testprodukt nicht „in Verkehr gebracht" wird und daher (noch) nicht allen rechtlichen Anforderungen entsprechen muss:

1. Das Unternehmen, das den Prototyp zur Verfügung stellt, bleibt Eigentümer des Prototyps und behält letztendlich die Kontrolle. Das bedeutet, dass die Test-Teilnehmer verpflichtet sind, den Prototyp am Ende des Testverfahrens bzw. auf jederzeitiges Verlangen des Unternehmens zurückzugeben.
2. Der Prototyp wird im Rahmen eines zeitlich begrenzten Testvertrags bzw. einer zeitlich begrenzten Vereinbarung zur Verfügung gestellt. Es handelt sich hierbei um einen angemessenen Zeitraum, der für den Abschluss der Tests erforderlich ist.
3. Die Anzahl der gelieferten Einheiten ist so gering, dass es sich offensichtlich um die Lieferung eines Prototyps und nicht eines Endprodukts handelt.
4. Die Test-Teilnehmer müssen Prüfdaten zurückmelden, und es ist klar, dass diese Prüfdaten erforderlich sind, bevor der Herstellungsprozess und damit auch eine allfällige Konformitätsbewertung abgeschlossen werden kann.
5. Am Ende des Testzeitraums kann das Unternehmen, das den Prototyp zur Verfügung stellt, entscheiden, ob der Prototyp entweder
   a. an das Unternehmen zurückgegeben werden soll;

b. unbrauchbar gemacht und/oder ordnungsgemäß entsorgt werden soll; oder

c. nachgerüstet werden soll, um alle einschlägigen Anforderungen zu erfüllen, und dann in Verkehr gebracht werden soll.

Wichtiger Hinweis: Diese fünf Kriterien sind weder in Rechtsvorschriften **134**
noch im Blue Guide festgelegt. Vielmehr basieren diese Kriterien auf einer Auslegung der oben erläuterten Konzepte zum zeitlichen Anwendungsbereich des europäischen Produktsicherheitsrechts. Die Einhaltung aller oder der meisten dieser Kriterien gibt einem betroffenen Unternehmen zumindest gute Argumente in die Hand, warum ein Testprodukt nicht als in Verkehr gebracht gesehen werden sollte.

(6) Online-Handel bzw. Fernabsatz

Angebote in Form des Fernabsatzes, heutzutage fast immer in Form des **135**
Online-Handels, stellen die Marktüberwachungsbehörden vor besondere Herausforderungen (vgl. ErwG 20 GPSR). Es liegt auf der Hand, dass der Online-Handel viel schwerer zu kontrollieren ist als der herkömmliche stationäre Handel. Dies trifft insbesondere auf Konstellationen zu, in welchen ein Hersteller oder Händler mit Sitz in einem Drittstaat Produkte direkt an Verbraucher bzw. Endnutzer in der Union schickt. Aus diesem Grund gibt es für den Online-Handel bzw. Fernabsatz eine Sonderregelung, wonach der zeitliche Anwendungsbereich des Produktsicherheitsrechts nach vorne verlegt wird. Dies soll den Marktüberwachungsbehörden mehr Spielraum für Kontrollen geben.

Im Rahmen der für den nicht-harmonisierten Produktbereich geltenden **136**
GPSR lautet die Regelung so:

> „*Wird ein Produkt online oder über eine andere Form des Fernabsatzes zum Verkauf angeboten, so gilt das Produkt als auf dem Markt bereitgestellt, wenn sich das Angebot an Verbraucher in der Union richtet. Ein Verkaufsangebot gilt als an Verbraucher in der Union gerichtet, wenn der betreffende Wirtschaftsakteur seine Tätigkeiten in irgendeiner Weise auf einen oder mehr als einen Mitgliedstaat ausrichtet.*“ (Art. 4 GPSR)

Für den harmonisierten Produktbereich enthält Art. 6 MSR eine fast identi- **137**
sche Vorschrift, welche nicht auf Verbraucher, sondern auf Endnutzer Bezug nimmt.

Was ist nun die konkrete Folge dieser Sonderregelung für Wirtschaftsak- **138**
teure? Allein durch das Online-Stellen eines Verkaufsangebots werden alle einschlägigen Rechtsvorschriften anwendbar. Insbesondere können ab diesem Zeitpunkt auch die Marktüberwachungsbehörden Kontrollmaßnahmen durchführen.

139 Die obige Definition wirft die Frage auf, wann denn nun ein Angebot an Verbraucher bzw. Endnutzer in der Union gerichtet ist. Das ist dann der Fall, wenn der betreffende Wirtschaftsakteur seine Tätigkeiten in irgendeiner Weise auf einen Mitgliedstaat ausrichtet (vgl. ErwG 21 GPSR). Das Vorliegen oder Nicht-Vorliegen dieses Umstands muss letztlich stets in jedem Einzelfall gesondert geprüft werden. Die folgenden Kriterien können dabei helfen:

- In welche Länder ist der Versand bestellter Produkte möglich?
- In welcher Sprache sind die Webseite des Händlers, das konkrete Angebot und/oder der eigentliche Bestellvorgang verfügbar?
- Welche Zahlungsmittel werden akzeptiert?
- In welcher Währung kann die Zahlung erfolgen?
- In welchem Land ist der Domänenname des Händlers registriert?

140 Hingegen spielt es in diesem Zusammenhang keine Rolle, ob die Webseite des Händlers auch für Verbraucher bzw. Endnutzer aus der Union zugänglich ist (vgl. ErwG 21 GPSR; ErwG 15 MSR).

Zwei Beispiele:

- Ein Online-Shop wird von einem chinesischen Händler betrieben und von einer chinesischen Domain aus angeboten. Der Online-Shop ermöglicht den Bestellvorgang in deutscher Sprache und liefert Bestellungen u. a. auch nach Deutschland und Österreich aus. Preise und Zahlungsvorgang sind in Euro notiert. In diesem Fall ist das Angebot eindeutig an Verbraucher in der Union gerichtet.
- Ein anderer Online-Shop ist ebenfalls in der deutschen Sprache verfügbar. Zahlungen werden jedoch nur in Schweizer Franken akzeptiert und es werden auch nur Lieferungen innerhalb der Schweiz angeboten. In diesem Fall richtet sich das Angebot **nicht** an Verbraucher in der Union. Daran ändert auch der Umstand nichts, dass dieser Online-Shop ohne Probleme für Verbraucher aus der Union zugänglich ist.

141 Abschließend ist zu beachten, dass sich die oben zitierte Sonderregelung auf den Zeitpunkt der Bereitstellung auf dem Markt bezieht. Wie oben erörtert ist mit diesem Begriff das Konzept des Inverkehrbringens eng verbunden. Im Fall des Online-Handels bzw. Fernabsatzes kann das Inverkehrbringen je nach Vertriebskette zu unterschiedlichen Zeitpunkten geschehen. Der Blue Guide bietet zu diesem Thema drei sehr anschauliche Beispiele:

- *„Der Fernabsatz oder das Online-Angebot kann sich auf Produkte beziehen, die bereits auf dem Unionsmarkt in Verkehr gebracht worden sind. Dies ist der Fall, wenn der EU-Hersteller oder ein Einführer die Produkte bereits auf dem Unionsmarkt in Verkehr gebracht hat, bevor sie online oder über eine andere Form des Fernabsatzes zum Verkauf angeboten wurden.*
- *Einige Produkte, die online oder über eine andere Form des Fernabsatzes an Endnutzer in der Union angeboten werden, werden zunächst an Fulfilment-Dienstleister in der EU übertragen, um ihre rasche Lieferung an die Endnutzer in der EU zu gewährleisten. Entsprechend gelten Produkte, die von solchen Fulfilment-Dienstleistern gelagert und zum zollrechtlich freien Verkehr überlassen werden, als Produkte, die für Handel, Verbrauch oder Verwendung auf dem EU-Markt geliefert und somit auf den EU-Markt gebracht wurden. Wenn ein Online-Händler einen Fulfilment-Dienstleister auf diese Weise beauftragt, befinden sich die Produkte durch den Versand an den Fulfilment-Anbieter in der EU auf der Vertriebsstufe der Lieferkette. Diese Produkte gelten als in den Verkehr gebracht, wenn sie zum zollrechtlich freien Verkehr überlassen werden.*
- *Einige Produkte außerhalb der EU können von Endnutzern in der EU direkt online oder über eine andere Form des Fernabsatzes erworben werden. Obwohl diese Produkte für die Zwecke der Kontrollen durch die Marktüberwachungsbehörden [im Sinne der GPSR bzw. der MSR] als vor der Transaktion in der Union bereitgestellt gelten, werden sie auf den Markt gebracht, sobald ein Endnutzer eine Bestellung für ein bestimmtes Produkt aufgegeben und bestätigt hat, das bereits hergestellt wurde, Gegenstand der Transaktion ist und versandt werden kann.*“ (Blue Guide, Pkt. 2.4, S. 22)

Insbesondere der letzte der oben zitierten Punkte ist von großer Bedeutung. **142** Grundsätzlich versteht man unter dem Inverkehrbringen die erstmalige Bereitstellung eines Produkts auf dem Unionsmarkt (vgl. Art. 3 Nr. 7 GPSR). Richtet nun ein Wirtschaftsakteur aus einem Drittstaat sein Online-Angebot auf die Union aus, gelten die entsprechend angebotenen Produkte als auf dem Unionsmarkt bereitgestellt. Entgegen der allgemeinen Regel kann eine solche Bereitstellung auf dem Markt aber noch nicht als ein Inverkehrbringen verstanden werden. Dieser Zeitpunkt liegt erst dann vor, wenn ein Produkt Gegenstand einer konkreten Bestellung wurde und auch „versandbereit“ ist.

(7) Einführung von Produkten aus Drittstaaten

Für die Ziele des europäischen Produktsicherheitsrechts ist es nicht von Be- **143** deutung, ob ein Produkt innerhalb der Union hergestellt oder ob es im Laufe der Lieferkette aus einem Drittstaat in die Union eingeführt wurde. In jedem Fall muss ein Produkt den einschlägigen Rechtsvorschriften entsprechen. Jedoch hat der Unionsgesetzgeber ein besonderes Interesse daran, dass nur sichere bzw. rechtskonforme Produkte auf den Unionsmarkt gelangen. Dieser Schutz des Unionsmarkts kommt im europäischen Produktsicherheitsrecht auf zweifache Weise zum Ausdruck.

144 Zum einem kennt das Produktsicherheitsrecht die Rolle des Einführers, der im Hinblick auf eingeführte Produkte sehr weitreichende Pflichten wahrnehmen muss (siehe im Detail oben Rn. 58 ff. Zum anderen sind die Zollbehörden bzw. Marktüberwachungsbehörden der einzelnen Mitgliedstaaten damit beauftragt, bei der Einfuhr von Produkten u. a. auch Aspekte der Produktsicherheit zu kontrollieren.

145 In diesem Zusammenhang stellt sich jedoch die Frage, ob der Zeitpunkt des Inverkehrbringens eines bestimmten Produkts zwangsläufig mit dessen Einfuhr in die Union zusammenfallen muss. Mit anderen Worten: Kann man ein unsicheres Produkt in die Union mit dem Argument einführen, dass dieses ja ohnehin noch nicht in Verkehr gebracht wurde?

146 In der Praxis kann man hier drei Konstellationen unterscheiden (vgl. auch Blue Guide, Pkt. 2.5, S. 22 f.):

– Ein Produkt kann bereits vor der eigentlichen Einfuhr in die Union als in Verkehr gebracht gelten. Ein typisches Beispiel ist ein Produkt, das von einem Online-Händler aus einem Drittstaat an einen Verbraucher in die Union verschickt wird. Hier ist die Sache einfach. Das Produkt muss den einschlägigen Rechtsvorschriften entsprechen und wird beim Zoll entsprechend kontrolliert.

– Ein Produkt wird von einem Wirtschaftsakteur aus einem Drittstaat an einen Wirtschaftsakteur in die Union versandt. In der Praxis geschieht dies meist zum Zweck der Abgabe an diesen Wirtschaftsakteur zu dessen Vertrieb, Verbrauch oder Verwendung auf dem Unionsmarkt. Mit anderen Worten: Häufig ist die Einfuhr auch als das Inverkehrbringen des Produkts zu sehen. Damit gilt wiederum: Das Produkt muss den einschlägigen Rechtsvorschriften entsprechen und wird beim Zoll entsprechend kontrolliert.

– Schließlich gibt es auch Konstellationen, in welchen ein Produkt zwar in die Union eingeführt, aber erst später in Verkehr gebracht werden soll. Entspricht ein solches Produkt zum Zeitpunkt der Einfuhr ohnehin bereits den Anforderungen des Produktsicherheitsrechts, gibt es kein Problem. Besteht hingegen Anlass zur Annahme, dass ein Produkt diesen Anforderungen nicht genügt oder es sogar ein ernstes Risiko darstellt, müssen die Zollbehörden dessen Einfuhr blockieren. Nur in zwei Fällen kann ein solches Produkt dennoch die Grenze passieren:

- Das Produkt wird als Durchfuhrware eingeführt und in Freizonen, Freilagern oder Zolllagern gelagert.
- Das Produkt wird einem besonderen Zollverfahren (vorübergehende Verwendung oder aktive Veredelung) unterzogen. Im Rahmen eines solchen besonderen Zollverfahrens erhält der Einführer die Möglichkeit das betreffende Produkt zu bearbeiten, sodass dieses den Anforderungen des Produktsicherheitsrechts doch noch entspricht (vgl. ErwG 53 MSR).

In jedem Fall ist zu beachten, dass die Einfuhrkontrolle durch die Zollbe- **147**
hörde keine vollständige Konformitätsprüfung darstellt. Aus diesem Grund stellt die bloße Tatsache, dass ein Produkt den Zoll erfolgreich passierte, keinen Nachweis für seine Übereinstimmung mit allen Anforderungen des Produktsicherheitsrechts dar (vgl. ErwG 53 MSR).

(8) Inbetriebnahme

Unter Inbetriebnahme versteht man die erstmalige Benutzung eines Pro- **148**
dukts für den beabsichtigten Zweck durch den Endnutzer im Gebiet der Union (vgl. Blue Guide, Pkt. 2.6, S. 23 f.).

Dieser Begriff ist nur im harmonisierten Produktbereich – und daher nicht **149**
in der GPSR – von Relevanz. In diesem Sinne knüpft in vielen Harmonisierungsrechtsvorschriften der zeitliche Anwendungsbereich des Produktsicherheitsrechts nicht unbedingt an das Inverkehrbringen eines Produkts, sondern an dessen Inbetriebnahme an.

Das Konzept der Inbetriebnahme findet u. a. bei den folgenden Produktarten **150**
Verwendung (vgl. Blue Guide, Pkt. 2.6, S. 23):

Produktart, auf welche das Konzept der Inbetriebnahme angewandt wird	Zugrunde liegende Harmonisierungsrechtsvorschrift
Maschinen	Bis 19.1.2027: Richtlinie 2006/42/EG ab 20.1.2027: Verordnung (EU) 2023/1230
Geräte oder ortsfeste Anlagen, die elektromagnetische Störungen verursachen können oder deren Betrieb durch elektromagnetische Störungen beeinträchtigt werden kann	Richtlinie 2014/30/EU
Messgeräte	Richtlinie 2014/32/EU
Aufzüge und Sicherheitsbauteile für Aufzüge	Richtlinie 2014/33/EU

Produktart, auf welche das Konzept der Inbetriebnahme angewandt wird	Zugrunde liegende Harmonisierungsrechtsvorschrift
Geräte und Schutzsysteme zur bestimmungsgemäßen Verwendung in explosionsgefährdeten Bereichen	Richtlinie 2014/34/EU
Funkanlagen	Richtlinie 2014/53/EU
Medizinprodukte	Verordnung (EU) 2017/745
In-vitro-Diagnostika	Verordnung (EU) 2017/746

151 Es ist möglich und in der Praxis häufig der Fall, dass ein solches Produkt bereits vor dessen Inbetriebnahme in Verkehr gebracht wurde. In diesem Fall kommt der Inbetriebnahme an sich keine eigenständige Bedeutung zu. Auch gilt in diesem Zusammenhang der allgemeine Grundsatz, wonach die zum Zeitpunkt des Inverkehrbringens vorliegende Konformität durch spätere Rechtsänderungen nicht verloren gehen kann.

152 Allerdings gibt es dennoch Konstellationen, in denen der betreffende Wirtschaftsakteur jedenfalls nachweisen können sollte, dass zum Zeitpunkt der Inbetriebnahme des Produkts Konformität vorlag. Dies betrifft die folgenden Fälle (vgl. Blue Guide, Pkt. 2.6, S. 24):

- Das Produkt ist zum Zeitpunkt von dessen Inbetriebnahme noch nicht in Verkehr gebracht worden. Diese Fallkonstellation ist insbesondere für zum Eigengebrauch hergestellte Produkte relevant, falls der Eigengebrauch von den relevanten Harmonisierungsrechtsvorschriften erfasst ist.
- Das Produkt kann erst nach einer Montage, einem Einbau oder einer sonstigen Behandlung verwendet werden.
- Die Konformität des Produkts kann durch die Vertriebsbedingungen beeinflusst werden. Beispiele dafür sind die Lagerung und der Transport.

(9) Begrenzung des zeitlichen Anwendungsbereichs des europäischen Produktsicherheitsrechts

153 Die obigen Erläuterungen haben sich mit der Frage beschäftigt, wann ein Produkt vom europäischen Produktsicherheitsrechts erfasst ist. Der hierfür relevante Zeitpunkt ist grundsätzlich das Inverkehrbringen bzw. die Inbetriebnahme eines Produkts. Als gegensätzliches Konzept hierzu gibt es auch einen Zeitpunkt, ab welchem die einschlägigen Rechtsvorschriften keine Anwendung mehr finden. Dieser Zeitpunkt liegt vor, wenn ein Produkt an einen Verbraucher bzw. Endnutzer übergeben wird. Ab dieser Übergabe finden die einschlägigen Rechtsvorschriften auf das Produkt keine Anwendung mehr (vgl. Blue Guide, Pkt. 2.1, S. 15). Es entspricht zudem einem allgemeinen Prinzip des europäischen Produktsicherheitsrechts, dass Verbrauchern bzw. Endnutzern keine Pflichten zukommen.

Das bedeutet allerdings nicht, dass Wirtschaftsakteure dann keine Verantwortung mehr für ein Produkt haben. Vielmehr muss ein Produkt auch nach einer solchen Übergabe bei bestimmungsgemäßer Verwendung jenes Sicherheitsniveau aufweisen, welches zum Zeitpunkt seines Inverkehrbringens durch die einschlägigen Rechtsvorschriften gefordert wurde. Darüber hinaus können Produkte auch nach einer solchen Übergabe Gegenstand von Marktüberwachungsmaßnahmen sein. Das klassische Beispiel in diesem Zusammenhang ist ein Produktsicherheitsrückruf (vgl. Blue Guide, Pkt. 2.1, S. 16). **154**

2. Wann sind Produkte sicher?

a) Allgemeine Bemerkungen

Die Frage, ob ein Produkt sicher ist, ist für die Anwendung der GPSR entscheidend, denn unsichere Produkte dürfen nicht in Verkehr gebracht werden und wenn sie schon in Verkehr gebracht worden sind, muss jede Person, der die GPSR Verantwortung für das Produkt zuschreibt, sich um Korrekturmaßnahmen kümmern, bis hin zum Rückruf. **155**

Die GPSR definiert, was sie unter einem sicheren Produkt versteht, nämlich „jedes Produkt, das bei normaler oder vernünftigerweise vorhersehbarer Verwendung, was auch die tatsächliche Gebrauchsdauer einschließt, keine oder nur geringe mit seiner Verwendung zu vereinbarende, als annehmbar erachtete und mit einem hohen Schutzniveau für die Gesundheit und Sicherheit der Verbraucher vereinbare Risiken birgt" (Art. 3 Nr. 2 GDPR). **156**

Soweit es sich um Produkte im harmonisierten Produktbereich handelt, gelten für diese zunächst und vorrangig die sich aus den jeweiligen Spezialregelungen ergebenden Sicherheitsanforderungen. Diese werden in den Harmonisierungsrechtsvorschriften regelmäßig als „wesentliche Sicherheitsanforderungen" (vgl. nur Art. 4 Abs. 1 Druckgeräterichtlinie) oder „grundlegende Sicherheits- und Gesundheitsschutzanforderungen" (Art. 5 Abs. 1 Maschinenrichtlinie) bezeichnet, die dann von der betreffenden Harmonisierungsrechtsvorschrift in einem Anhang konkretisiert und ggf. durch technische Normen weiter ausgefüllt werden. Dementsprechend schränkt Art. 2 Abs. 1 Satz 2 GPSR den eigenen Anwendungsbereich im Hinblick auf Harmonisierungsrechtsvorschriften wie folgt ein: **157**

> *„Sind für Produkte im Unionsrecht spezifische Sicherheitsanforderungen festgelegt, so gilt diese Verordnung nur für diejenigen Aspekte und Risiken oder Risikokategorien, die nicht unter diese Anforderungen fallen."*

158 Im nicht-harmonisierten Bereich gilt das „allgemeine Sicherheitsgebot“ (Art. 5 GPSR) und ist die Sicherheit von Produkten nach bestimmten Aspekten zu bewerten (Art. 6 GPSR). In bestimmten Fällen gibt es eine Vermutung der Konformität mit dem allgemeinen Sicherheitsgebot (Art. 7 GPSR). Zudem sind bei der Bewertung der Sicherheit von Produkten (insbesondere wenn die Vermutung nach Art. 7 GPSR nicht gilt) zusätzliche Elemente zu berücksichtigen (siehe im Detail bei Art. 8 GPSR).

b) Beurteilung der Sicherheit eines Produkts (Art. 5, 6 und 8 GPSR)

159 Wie erwähnt richtet sich die Beurteilung der Sicherheit eines Produkts, soweit dieses in den Anwendungsbereich einer Harmonisierungsrechtsvorschrift fällt – also z. B. einer Maschine, eines Spielzeugs, eines Elektrogeräts etc. – nach den einschlägigen Spezialregelungen – also z. B. bei einer Maschine nach den „Grundlegenden Sicherheits- und Gesundheitsvorschriften“ in Anhang I der Maschinenrichtlinie, bei einem Spielzeug nach den „Besonderen Sicherheitsanforderungen“ in Anhang II der Spielzeugrichtlinie, bei einem Elektrogerät nach den „Sicherheitszielen für elektrische Betriebsmittel zur Verwendung innerhalb bestimmter Spannungsgrenzen“ in Anhang I der Niederspannungsrichtlinie etc. Außerhalb dieser spezialgesetzlich geregelten Anwendungsbereiche sowie insbesondere für Produkte, die als solche nicht durch eine Harmonisierungsrechtsvorschrift geregelt sind, findet das „allgemeine Sicherheitsgebot“ des Art. 5 GPSR Anwendung.

160 Bei der Beurteilung, wann ein Produkt nicht mehr als sicher eingestuft werden kann – mit der Konsequenz der dann erforderlichen Korrektur- und Unterrichtungsmaßnahmen –, sollen die in Art. 6 GPSR aufgeführten Aspekte helfen und herangezogen werden.

161 Dies sind zunächst die Eigenschaften des Produkts selbst. So können insbesondere die Gestaltung des Produkts als solche, seine technischen Merkmale und seine Zusammensetzung Gesundheit und Sicherheit der Verbraucher gefährden. Wenn z. B. der Klebstoff, der einen Stuhl zusammenhalten soll, nach einiger Zeit das Produkt nicht mehr zusammenhält und zusammenbrechen kann, wenn sich eine Person auf den Stuhl setzt, ist das ein technisches Merkmal; wenn der Stuhl so designt ist, dass man generell leicht das Gleichgewicht verlieren und mit dem Stuhl umkippen kann, ist das eine Frage der Gestaltung; und wenn der besagte Klebstoff schädliche Ausdünstungen von sich gibt, stimmt die Zusammensetzung nicht. Außer dem Produkt selbst kann auch seine Verpackung problematisch sein. So muss – nur um ein Beispiel zu geben – die Verpackung von Reinigungsmitteln, die bestimmte Chemikalien enthalten, mit einem kindersicheren Verschluss ausgestattet sein. Schadstoffkonzentrationen, die die einschlägigen Grenzwerte überschreiten,

dürfen nicht in Verpackungen enthalten sein etc. Schließlich können auch die Anweisungen für einen etwaigen Zusammenbau, die Installation, Verwendung und Wartung eines Produkts fehlerhaft sein in dem Sinne, dass sie die Gesundheit und Sicherheit des Verwenders oder Dritter gefährden, z. B. wenn bei einem Produkt für Erwachsene, das ggf. auch für Kinder attraktiv wäre, nicht darauf hingewiesen wird, dass es von diesen fernzuhalten ist, oder wenn eine Zusammenbauanleitung falsch ist und der Fehler zu Gefahren für Leib und Leben führen kann.

Gefahren können aber auch von der Einwirkung des Produkts auf andere **162** Produkte ausgehen sowie – umgekehrt – auch von der Einwirkung anderer Produkte auf das betreffende Produkt selbst. Beide Fälle werden in Art. 8 Abs. 1 lit. b und c GPSR aufgelistet, mit der Einschränkung, dass eine gemeinsame Verwendung des Produkts mit anderen Produkten, einschließlich der Verbindung dieser Produkte, „vernünftigerweise vorhersehbar" sein muss. Bei der Bewertung müssen daher keine komplett abwegigen Produktkombinationen berücksichtigt werden. Ein denkbarer Anwendungsfall wäre z. B., dass ein elektrisches Gerät elektromagnetische Strahlung aussendet, die andere Geräte lahmlegt oder selbst so schwach gegen die von anderen Geräten in seiner Nähe ausgehenden Strahlungen geschützt ist, dass es durch diese selbst lahmgelegt wird, und von diesem Umstand eine Gefahr ausgehen kann (Stichwort: Herzschrittmacher). In einem solchen Fall könnte es sich um ein unsicheres Produkt handeln, vorausgesetzt, die gemeinsame Verwendung ist vernünftigerweise vorhersehbar. Diese Sonderfälle sind in der Praxis allerdings eher selten und ihre Erwähnung in der GPSR ist eigentlich überflüssig, da in diesen Fällen in der Regel schon das betrachtete Produkt selbst aufgrund seiner Gestaltung bzw. technischen Merkmale unsicher sein wird.

Auch eine fehlerhafte Aufmachung des Produkts, seiner Etikettierung, ein- **163** schließlich der Alterskennzeichnung hinsichtlich seiner Eignung für Kinder, der angebrachten Warnhinweise und Anweisungen für seine sichere Verwendung und Entsorgung sowie der produktbezogenen Angaben bzw. Informationen kann ein Produkt zum unsicheren Produkt machen. Dies ist offensichtlich bei unzutreffender Alterskennzeichnung („0–3 Jahre") oder beim Fehlen der sich aus chemikalienrechtlichen Vorschriften ergebenden Verwendungshinweise und Warnungen, um nur zwei Beispiele zu nennen.

Auch macht es einen Unterschied, ob ein Produkt auch bzw. vorrangig **164** von Personen verwendet wird, die aufgrund ihrer Eigenschaften besonders schutzbedürftig sind, wie etwa Kinder, ältere Menschen und Menschen mit Behinderungen. So wird ein Rollator in der Regel von älteren, möglicherweise gebrechlichen Menschen verwendet, bei denen ein Produktfehler mit höherer Wahrscheinlichkeit zu einem Unfall mit Verletzungsfolgen führt, als dies bei anderen Personen der Fall wäre. Und auch Kinder erkennen die von einem Produkt ausgehenden Gefahren ggf. nicht so schnell, wie dies bei Erwachsenen der Fall wäre. Letztlich geht es bei diesem gemäß Art. 6 GPSR zu berücksichtigenden Aspekt um die Risikobewertung: Ein Produktfehler, der von einer nicht besonders schutzbedürftigen Person ausgeglichen oder erkannt werden könnte, kann sich bei einer schutzbedürftigen Person stärker auswirken, daher ist das von diesem Produkt ausgehende Risiko allein aus dem Grunde, dass es von schutzbedürftigen Personen verwendet wird, erhöht. Laut GPSR können auch „geschlechtsspezifische Unterschiede" zu einer Risikoerhöhung führen.

165 Problematisch wird es auch, wenn ein Produkt nach außen hin vorgibt, etwas anderes zu sein, als es tatsächlich ist, und seine Verwender durch ein solches Erscheinungsbild dazu verleitet sein könnten, dieses Produkt in einer anderen Weise als derjenigen zu verwenden, für die es bestimmt war. Die GPSR führt zwei Beispielsfälle an:

- Verwechslungsgefahr mit Lebensmitteln,
- besondere Attraktivität für Kinder.

166 So besteht bei Produkten, die keine Lebensmittel sind, aber z. B. aufgrund ihrer Form, ihres Geruchs, ihrer Farbe, ihres Aussehens, ihrer Verpackung, ihrer Kennzeichnung, ihres Volumens, ihrer Größe oder anderer Eigenschaften einem Lebensmittel ähneln und deshalb leicht damit verwechselt werden können, das Risiko, dass sie von Verbrauchern, insbesondere von Kindern, in den Mund genommen, gelutscht oder geschluckt werden könnten. So sollte man wahrscheinlich keinen Radiergummi in Form einer Erdbeere herstellen, importieren oder vertreiben, wenn nicht ausgeschlossen werden kann, dass Schadstoffe in relevanten Konzentrationen herausgelöst und in den Körper gelangen können oder beim Verschlucken Erstickungsgefahr besteht.

167 Der zweite Beispielsfall – Attraktivität für Kinder von für Kinder nicht bestimmten und für diese ungeeigneten Produkten – greift immer dann ein, „wenn ein Produkt, obwohl es für die Verwendung durch Kinder weder konzipiert noch bestimmt ist, aufgrund seiner Gestaltung, seiner Verpackung oder seiner Eigenschaften wahrscheinlich von Kindern verwendet wird oder einem Objekt ähnelt, das gemeinhin als für Kinder attraktiv oder für die Verwendung durch Kinder bestimmt erscheint". So wäre ein in der Form einer Spielfigur designtes Taschenmesser wegen seiner Qualität als Spielzeug und der gleichzeitig mit ihm verbundenen Gefahr, sich zu schneiden, per se „unsicherer" als ein Taschenmesser, das nicht wie ein Spielzeug gestaltet ist.

168 Aber auch außerhalb dieser von der GPSR hervorgehobenen Beispielsfälle kann sich die Qualifikation eines Produkts als unsicher daraus ergeben, dass dieses Produkt aufgrund seiner Aufmachung als „harmloseres" Produkt eingeschätzt wird mit der möglichen Folge, dass diese Fehleinschätzung des

Verbrauchers zu einer sorglosen, die spezifischen Gefahren des Produkts vernachlässigenden Umgangsweise führen kann.

Neu ist die Berücksichtigung der „Cybersicherheitsmerkmale" eines Produkts, „die erforderlich sind, um das Produkt vor äußeren Einflüssen, einschließlich böswilliger Dritter, zu schützen, sofern sich ein solcher Einfluss auf die Sicherheit des Produkts auswirken könnte, einschließlich eines möglichen Ausfalls der Verbindung". Dieser Aspekt kann offensichtlich nur Produkte betreffen, die mit einer Schnittstelle zu einem Kommunikationsnetz – was in der Regel bedeutet: mit einer Internetschnittstelle – ausgestattet sind. Sofern das betreffende Produkt über dieses Kommunikationsnetz Informationen – was in der Regel bedeutet: Befehle – erhalten kann, die das Produkt negativ – im Sinne von gefahrerhöhend – beeinflussen können, steht die Sicherheit dieses Produkts in Frage. Dementsprechend müssen Produkthersteller schon beim Produktdesign Fragen der Cybersicherheit in ihre Überlegungen zur Produktgestaltung miteinbeziehen. **169**

Ebenfalls neu, und auf mit „künstlicher Intelligenz" ausgestattete Produkte zugeschnitten´, ist der Aspekt, dass „die sich entwickelnden, lernenden und prädiktiven Funktionen des Produkts" so ausgestaltet sein müssen, dass sie nicht zu Gefahren für Leib und Leben seiner Nutzer führen dürfen. In diesem Sinne handelt es sich bei der GPSR um ein „Sicherheitsnetz", mit dem – unterhalb der Regulierungsschwelle der KI-Verordnung (EU) 2024/1689 bzw. deren Anforderungen an „Hochrisiko-KI-Systeme"– ein Mindestniveau an KI-spezifischer Produktsicherheit auch für solche Produkte gewährleistet werden soll, deren „KI-spezifisches Risiko" generell als eher gering einzuschätzen ist (siehe in diesem Sinne auch Erwägungsgrund 166 der KI-Verordnung). **170**

Art. 8 GPSR führt zehn weitere Kriterien auf, die zur Bewertung der Sicherheit eines Produkts heranzuziehen sind: **171**

- andere europäische Normen als die in Art. 7 genannten,
- internationale Normen,
- internationale Übereinkünfte,
- die nationalen Normen des Mitgliedstaats, in dem das Produkt bereitgestellt wird,
- die im betreffenden Bereich geltenden Verhaltenskodizes für die Produktsicherheit,
- freiwillige Zertifizierungssysteme,
- der Stand von Wissenschaft und Technik,
- Empfehlungen oder Leitlinien der Kommission für die Bewertung der Produktsicherheit,

- in Durchführungsrechtsakten der Kommission gemäß Art. 7 Abs. 2 festgelegte spezifische Sicherheitsanforderungen,
- „die Sicherheit, die von den Verbrauchern vernünftigerweise erwartet werden kann".

172 Diese Zusatzkriterien lassen sich in drei Gruppen aufteilen: Zunächst sind alle Regeln – gleich, ob es sich um staatliche Normen oder allgemein anerkannte Industriestandards oder den Stand von Wissenschaft und Technik handelt – bei der Beurteilung heranziehbar, ob das fragliche Produkt sicher ist – ob es sich quasi innerhalb dieser Normensysteme bewegt. Des Weiteren sind Sicherheitserwartungen, die in offiziellen Dokumenten der Europäischen Kommission – erwähnt werden Leitlinien und Durchführungsrechtsakte – formuliert wurden, ein weiterer Maßstab für die Beurteilung der Produktsicherheit (siehe hierzu auch sogleich Rn. 171 f.). Und schließlich greift der Korrekturfaktor des praktisch Erwartbaren: Sicherheitsvorkehrungen gegen Ereignisse, mit denen nicht zu rechnen ist, kann der Verbraucher nicht erwarten und müssen daher auch nicht getroffen werden.

c) Gesetzliche Vermutung, dass ein Produkt sicher ist (Art. 7 GPSR)

173 In bestimmten Fällen greift eine gesetzliche „Vermutung der Konformität mit dem allgemeinen Sicherheitsgebot" (Art. 7 GPSR). Dies ist zunächst immer dann der Fall, wenn ein Produkt

> *„den anwendbaren europäischen Normen oder Teilen davon in Bezug auf die Risiken und Risikokategorien gerecht wird, die durch diese Normen geregelt werden, deren Fundstellen gemäß Artikel 10 Absatz 7 der Verordnung (EU) Nr. 1025/2012 im Amtsblatt der Europäischen Union veröffentlicht worden sind."*

174 Die Verordnung (EU) 1025/2012 regelt u. a. die Erarbeitung sogenannter „harmonisierter Normen" durch eine oder mehrere der drei europäischen Normungsgremien – auf Gemeinschaftsebene sind dies das Europäische Komitee für Normung „CEN", das Europäische Komitee für elektrotechnische Normung „CENELEC" und das Europäische Institut für Telekommunikationsnormen „ETSI". Harmonisierte Normen werden von diesen Normungsgremien auf der Grundlage eines Auftrags der Kommission erarbeitet. Nach ihrer Verabschiedung und Veröffentlichung im Amtsblatt der EU stellen diese „EN"-Normen den maßgeblichen Sicherheitsstandard dar, natürlich begrenzt auf die Aspekte, die von der Norm abgedeckt werden. Daher ist es nur konsequent, wenn der EU-Gesetzgeber die Einhaltung einer solchen Norm damit „belohnt", dass die Sicherheit des betreffenden Produkts – wie

gesagt: im Hinblick auf diejenigen Anforderungen, die die Norm abdecken soll – gewährleistet ist.

Aber auch unterhalb dieser Schwelle kann ein Produkt von der gesetzlichen Vermutung seiner Sicherheit profitieren, wenn **175**

> *„das Produkt in Ermangelung anwendbarer europäischer Normen gemäß Buchstabe a des vorliegenden Absatzes nationalen Anforderungen gerecht wird, die in Bezug auf die Risiken und Risikokategorien, die in Gesundheits- und Sicherheitsanforderungen im nationalen Recht des Mitgliedstaats festgelegt sind, in dem es auf dem Markt bereitgestellt wird, sofern dieses Recht mit dem Unionsrecht in Einklang steht.*"

Diese zweite Alternative kann nur greifen, wenn es für die fraglichen Gesundheits- und Sicherheitsanforderungen keine harmonisierte Norm gibt. In diesem Fall kann auch die Einhaltung nationaler Normen die Konformitätsvermutung des betreffenden Produkts begründen. Da es sich allerdings in beiden Fällen nur um eine Konformitätsvermutung handelt, sind die Marktüberwachungsbehörden nicht daran gehindert, geeignete Maßnahmen zu ergreifen, sofern es Anzeichen dafür gibt, dass das betreffende Produkt tatsächlich doch gefährlich ist. **176**

d) Empfehlungen, Leitlinien und Durchführungsrechtsakte der Kommission

Im Rahmen ihres – noch zur GPSD ergangenen – Durchführungsbeschlusses (EU) 2019/417 „zur Festlegung von Leitlinien für die Verwaltung des gemeinschaftlichen Systems zum raschen Informationsaustausch „RAPEX" hat die Kommission im Jahr 2019 auch einen „Leitfaden für die Risikobewertung von Verbraucherprodukten" erstellt (siehe Amtsblatt EU v. 15.3.2019, S. 157 ff.). Während dieser Leitfaden an die zuständigen Marktüberwachungsbehörden gerichtet ist und ihnen u. a. bei der Einordnung und Weiterverarbeitung eines gemeldeten Falles helfen soll, sind die Ausführungen zur Risikobewertung von grundsätzlicher Bedeutung und ermöglichen allen Beteiligten, einen gegebenen Fall unter Berücksichtigung der Auffassung der Kommission einzuordnen. Allerdings verhalten sie sich weniger zu der Frage, ob ein Verbraucherprodukt unsicher ist, sondern vielmehr dazu, wie unsicher es ist bzw. welches Risiko von ihm ausgeht. Die Beantwortung dieser Frage ist von ausschlaggebender Bedeutung für die Intensität der Maßnahmen, die zur Beseitigung oder jedenfalls Reduzierung der von diesem Produkt ausgehenden Gefahren getroffen werden müssen. **177**

Gemäß Art. 7 Abs. 2 GPSR hat die Kommission das Recht, per Durchführungsrechtsakt festzulegen, welche Sicherheitsanforderungen, die an Verbraucherprodukte zu stellen sind, in europäischen Normen geregelt werden **178** müssen. Einen entsprechenden Durchführungsrechtsakt hat die Kommission bislang nicht erlassen.

e) Wie soll ich das von meinem Produkt ausgehende Risiko bewerten?

179 Im Rahmen ihres Durchführungsbeschlusses (EU) 2019/417 hat die Kommission ein Verfahren zur Risikobewertung entwickelt. Dabei wird zum einen die Schwere möglicher Verletzungen erfasst und zum zweiten die Wahrscheinlichkeit ihres Eintritts.

180 Bei der Ermittlung der Schwere einer Gefahr im Sinne des dem Produkt innewohnenden Potenzials, eine Verletzung des Verwenders zu verursachen, sind alle möglichen Verletzungen zu berücksichtigen. Ebenso ist der Lebenszyklus des Produkts zu beachten. So kann es sein, dass das Risiko einer Schädigung bei Verwendung des Produkts erst nach einer bestimmten Einsatzdauer auftritt oder, andersherum, nach Zeitablauf geringer wird. Es sind alle Arten von Gefahren miteinzubeziehen. Der Kommissions-Leitfaden listet beispielhaft mechanische Gefahr, Erstickungsgefahr, Gefahr durch Elektrizität, Gefahr durch Hitze oder Feuer, thermische Gefahr, chemische Gefahr, mikrobiologische Gefahr, Lärmgefahr, Explosionsgefahr etc. auf. Die resultierenden Verletzungen werden in vier Schweregrade eingeteilt. Anbei die von der Kommission zur Veranschaulichung erstellte Tabelle, die laut Kommission „einen Anhaltspunkt für die Quantifizierung des Schweregrads von Verletzungen“ liefert:

Schweregrad der Verletzung

Einführung

In diesem Leitfaden für die Risikobewertung werden vier Schweregrade von Verletzungen unterschieden. Es ist wichtig, sich klarzumachen, dass der Verletzungsgrad absolut objektiv bewertet werden sollte. Ziel ist es, den Schweregrad unterschiedlicher Szenarien zu vergleichen und Prioritäten zu setzen; es geht nicht darum, die „Vertretbarkeit" einer einzelnen Verletzung zu beurteilen. Eine Verletzung oder körperliche Schädigung, die problemlos hätte vermieden werden können, wird der Verbraucher nur schwer hinnehmen. Dennoch ist aus Sicht der Behörden ein erhöhter Aufwand eher zur Vermeidung irreversibler Folgen gerechtfertigt als zur Vermeidung vorübergehender Beschwerden.

Objektive Kriterien für die Bewertung des Schweregrads von Folgeerscheinungen (akute Verletzung oder Gesundheitsschädigung) ergeben sich einerseits aus dem Umfang der medizinischen Behandlung und andererseits aus der Beeinträchtigung der Körperfunktionen des Opfers. Beide Aspekte ließen sich als Kosten ausdrücken, doch lassen sich die Folgekosten von Gesundheitsschäden möglicherweise nur schwer quantifizieren.

Kombiniert man diese Kriterien, so lassen sich die vier Schweregrade wie folgt definieren:

1. körperliche Schädigung oder Folgeerscheinung, die nach der Durchführung von Sofortmaßnahmen (Erste Hilfe, in der Regel nicht durch einen Arzt) keine wesentliche Funktionsbeeinträchtigung bzw. keine großen Schmerzen verursacht; in der Regel sind die Folgeerscheinungen vollkommen reversibel;

2. körperliche Schädigung oder Folgeerscheinung, die eine ambulante, in der Regel jedoch keine stationäre Behandlung erforderlich macht. Die Funktion kann über einen begrenzten Zeitraum (maximal sechs Monate) beeinträchtigt sein; eine nahezu vollständige Wiederherstellung ist möglich.

3. körperliche Schädigung oder Folgeerscheinung, die in der Regel eine stationäre Behandlung erfordert und zu einer Funktionsbeeinträchtigung während mindestens sechs Monaten oder zu einem dauerhaften Funktionsverlust führt;

4. körperliche Schädigung oder Folgeerscheinung, die zum Tod führt oder führen könnte, einschließlich Hirntod; reproduktionstoxische Folgen; Verlust von Gliedmaßen oder schwerwiegende Funktionsbeeinträchtigung, der/die zu einer Behinderung von mehr als ca. 10 % führt.

Die folgende Tabelle ist weder verbindlich noch vollständig, sondern soll als Orientierungshilfe dienen; sie enthält Beispiele für Verletzungen aller vier Schweregrade. Dabei mag es von Land zu Land Unterschiede geben, die kulturell oder durch unterschiedliche Gesundheitssysteme und unterschiedliche finanzielle Regelungen bedingt sind. Wenn man von der in der Tabelle vorgeschlagenen Einstufung abweichen würde, würde dadurch allerdings die Einheitlichkeit der Risikobewertung innerhalb der EU beeinträchtigt werden; im Risikobewertungsbericht müsste dies daher klar und deutlich angegeben und begründet werden.

Art der Verletzung	Schweregrad der Verletzung			
	1	2	3	4
Riss-/Schnittverletzung	Oberflächlich	Äußerlich (tief) (> 10 cm lang, am Körper)	Sehnerv Halsschlagader Luftröhre Innere Organe	Bronchien Speiseröhre Aorta Rückenmark (unterer Bereich)

Art der Verletzung	Schweregrad der Verletzung			
	1	2	3	4
		(> 5 cm lang, im Gesicht), Nähen erforderlich Sehne oder in Gelenk Augapfel oder Hornhaut		Tiefe Rissverletzung innerer Organe Durchtrennung des oberen Rückenmarks Gehirn (schwere Schädigung/ Funktionsstörung)
Prellung (Abschürfung/Kontusion, Schwellung, Ödem)	Oberflächlich ≤ 25 cm² im Gesicht ≤ 50 cm² am Körper	Schwerwiegend > 25 cm² im Gesicht > 50 cm² am Körper	Luftröhre Innere Organe (leicht) Herz Gehirn Lunge, mit Blut oder Luft im Brustraum	Hirnstamm Rückenmark mit Lähmung
Gehirnerschütterung	—	Sehr kurze Bewusstlosigkeit (Minuten)	Längere Bewusstlosigkeit	Koma
Einklemmen/Kneifen	Leichte Quetschung	—	(Siehe je nach Fall die Folgen von Prellung, Quetschung, Fraktur, Luxation bzw. Amputation.)	(Folgen wie bei Ersticken/Erdrosseln.)
Verstauchung, Zerrung, Beeinträchtigung des Bewegungsapparats	Extremitäten Gelenke Wirbelsäule (keine Luxation oder Fraktur)	Bänderzerrung im Knie	Bänder- oder Sehnenriss/-abriss Muskelriss Schleudertrauma	—
Luxation	—	Gliedmaßen (Finger, Zeh, Hand, Fuß) Ellbogen Kiefer Loser Zahn	Sprunggelenk Handgelenk Schulter Hüfte Knie Wirbelsäule	Wirbelsäule
Fraktur	—	Gliedmaßen (Finger, Zeh, Hand, Fuß) Handgelenk Arm Rippe Brustbein Nase Zahn Kiefer Knochen der Augenhöhle	Sprunggelenk Bein (Oberschenkelknochen und Unterschenkel) Hüfte Oberschenkel Schädel Wirbelsäule (minder schwere Kompressionsfraktur) Kiefer (schwerwiegend) Kehlkopf Mehrere Rippenfrakturen Blut oder Luft im Brustraum	Hals Wirbelsäule

Art der Verletzung	Schweregrad der Verletzung			
	1	2	3	4
Quetschung	—	—	Extremitäten (Finger, Zeh, Hand, Fuß) Ellbogen Sprunggelenk Handgelenk Unterarm Bein Schulter Luftröhre Kehlkopf Becken	Rückenmark Mittlerer/unterer Hals Brustkorb (schwere Quetschung) Hirnstamm
Amputation	—	—	Finger Zeh(en) Hand Fuß Arm (bzw. Teil des Arms) Bein Auge	Beide Extremitäten
Stichverletzung, Schnittverletzung	Geringe Tiefe, nur Haut betroffen	Tiefer als Haut Bauchwand (kein Organ betroffen)	Auge Innere Organe Brustwand	Aorta Herz Bronchien Tiefe Verletzungen von Organen (Leber, Nieren, Blase usw.)
Verschlucken	—	—	Verletzung eines inneren Organs (Siehe auch Obstruktion der Atemwege, bei der das verschluckte Objekt oben in der Speiseröhre stecken bleibt.)	Dauerhafte Schädigung eines inneren Organs
Blockierung der inneren Atemwege	—	—	Sauerstoffversorgung des Gehirns blockiert, ohne Langzeitfolgen	Sauerstoffversorgung des Gehirns blockiert, mit Langzeitfolgen
Ersticken/Erdrosseln	—	—	Sauerstoffversorgung des Gehirns blockiert, ohne Langzeitfolgen	Tod durch Ersticken/Erdrosseln
Untertauchen/Ertrinken	—	—	—	Tod durch Ertrinken
Verbrennung/Verbrühung (durch Hitze, Kälte oder chemischen Stoff)	1. Grades, bis zu 100 % der Körperoberfläche 2. Grades, < 6 % der Körperoberfläche	2. Grades, 6-15 % der Körperoberfläche	2. Grades, 16-35 % der Körperoberfläche oder 3. Grades, bis zu 35 % der Körperoberfläche Inhalative Verbrennung	2. oder 3. Grades, > 35 % der Körperoberfläche Inhalative Verbrennung, Beatmung erforderlich
Elektrischer Schlag	(Siehe auch unter Verbrennung, da Strom Verbrennungen verursachen kann.)	Örtliche begrenzte Auswirkungen (vorübergehender Krampf oder Muskellähmung)	—	Tod durch elektrischen Schlag

Art der Verletzung	Schweregrad der Verletzung			
	1	2	3	4
Neurologische Störung	—	—	Getriggerter epileptischer Anfall	—
Augenverletzung, Fremdkörper im Auge	Vorübergehende Schmerzen, keine Behandlung erforderlich	Vorübergehender Verlust des Sehvermögens	Teilweiser Verlust des Sehvermögens Dauerhafter Verlust des Sehvermögens (ein Auge)	Dauerhafter Verlust des Sehvermögens (beide Augen)
Verletzung des Gehörs, Fremdkörper im Ohr	Vorübergehende Schmerzen, keine Behandlung erforderlich	Vorübergehende Beeinträchtigung des Hörvermögens	Teilweiser Verlust des Hörvermögens Vollständiger Verlust des Hörvermögens (ein Ohr)	Vollständiger Verlust des Hörvermögens (beide Ohren)
Vergiftung (oral, inhalativ, dermal)	Durchfall, Erbrechen, lokale Symptome	Reversible Schädigung innerer Organe, z. B. Leber, Niere, leichte hämolytische Anämie	Irreversible Schädigung innerer Organe, z. B. Speiseröhre, Magen, Leber, Niere, hämolytische Anämie, reversible Schädigung des Nervensystems	Irreversible Schädigung des Nervensystems Tod
Reizung, Dermatitis, Entzündung oder Verätzung (inhalativ, dermal)	Leichte lokale Reizung	Reversible Augenschädigung Reversible systemische Folgen Entzündliche Folgen	Lungen, Beeinträchtigung der Atmung, chemische Lungenentzündung Irreversible systemische Folgen Teilweiser Verlust des Sehvermögens Verätzungen	Lungen, Beatmung erforderlich Ersticken
Allergische Reaktion oder Sensibilisierung	Leichte oder lokale allergische Reaktion	Allergische Reaktion, ausgedehnte allergische Kontaktdermatitis	Starke Sensibilisierung, die Allergien gegen mehrere Stoffe verursacht	Anaphylaktische Reaktion, anaphylaktischer Schock Tod
Langfristige Schädigung durch Kontakt mit Stoffen oder durch Einwirkung von Strahlen	Durchfall, Erbrechen, lokale Symptome	Reversible Schädigung innerer Organe, z. B. Leber, Niere, leichte hämolytische Anämie	Schädigung des Nervensystems, z. B. OPS-Syndrom (Organic Psycho Syndrome, auch genannt chronische toxische Enzephalopathie, ebenfalls als „Malerkrankheit" bekannt). Irreversible Schädigung innerer Organe, z. B. Speiseröhre, Magen, Leber, Niere, hämolytische Anämie, reversible Schädigung des Nervensystems	Krebs (Leukämie) Fortpflanzungsgefährdende Folgen Auswirkungen auf die Nachkommen ZNS-Depression
Mikrobiologische Infektion		Reversible Schädigung	Irreversible Auswirkungen	Infektion, die eine längere stationäre Behandlung erfordert, gegen Antibiotika resistente Organismen Tod

Abbildung 1: Abl. L 73/121 vom 15.3.2109, S. 63 ff.

Die Eintrittswahrscheinlichkeit einer Verletzung ist der zweite Faktor bei der Risikoermittlung. Wenn die Gefahr einer bestimmten Verletzung z.B. bei jeder Produktverwendung besteht, ist das Risiko doppelt so hoch wie dann, wenn diese Verletzungsgefahr nur bei jeder zweiten Produktverwendung auftritt. Noch geringer ist das Risiko natürlich, wenn die Verletzungsgefahr nur in sehr seltenen Fällen besteht. Bei der Wahrscheinlichkeitsberechnung – die in der Regel nur eine grobe Abschätzung sein kann und daher konservativ erfolgen sollte – ist auch zu berücksichtigen, ob mehrere Faktoren zusammenkommen müssen, um das Schadensereignis auszulösen. In diesem Fall müssen die Wahrscheinlichkeiten aller Faktoren multipliziert werden. Diese ganze Übung ist in hohem Grade fehleranfällig, weshalb der Leitfaden darauf hinweist, dass die „Berechnung“ der jeweiligen Szenarien „große Erfahrung“ voraussetze und dass nach Möglichkeit „versierte Fachleute“ hinzuzuziehen sind. In jedem Fall sollte das Ergebnis „auf seine Plausibilität hin untersucht werden“. 181

Risikograd als Resultat der Kombination aus Schweregrad der Verletzung und Wahrscheinlichkeit

Wahrscheinlichkeit einer Schädigung während der voraussichtlichen Lebensdauer des Produkts		Schweregrad der Verletzung			
		1	2	3	4
Hoch	>50 %	H	E	E	E
	> 1/10	M	E	E	E
	> 1/100	M	E	E	E
	> 1/1000	N	H	E	E
	> 1/10 000	N	M	H	E
	> 1/100 000	N	N	M	H
	> 1/1 000 000	N	N	N	M
Gering	< 1/1 000 000	N	N	N	N

E — Ernstes Risiko
H — Hohes Risiko
M — Mittleres Risiko
N — Niedriges Risiko

Abbildung 2: Abl. L 73/121 vom 15.3.2109, S.67.

Die oben abgebildete Tabelle 4 des Leitfadens dient der Ermittlung des Risikos, wobei zwischen ernstem, hohem, mittlerem und niedrigem Risiko unterschieden wird. Je ernster das festgestellte Risiko, umso dringender 182 müssen Korrekturmaßnahmen ergriffen werden, die bei einem ernsten Risiko selbstredend erheblich einschneidender ausfallen als bei einem niedrigen Risiko.

3. Was sind die allgemeinen Pflichten der Wirtschaftsakteure?

183 Dieses Kapitel bietet einen allgemeinen Überblick über jene Pflichten, die den Wirtschaftsakteuren im Rahmen des europäischen Produktsicherheitsrechts auferlegt sind. Zu diesem Zweck wird wiederum zwischen dem nicht-harmonisierten sowie dem harmonisierten Produktbereich unterschieden. Auf die Besonderheiten für Online-Marktplätze und Fulfilment-Dienstleister wird weiter unten in einem separaten Kapitel näher eingegangen (siehe Rn. 235 ff.). Dasselbe gilt für die detaillierten Maßnahmen und die Abhilfe bei unsicheren Produkten (siehe Rn. 253 ff.). Auf das Erfordernis einer sog. verantwortlichen Person wurde bereits oben (Rn. 81 ff.) eingegangen.

a) Nicht-harmonisierter Produktbereich bzw. GPSR

184 Die allgemeinen Pflichten der Wirtschaftsakteure im nicht-harmonisierten Produktbereich sind in Kapitel III, Abschnitt 1 der GPSR niedergelegt. Die GPSR sieht in diesem Zusammenhang zunächst spezifische Pflichten für Hersteller, Bevollmächtigte, Einführer bzw. Händler vor. Jeder dieser Akteure nimmt in der Vertriebskette eine konkrete Position ein und interagiert auf bestimmte Weise mit dem Produkt. Aus diesem Grund legt das Produktsicherheitsrecht diesen Akteuren jeweils solche Pflichten auf, die angesichts von deren Stellung in der Vertriebskette am meisten Sinn machen.

Beispiel:
Da der Hersteller die technischen Eigenschaften des von ihm vermarkteten Produkts am besten kennt (oder zumindest kennen muss), obliegt dem Hersteller die Pflicht zur Erstellung von entsprechenden technischen Unterlagen. Es würde keinen Sinn machen, diese Pflicht einem bloßen Händler aufzuerlegen.

185 Zusätzlich zu den spezifischen Pflichten für einzelne Wirtschaftsakteure enthält Kapitel III, Abschnitt 1 der GPSR aber auch Pflichten, die pauschal an alle Wirtschaftsakteure adressiert sind.

(1) Pflichten der Hersteller

Die folgende Tabelle gibt einen Überblick über die wichtigsten Pflichten der 186
Hersteller im Rahmen von Art. 9 GPSR:

Gegenstand der Pflicht sowie deren Rechtsgrundlage	Erläuterung
Allgemeines Sicherheitsgebot (Art. 9 Abs. 1 GPSR)	Hersteller dürfen nur solche Produkte in Verkehr bringen, die dem allgemeinen Sicherheitsgebot nach Art. 5 GPSR entsprechen.
Risikoanalyse und technische Unterlagen (Art. 9 Abs. 2 und 3 GPSR)	Ein Hersteller kann die Sicherheit eines Produkts nur dann zusichern, wenn dessen Risiken bekannt sind. Daher dürfen Hersteller nur solche Produkte in Verkehr bringen, die sie zuvor einer internen Risikoanalyse unterzogen haben. Die Risikoanalyse muss durch sog. technische Unterlagen dokumentiert werden. Die technischen Unterlagen müssen mindestens die folgenden Inhalte ausweisen: – eine allgemeine Beschreibung des Produkts und – eine Erörterung jener wesentlichen Eigenschaften des Produkts, die für die Risikoanalyse relevant sind. Sofern aufgrund der gegenständlichen Risiken angemessen, umfassen die technischen Unterlagen auch noch: – eine Analyse der möglicherweise mit dem Produkt verbundenen Risiken, – eine Analyse der gewählten Lösungen zur Beseitigung oder Minderung dieser Risiken, – die Ergebnisse aller Berichte über Tests, die der Hersteller durchgeführt hat oder von einem Dritten hat durchführen lassen, – eine Aufstellung aller einschlägigen europäischen Normen, die angewandt wurden, um dem allgemeinen Sicherheitsgebot zu entsprechen. Je risikoreicher das Produkt ist, desto umfangreicher müssen die technischen Unterlagen sein. Sie müssen stets auf dem neuesten Stand sein. Der Hersteller hat die technischen Unterlagen ab dem Zeitpunkt des Inverkehrbringens des Produkts für mindestens zehn Jahre aufzubewahren. Sie sind den Marktüberwachungsbehörden auf Verlangen zur Verfügung zu stellen.

Gegenstand der Pflicht sowie deren Rechtsgrundlage	Erläuterung
Serienproduktion (Art. 9 Abs. 4 GPSR)	Stellt der Hersteller ein Produkt in Serie her, muss er sicherstellen, dass stets alle Exemplare der Serie dem allgemeinen Sicherheitsgebot entsprechen. Zu diesem Zweck muss der Hersteller geeignete Verfahren anwenden.
Identifizierung des Produkts (Art. 9 Abs. 5 GPSR; Art. 21 GPSR)	Eine effektive Durchsetzung des Produktsicherheitsrechts kann nur dann gelingen, wenn jedes in Verkehr gebrachte Produkt eindeutig identifiziert werden kann. Es liegt auf der Hand, dass beispielsweise ein Produktrückruf voraussetzt ein betroffenes Produkt genau abgrenzen zu können. Vor diesem Hintergrund müssen Hersteller gewährleisten, dass ihre Produkte mit einer Typen-, Chargen- oder Seriennummer oder mit einem anderen für Verbraucher leicht erkennbaren und lesbaren Identifizierungselement gekennzeichnet sind. Diese Kennzeichnung muss direkt am Produkt selbst angebracht werden. Nur falls dies aufgrund der Größe oder Art des Produkts nicht möglich ist, kann die Kennzeichnung auf der Verpackung oder in einer dem Produkt beigefügten Unterlage erfolgen. Diese Informationen können zusätzlich auch in elektronischer Form bereitgestellt werden (z. B. durch einen QR-Code). Die ausschließliche Verwendung einer elektronischen Kennzeichnung ist aber unzulässig.
Identifizierung des Herstellers (Art. 9 Abs. 6 GPSR; Art. 21 GPSR)	Neben dem Produkt an sich sollte auch dessen Hersteller eindeutig identifiziert werden können. Da dem Hersteller im Rahmen des Produktsicherheitsrechts äußerst umfangreiche Pflichten zukommen, sollen die Marktüberwachungsbehörden den Hersteller eines jeden Produkts möglichst leicht ausfindig machen können. Daher müssen Produkte mit den folgenden Angaben über den jeweiligen Hersteller versehen sein: – Name oder eingetragener Handelsname oder eingetragene Handelsmarke, – Postanschrift, – E-Mail-Adresse. Falls abweichend kommt hierzu noch die Postanschrift oder die E-Mail-Adresse einer zentralen Anlaufstelle, unter welcher der Hersteller

Gegenstand der Pflicht sowie deren Rechtsgrundlage	**Erläuterung**
	kontaktiert werden kann. Das kann beispielsweise ein Kundendienstzentrum sein. Die oben genannten Angaben müssen direkt am Produkt selbst angebracht werden. Nur falls dies aufgrund der Größe oder Art des Produkts nicht möglich ist, kann die Kennzeichnung auf der Verpackung oder in einer dem Produkt beigefügten Unterlage erfolgen. Darüber hinaus gelten für die Identifizierung des Herstellers die folgenden weiteren Vorgaben: 1. Die Informationen über den Hersteller können zusätzlich auch in elektronischer Form bereitgestellt werden (z. B. durch einen QR-Code). Die ausschließliche Verwendung einer elektronischen Kennzeichnung ist aber unzulässig. 2. Die Angabe der Webseite des Herstellers ist zulässig, aber nicht verpflichtend. 3. Bei der Postanschrift müssen in der Regel die folgenden Elemente angegeben werden: Straße + Hausnummer oder Postfach + Nummer sowie Postleitzahl + Ort. Manche Länder können aber eine hiervon abweichende Konvention für die Adressangabe haben (vgl. Blue Guide, Pkt. 4.2.2.1, S. 58). 4. Die Informationen über den Hersteller müssen in der Regel nicht in die Amtssprache(n) jener Mitgliedstaaten übersetzt werden, auf deren Märkte das Produkt bereitgestellt wird. Allerdings sollten die verwendeten Schriftzeichen in dem jeweiligen Mitgliedstaat gelesen werden können (vgl. Blue Guide, Pkt. 4.2.2.1, S. 58). **Beispiel**: Der Hersteller eines Produkts hat seinen Sitz in der dänischen Hauptstadt Kopenhagen (auf Dänisch: København). Bei der Adressangabe kann der Hersteller den Begriff „København“ auch dann verwenden, wenn das Produkt auf einem Markt außerhalb Dänemarks bereitgestellt wird. Adressen müssen nicht übersetzt werden. Wird dieses Produkt hingegen auch am griechischen Markt bereitgestellt werden, muss dieser Ortsname aber zumindest auch in griechischen Buchstaben lesbar sein, also so: „Κοπεγχάγη“

Gegenstand der Pflicht sowie deren Rechtsgrundlage	**Erläuterung**
	5. Sind mehrere Wirtschaftsakteure auf einem Produkt, einer Verpackung oder in Begleitdokumenten angegeben (z. B. ein Hersteller und ein Einführer), muss nicht unbedingt auf die jeweiligen Rollen hingewiesen werden. Häufig ergibt sich die Rollenverteilung aus dem Zusammenhang, vor allem wenn der Hersteller nicht in der Union ansässig ist. In diesem Fall muss es einen Einführer geben und dieser muss zwingermaßen seinen Sitz in der Union haben. Somit kann bei zwei angegebenen Adressen – eine außerhalb und eine innerhalb der Union – der Akteur mit der EU-Adresse nur der Einführer sein. Gleichzeitig ist es zulässig Wendungen wie „manufactured by", „imported by" und so ähnlich zu verwenden. Diese müssen auch nicht in andere Sprachen übersetzt werden (vgl. Blue Guide, Pkt. 4.2.2, S. 56). Hinweis: Diese fünf Punkte sind bei der Identifizierung des Einführers gleichermaßen anzuwenden (hierzu unten gleich mehr).
Anweisungen und Sicherheitsinformationen (Art. 9 Abs. 7 GPSR; Art. 21 GPSR)	Es liegt auf der Hand, dass die Sicherheit eines Produkts auch von dessen bestimmungsgemäßen Gebrauch abhängt. **Beispiel**: Ein Gasgrill sollte nicht in einem geschlossenen Raum verwendet werden. Vor diesem Hintergrund müssen Hersteller ihren Produkten „klare Anweisungen und Sicherheitsinformationen" beifügen. Hiervon darf nur dann abgesehen werden, wenn das Produkt auch ohne diese Informationen wie vom Hersteller vorgesehen verwendet werden kann. **Beispiel**: Eine Packung mit Servietten benötigt in der Regel wohl kaum Hinweise für deren Gebrauch und ebenso keine Sicherheitsinformationen. Die einzelnen Mitgliedstaaten können für ihre jeweiligen Märkte festlegen, in welcher Sprache die notwendigen Anweisungen und Sicherheitsinformationen beigefügt werden müssen. Jedenfalls müssen diese für die Verbraucher leicht verständlich sein. Das Wort „beifügen" bedeutet, dass die notwendigen Angaben grundsätzlich gemeinsam mit dem Produkt ausgeliefert bzw. übergeben werden müssen.

Gegenstand der Pflicht sowie deren Rechtsgrundlage	Erläuterung
	Die Informationen können zusätzlich auch in elektronischer Form bereitgestellt werden (z. B. durch einen QR-Code). Die ausschließliche Bereitstellung in elektronischer Form ist aber unzulässig.
Maßnahmen bei gefährlichen Produkten, die in Verkehr gebracht wurden (Art. 9 Abs. 8 und 10 GPSR)	Im Falle eines gefährlichen Produkts muss der Hersteller eine Reihe von Maßnahmen ergreifen. **Unter welchem Umständen muss der Hersteller solche Maßnahmen ergreifen?** Der Hersteller ist aufgrund der ihm vorliegenden Informationen der Auffassung oder hat Grund zur Annahme, dass ein von ihm in Verkehr gebrachtes Produkt ein gefährliches Produkt ist. **Wann muss der Hersteller solche Maßnahmen ergreifen?** Unverzüglich. Die GPSR definiert diesen Begriff nicht näher. Der in der deutschen Rechtsordnung sehr häufig verwendete Begriff „unverzüglich" kann ganz allgemein jedoch so verstanden werden, dass ohne schuldhaftes Zögern gehandelt werden muss. **Welche Maßnahmen muss der Hersteller ergreifen?** 1. Durchführung von Korrekturmaßnahmen, um die Konformität des Produkts auf wirksame Weise herzustellen. Dies kann unter Umständen eine Rücknahme vom Markt oder einen Rückruf miteinschließen (siehe unten Rn. 253 ff.). Beachte in diesem Zusammenhang auch den Kanon möglicher Korrekturmaßnahmen, zu welchen die Marktüberwachungsbehörden einen Wirtschaftsakteur auffordern können (siehe unten Rn. 286). 2. Unterrichtung der Verbraucher durch bestimmte Informationskanäle (siehe unten Rn. 257 ff.). 3. Unterrichtung der Marktüberwachungsbehörden der Mitgliedstaaten, in denen das Produkt auf dem Markt bereitgestellt wurde, über das Safety-Business-Gateway. **Welche Informationen muss der Hersteller übermitteln?** – Angaben zum Risiko für die Gesundheit und Sicherheit von Verbrauchern, – etwaige bereits ergriffene Korrekturmaßnahmen,

Gegenstand der Pflicht sowie deren Rechtsgrundlage	**Erläuterung**
	– falls verfügbar: nach Mitgliedstaaten aufgeschlüsselte Anzahl an noch auf dem Markt befindlichen Produkten. **Wen muss der Hersteller über Sicherheitsprobleme in der betreffenden Lieferkette auf dem Laufenden halten?** – Andere Wirtschaftsakteure, – verantwortliche Personen, – Anbieter von Online-Marktplätzen.
Beschwerdeverfahren (Art. 9 Abs. 11 und 12 GPSR)	Verbraucher müssen die Möglichkeit haben, Beschwerden an Hersteller einzureichen bzw. Hersteller über im Zusammenhang mit einem Produkt aufgetretenen Unfälle oder Sicherheitsprobleme zu informieren. Zu diesem Zweck müssen Hersteller öffentlich zugängliche Kommunikationskanäle einrichten und in diesem Zusammenhang auch die Zugänglichkeitsbedürfnisse von Menschen mit Behinderungen berücksichtigen. Die Details bleiben jedoch den Herstellern überlassen. Die GPSR nennt die folgenden drei Beispiele für derartige Kommunikationskanäle: – Telefonnummern, – E-Mail-Adressen, – spezielle Rubriken auf der Hersteller-Webseite. Hersteller müssen eingereichte Beschwerden und erhaltene Informationen über Unfälle oder Sicherheitsprobleme untersuchen. Dies gilt aber nur dann, wenn (i) das betroffene Produkt vom Hersteller am Markt bereitgestellt und (ii) vom Beschwerdeführer als gefährlich bezeichnet wurde.
Beschwerdeverzeichnis (Art. 9 Abs. 12 und 13 GPSR)	Die Hersteller müssen ein internes Beschwerdeverzeichnis führen. Dieses umfasst nicht nur die erhaltenen Beschwerden, sondern auch Produktrückrufe und etwaige Korrekturmaßnahmen, die ergriffen wurden, um die Konformität des Produkts herzustellen. Im Beschwerdeverzeichnis dürfen nur solche personenbezogenen Daten gespeichert werden, die zur Prüfung eines mutmaßlich gefährlichen Produkt unbedingt notwendig sind. Diese Daten müssen so schnell wie möglich wieder gelöscht werden, spätestens jedoch fünf Jahre nach deren Eingabe.

(2) Pflichten der Bevollmächtigten

Die Pflichten der Bevollmächtigten wurden oben Rn. 53 ff. dargestellt. 187

(3) Pflichten der Einführer

Die folgende Tabelle gibt einen Überblick über die wichtigsten Pflichten der Einführer im Rahmen von Art. 11 GPSR: 188

Gegenstand der Pflicht sowie deren Rechtsgrundlage	Erläuterung
Allgemeines Sicherheitsgebot (Art. 11 Abs. 1 GPSR)	Ebenso wie der Hersteller darf auch der Einführer nur solche Produkte in Verkehr bringen, die dem allgemeinen Sicherheitsgebot nach Art. 5 GPSR entsprechen. Zusätzlich muss der Einführer aber auch noch sicherstellen, dass der Hersteller des Produkts seinerseits die folgenden Pflichten befolgt hat: – Durchführung einer Risikoanalyse und Erstellung technischer Unterlagen (vgl. Art. 9 Abs. 2 GPSR) – Kennzeichnung zur Identifizierung des Produkts (vgl. Art. 9 Abs. 5 GPSR) – Kennzeichnung zur Identifizierung des Herstellers (vgl. Art. 9 Abs. 6 GPSR)
Maßnahmen bei nicht-konformen bzw. gefährlichen Produkten, die noch nicht in Verkehr gebracht wurden (Art. 11 Abs. 2 GPSR)	Im Falle eines nicht-konformen bzw. gefährlichen Produkts, welches noch nicht in Verkehr gebracht wurde, muss der Einführer diverse Maßnahmen ergreifen. **Unter welchem Umständen muss der Einführer solche Maßnahmen ergreifen?** Der Einführer ist aufgrund der ihm vorliegenden Informationen der Auffassung oder hat Grund zur Annahme, dass ein Produkt dem allgemeinen Sicherheitsgebot nach Art. 5 GPSR und/oder den oben zitierten Pflichten des Herstellers vgl. Art. 9 Abs. 2, 5 und 6 GPSR) nicht entspricht. **Wann muss der Einführer solche Maßnahmen ergreifen?** Unverzüglich. Die GPSR definiert diesen Begriff nicht näher. Der in der deutschen Rechtsordnung sehr häufig verwendete Begriff „unverzüglich“ kann ganz allgemein jedoch so verstanden werden, dass ohne schuldhaftes Zögern gehandelt werden muss.

Gegenstand der Pflicht sowie deren Rechtsgrundlage	Erläuterung
	Welche Maßnahmen muss der Einführer ergreifen? 1. Der Einführer darf das Produkt erst dann in Verkehr bringen, wenn dessen Konformität auf wirksame Weise hergestellt ist. 2. Stellt das Produkt eine Gefahr dar, muss der Einführer unverzüglich (i) den Hersteller sowie (ii) die Marktüberwachungsbehörden (über das Safety-Business-Gateway) informieren.
Identifizierung des Einführers (Art. 11 Abs. 3 GPSR; Art. 21 GPSR)	Da dem Einführer im Rahmen des Produktsicherheitsrechts ebenfalls eine sehr wesentliche Rolle zukommt, soll auch dieser von den Marktüberwachungsbehörden möglichst leicht ausfindig gemacht werden können. Aus diesem Grund müssen Produkte mit den folgenden Angaben über den jeweiligen Einführer versehen sein: – Name oder eingetragener Handelsname oder eingetragene Handelsmarke, – Postanschrift, – E-Mail-Adresse. Falls abweichend kommt hierzu noch die Postanschrift oder die E-Mail-Adresse einer zentralen Anlaufstelle, unter welcher der Einführer kontaktiert werden kann. Diese Kennzeichnung muss direkt am Produkt selbst angebracht werden. Nur falls dies aufgrund der Größe oder Art des Produkts nicht möglich ist, kann die Kennzeichnung auf der Verpackung oder in einer dem Produkt beigefügten Unterlage erfolgen. Bei der Erfüllung dieser Kennzeichnungsvorschriften müssen die Einführer darauf achten, dass die vom Hersteller angebrachten nach dem Unionsrecht erforderlichen Kennzeichnungen nicht verdeckt werden. Im Übrigen gilt das oben bei der Identifizierung des Herstellers Gesagte in gleicher Weise auch für die Identifizierung des Einführers (z. B. zusätzlich Kennzeichnung in elektronischer Form, Elemente von und Sprache bei Adressangaben, Angabe einer Webseite etc.).
Anweisungen und Sicherheitsinformationen (Art. 11 Abs. 4 GPSR)	Der Hersteller hat die – oben erörterte – Pflicht, dem Produkt ggf. klare Anweisungen und Sicherheitsinformationen beizufügen (vgl. Art. 9 Abs. 7 GPSR). Der Einführer muss die Erfüllung dieser Pflicht gewährleisten. Andernfalls darf das betroffene Produkt nicht in Verkehr gebracht werden.

Gegenstand der Pflicht sowie deren Rechtsgrundlage	**Erläuterung**
Lagerung und Transport (Art. 11 Abs. 5 GPSR)	Der Einführer muss gewährleisten, dass die Lagerung und der Transport des Produkts in seinem Verantwortungsbereich zu keinen Risiken führt. Konkret muss der Einführer sicherstellen, dass weder die Sicherheit des Produkts noch dessen Kennzeichnung durch Lagerung oder Transport beeinträchtigt werden.
Technische Unterlagen (Art. 11 Abs. 6 GPSR)	Der Einführer muss eine Kopie der vom Hersteller angefertigten technischen Unterlagen ab dem Zeitpunkt des Inverkehrbringens des Produkts für mindestens zehn Jahre aufbewahren. Diese Kopie ist den Marktüberwachungsbehörden auf Verlangen zur Verfügung zu stellen.
Zusammenarbeitsgebot (Art. 11 Abs. 7 GPSR)	Der Einführer muss im Interesse der Produktsicherheit sowohl mit dem Hersteller als auch mit den Marktüberwachungsbehörden zusammenarbeiten.
Maßnahmen bei gefährlichen Produkten, die in Verkehr gebracht wurden (Art. 11 Abs. 8 GPSR)	Im Falle eines gefährlichen Produkts muss der Einführer eine Reihe von Maßnahmen ergreifen. **Wann muss der Einführer solche Maßnahmen ergreifen?** Der Einführer ist aufgrund der ihm vorliegenden Informationen der Auffassung oder hat Grund zur Annahme, dass ein von ihm in Verkehr gebrachtes Produkt ein gefährliches Produkt ist. **Welche Maßnahmen muss der Einführer ergreifen?** 1. Unterrichtung des Herstellers. 2. Sicherstellung der Durchführung von Korrekturmaßnahmen, um die Konformität des Produkts auf wirksame Weise herzustellen. Dies kann unter Umständen eine Rücknahme vom Markt oder einen Rückruf miteinschließen (siehe unten Rn. 253 ff.). Sollte derartige Korrekturmaßnahmen noch nicht ergriffen worden sein, muss dies der Einführer seinerseits unverzüglich tun. 3. Unterrichtung der Verbraucher durch bestimmte Informationskanäle (siehe unten Rn. 257 ff. 4. Unterrichtung der Marktüberwachungsbehörden der Mitgliedstaaten, in denen das Produkt auf dem Markt bereitgestellt wurde, über das Safety-Business-Gateway.

Gegenstand der Pflicht sowie deren Rechtsgrundlage	Erläuterung
	Welche Informationen muss der Einführer übermitteln? – Angaben zum Risiko für die Gesundheit und Sicherheit von Verbrauchern, – etwaige bereits ergriffene Korrekturmaßnahmen, – falls verfügbar: nach Mitgliedstaaten aufgeschlüsselte Anzahl an noch auf dem Markt befindlichen Produkten.
Beschwerdeverfahren (Art. 11 Abs. 9 und 10 GPSR)	Der Hersteller hat die – oben erörterte – Pflicht, ein Beschwerdeverfahren für die Öffentlichkeit einzurichten (vgl. Art. 9 Abs. 11 bis 13 GPSR). Der Einführer muss überprüfen, ob der Hersteller tatsächlich entsprechende Kommunikationskanäle eingerichtet hat. Wenn dem nicht so ist, muss der Einführer ein entsprechendes Beschwerdeverfahren einrichten. Einführer müssen darüber hinaus eingereichte Beschwerden und erhaltene Informationen über Unfälle oder Sicherheitsprobleme untersuchen. Dies gilt aber nur dann, wenn (i) das betroffene Produkt vom Einführer am Markt bereitgestellt und (ii) vom Beschwerdeführer als gefährlich bezeichnet wurde. Einführer müssen die folgenden Stellen über eine durchgeführte Prüfung und ihre Ergebnisse auf dem Laufenden halten: – Hersteller, – Händler, – ggf. Fulfilment-Dienstleister, – ggf. Anbieter von Online-Marktplätzen.
Beschwerdeverzeichnis (Art. 11 Abs. 10 und 11 GPSR)	Erhaltene Beschwerden, Produktrückrufe und etwaige Korrekturmaßnahmen werden vom Einführer entweder im Beschwerdeverzeichnis des Herstellers aufgenommen oder Einführer können alternativ auch ein eigenes Beschwerdeverzeichnis führen. Im Beschwerdeverzeichnis dürfen nur solche personenbezogenen Daten gespeichert werden, die zur Prüfung eines mutmaßlich gefährlichen Produkts unbedingt notwendig sind. Diese Daten müssen so schnell wie möglich wieder gelöscht werden, spätestens jedoch fünf Jahre nach deren Eingabe.

(4) Pflichten der Händler

Die folgende Tabelle gibt einen Überblick über die wichtigsten Pflichten der Händler im Rahmen von Art. 12 GPSR: 189

Gegenstand der Pflicht sowie deren Rechtsgrundlage	Erläuterung
Allgemeines Sicherheitsgebot (Art. 12 Abs. 1 und 3 GPSR)	Händler müssen sich vergewissern, dass Hersteller die folgenden Pflichten (soweit anwendbar) erfüllt haben: – Kennzeichnung zur Identifizierung des Produkts (vgl. Art. 9 Abs. 5 GPSR) – Kennzeichnung zur Identifizierung des Herstellers (vgl. Art. 9 Abs. 6 GPSR) – Beifügung von Anweisungen und Sicherheitsinformationen (vgl. Art. 9 Abs. 7 GPSR) Ferner müssen sich Händler vergewissern, dass Einführer die folgenden Pflichten (soweit anwendbar) erfüllt haben: – Kennzeichnung zur Identifizierung des Einführers (vgl. Art. 11 Abs. 3 GPSR) – Beifügung von Anweisungen und Sicherheitsinformationen (vgl. Art. 11 Abs. 4 GPSR) Sind diese Pflichten nicht erfüllt, darf der Händler das Produkt nicht am Markt bereitstellen.
Lagerung und Transport (Art. 12 Abs. 2 GPSR)	Der Händler muss gewährleisten, dass die Lagerung und der Transport des Produkts in seinem Verantwortungsbereich zu keinen Risiken führt. Konkret muss der Händler in diesem Sinne sicherstellen, dass folgende Aspekte weder durch Lagerung noch Transport beeinträchtigt werden: – Sicherheit des Produkts, – Kennzeichnung des Produkts, – Beifügung von Anweisungen und Sicherheitsinformationen.
Maßnahmen bei nicht-konformen oder gefährlichen Produkten, die vom Händler am Markt bereitgestellt wurden (Art. 12 Abs. 4 GPSR)	Im Falle eines nicht-konformen oder gefährlichen Produkts, welches vom Händler am Markt bereitgestellt wurde, muss dieser eine Reihe von Maßnahmen ergreifen. **Wann muss der Händler solche Maßnahmen ergreifen?** Der Händler ist aufgrund der ihm vorliegenden Informationen der Auffassung oder hat Grund zur Annahme, dass ein von ihm am Markt bereitgestell-

Gegenstand der Pflicht sowie deren Rechtsgrundlage	Erläuterung
	tes Produkt ein gefährliches Produkt ist oder die folgenden Nicht-Konformitäten aufweist: – keine Kennzeichnung zur Identifizierung des Produkts (vgl. Art. 9 Abs. 5 GPSR) – keine Kennzeichnung zur Identifizierung des Herstellers (vgl. Art. 9 Abs. 6 GPSR) – keine Kennzeichnung zur Identifizierung des Herstellers (vgl. Art. 11 Abs. 3 GPSR) – keine Beifügung von Anweisungen und Sicherheitsinformationen (vgl. Art. 9 Abs. 7 GPSR; Art. 11 Abs. 4 GPSR) **Welche Maßnahmen muss der Händler ergreifen?** 1. Unterrichtung des Herstellers bzw. des Einführers. 2. Sicherstellung der Durchführung von Korrekturmaßnahmen, um die Konformität des Produkts auf wirksame Weise herzustellen. Dies kann unter Umständen eine Rücknahme vom Markt oder einen Rückruf miteinschließen (siehe unten Rn. 257 ff.). 3. Unterrichtung der Marktüberwachungsbehörden der Mitgliedstaaten, in denen das Produkt auf dem Markt bereitgestellt wurde, über das Safety-Business-Gateway. **Welche Informationen muss der Händler übermitteln?** – Sachdienliche Informationen über das Risiko für die Gesundheit und Sicherheit von Verbrauchern, – Zahl der betroffenen Produkte, – etwaige bereits ergriffene Korrekturmaßnahmen.

(5) Interne Verfahren zur Gewährleistung der Produktsicherheit

190 Zur Gewährleistung der Produktsicherheit verpflichtet Art. 14 GPSR die Wirtschaftsakteure zur Einrichtung von internen Verfahren. Diese Regelung macht schon deshalb Sinn, weil die Wirtschaftsakteure erstmals ohne solche interne Verfahren kaum in der Lage sein werden, ihre Pflichten nach der GPSR – insbesondere die gerade oben erläuterten – zu erfüllen.

ErwG 37 GPSR fasst den Sinn und Zweck solcher Verfahren im Detail so zusammen:

> *„Um zu verhindern, dass gefährliche Produkte in Verkehr gebracht werden, sollten die Wirtschaftsakteure verpflichtet sein, in ihre Produktions- oder Vermarktungstätigkeiten interne Verfahren aufzunehmen, mit denen die Einhaltung der einschlägigen Anforderungen dieser Verordnung sichergestellt wird. Solche internen Verfahren sollten von den Wirtschaftsakteuren selbst in Bezug auf ihre Rolle in der Lieferkette und die Art der betroffenen Produkte festgelegt werden und können beispielsweise auf organisatorischen Verfahren, Leitlinien, Normen oder der Ernennung eines Ad-hoc-Verwalters beruhen. Die Einrichtung und das Format dieser internen Verfahren sollten weiterhin in der alleinigen Verantwortung der betreffenden Wirtschaftsakteure liegen."*

Letztlich läuft die Pflicht zur Gewährleistung von Produktsicherheit durch **191** Verfahren auf die Einrichtung eines – weiteren – Risikomanagementsystems im Rahmen des unternehmeseigenen Compliance-Managements hinaus, wobei die GPSR den Wirtschaftsakteuren bei der Ausgestaltung dieses Verfahrens erheblichen Freiraum lässt.

Tatsächlich liegt es aber auch im eigenen Interesse der Wirtschaftsakteure, **192** die Gewährleistung der Sicherheit der von ihnen vertriebenen Produkte systematisch zu überwachen, um kostenintensive und der Reputation abträgliche Rückrufaktionen und vergleichbare Korrekturmaßnahmen zu vermeiden.

(6) Zusammenarbeit mit den Marktüberwachungsbehörden

Art. 15 GPSR verpflichtet die Wirtschaftsakteure zur Zusammenarbeit mit **193** den Marktüberwachungsbehörden. In diesem Sinne müssen die Wirtschaftsakteure bestimmte Informationen vorlegen bzw. selbst ermitteln. Auf diese Weise soll es den Marktüberwachungsbehörden ermöglicht werden, möglichst effizient gegen potenzielle oder tatsächliche Risiken durch am Markt bereitgestellte Produkte vorzugehen.

Die wichtigsten Details zu den hier relevanten Informationspflichten sind in **194** der folgenden Tabelle zusammengefasst:

Wer ist zur Übermittlung von Informationen verpflichtet?	Alle Wirtschaftsakteure.
Welche Informationen zu einem Produkt und dessen Risiken müssen übermittelt werden?	Die Wirtschaftsakteure müssen alle „erforderlichen" Informationen an die Marktüberwachungsbehörden übermitteln. Dies umfasst insbesondere: – eine vollständige Beschreibung des mit dem Produkt verbundenen Risikos, der damit in Zusammenhang stehenden Beschwerden und der bekannten Unfälle und – eine Beschreibung etwaiger bezüglich des Risikos ergriffener Korrekturmaßnahmen. Wirtschaftsakteure müssen in der Lage sein die oben genannten Informationen für einen Zeitraum von zehn Jahren ab dem Bezug des Produkts bzw. ab der Lieferung des Produkts vorlegen zu können.
Welche Informationen zur Lieferkette müssen er- und übermittelt werden?	Die Wirtschaftsakteure müssen die folgenden Informationen zur Lieferkette ermitteln und sodann den Marktüberwachungsbehörden übermitteln: – alle Wirtschaftsakteure, von denen sie das Produkt oder ein Teil, eine Komponente oder eine Software, das oder die in das Produkt eingebettet ist, bezogen haben und – alle Wirtschaftsakteure, an die sie das Produkt geliefert haben. Wirtschaftsakteure müssen in der Lage sein, die oben genannten Informationen für einen Zeitraum von sechs Jahren ab dem Bezug des Produkts oder eines Teils, einer Komponente oder einer Software, das oder die in das Produkt eingebettet ist, bzw. ab der Lieferung des Produkts vorlegen zu können.
Wann müssen Wirtschaftsakteure den oben genannten Pflichten nachkommen?	Auf Verlangen der Marktüberwachungsbehörden.

195 Zusätzlich kommen den Marktüberwachungsbehörden auch noch die folgenden Kompetenzen zu:

- Aufforderung der Wirtschaftsakteure zur Vorlage von regelmäßigen Fortschrittsberichten;
- Entscheidung, ob oder ab wann eine Korrekturmaßnahme als abgeschlossen gelten kann.

(7) Spezielle Rückverfolgbarkeitsanforderungen

Art. 18 GPSR ermöglicht der Kommission im Wege von delegierten Rechtsakten ein Rückverfolgbarkeitssystem für bestimmte Produkte, Produktkategorien oder Produktgruppen einzurichten. Wirtschaftsakteure, die die betroffenen Produkte in Verkehr bringen und auf dem Markt bereitstellen, müssen dann das entsprechende Rückverfolgbarkeitssystem übernehmen. **196**

Es handelt sich bei dieser Kompetenz der Kommission um eine Neuerung der GPSR, die keinen Vorläufer in der GPSD hat. Ein System der Rückverfolgbarkeit existiert jedoch bereits für Tabakerzeugnisse. Grundlage hierfür ist u.a. die Durchführungsverordnung (EU) 2018/574 der Kommission vom 15. Dezember 2017 über technische Standards für die Errichtung und den Betrieb eines Rückverfolgbarkeitssystems für Tabakerzeugnisse. Diese Durchführungsverordnung ist für Zigaretten und Tabak zum Selbstdrehen seit dem 20.5.2019 und für alle anderen Tabakerzeugnisse seit dem 20.5.2024 anzuwenden. Grundlage dieses Systems ist die Kennzeichnung aller Verpackungen von Tabakerzeugnissen mit einem elektronischen Erkennungsmerkmal. Auf diese Weise soll die Bewegung jeder dieser Verpackungen durch die Lieferkette aufgezeichnet werden können. **197**

Die Kommission hat von Art. 18 GPSR bislang keinen Gebrauch gemacht. Somit existieren noch keine entsprechenden Rückverfolgbarkeitssysteme. Die Zukunft wird zeigen, ob bzw. in welchem Ausmaß die Kommission zu diesem Regulierungsinstrument greifen wird. Es ist aber anzunehmen, dass die Kommission im Falle einer künftigen Anwendung des Art. 18 GPSR ähnliche Systeme und Verfahrensweisen schaffen wird, wie sie für die Rückverfolgbarkeit für Tabakerzeugnissen bereits gelten. **198**

Die wichtigsten Details zu den in Zukunft möglichen Rückverfolgbarkeitssystemen sind in der folgenden Tabelle zusammengefasst: **199**

Unter welchen Voraussetzungen kann die Kommission ein Rückverfolgbarkeitssystem einrichten?	Ein Rückverfolgbarkeitssystem kann nur für solche Produkte, Produktkategorien oder Produktgruppen eingerichtet werden, die wahrscheinlich ein ernstes Risiko für die Gesundheit und Sicherheit von Verbrauchern darstellen.
Welche Schritte muss die Kommission vor einer solchen Entscheidung durchführen?	– Prüfung der im Safety-Business-Gateway registrierten Unfälle, – Prüfung der Safety-Gate-Statistiken, – Prüfung der Ergebnisse der gemeinsamen Tätigkeiten zur Produktsicherheit und anderer einschlägiger Indikatoren oder Nachweise, – Befragung des Netzwerks für Verbrauchersicherheit,

	– Befragung einschlägiger Sachverständigengruppen, – Befragung einschlägiger Interessenträger.
Welche Regelungen kann ein Rückverfolgbarkeitssystem beinhalten?	– Erfassung und Speicherung von Daten, auch auf elektronischem Wege, anhand derer das Produkt, seine Komponenten oder die an seiner Lieferkette beteiligten Wirtschaftsakteure identifiziert werden können, – Modalitäten zur Anzeige und zum Zugriff auf jene Daten, unter anderem durch die Anbringung eines Datenträgers auf dem Produkt, seiner Verpackung oder den Begleitunterlagen. Die Details muss die Kommission in den jeweiligen delegierten Rechtsakten festlegen. Diese können u. a. vorsehen, dass Verbraucher und gemeinnützige Organisationen Zugriff auf die Daten aus dem Rückverfolgbarkeitssystem erhalten.
Auf welche Aspekte muss die Kommission bei der Annahme solcher Maßnahmen achten?	– Die Kostenwirksamkeit der Maßnahmen, einschließlich der Auswirkungen der Maßnahmen auf Unternehmen, insbesondere KMU, – einen angemessenen zeitlichen Rahmen, um es den Wirtschaftsakteuren zu ermöglichen, sich auf jene Maßnahmen vorzubereiten und – die Kompatibilität und Interoperabilität mit anderen Systemen zur Rückverfolgbarkeit von Produkten, die auf Unionsebene oder auf internationaler Ebene bereits eingerichtet wurden.

b) Harmonisierter Produktbereich

200 Es würde den Rahmen dieses Praxisleitfadens sprengen, alle Pflichten der Wirtschaftsakteure im harmonisierten Produktbereich näher erläutern zu wollen. Allerdings sehen viele Harmonisierungsrechtsvorschriften im Hinblick auf Hersteller, Bevollmächtigte, Einführer bzw. Händler ohnehin sehr ähnliche Pflichten vor, wie die oben im Rahmen der GPSR erörterten. Dies betrifft insbesondere die Kennzeichnung von Produkten (z. B. mit Name und Adresse des Herstellers und/oder des Einführers, mit einer Chargen- oder Seriennummer etc.), die Beifügung von Anweisungen und Sicherheitsinformationen zu Produkten sowie Maßnahmen bei unsicheren Produkten. Diese Ähnlichkeit ist kein Zufall. Sowohl die GPSR als auch die Harmonisierungsrechtsvorschriften orientieren sich im Hinblick auf den Pflichtenkatalog für Hersteller, Bevollmächtigte, Einführer bzw. Händler an jenen Vorgaben, die in der CFD aufgelistet sind.

Bei älteren Vorschriften, die noch nicht an die CFD angepasst wurden, finden sich jedoch naturgemäß (noch) Abweichungen. So z. B. bei der Maschinenrichtlinie 2006/42/EG. Mit der Neuregelung als Maschinenverordnung (EU) 2023/1230 wurde auch eine Anpassung an die CFD vorgenommen. 201

Obwohl die einzelnen Harmonisierungsrechtsvorschriften und die GPSR viele Ähnlichkeiten zueinander aufweisen, gibt es zwischen diesen beiden Bereichen doch wesentliche Unterschiede. Die folgenden Instrumente der Produktregulierung fehlen in der GPSR, sind aber charakteristisch für den harmonisierten Produktbereich: 202

- die Pflicht zur Erfüllung von „wesentlichen Anforderungen“,
- die Durchführung eines Konformitätsbewertungsverfahrens,
- die Ausstellung einer EU-Konformitätserklärung,
- die Anbringung der CE-Kennzeichnung.

(1) Das Konzept der „wesentlichen Anforderungen“

Im nicht-harmonisierten Produktbereich – und somit im Rahmen der GPSR – gilt pauschal das sog. „allgemeine Sicherheitsgebot“. Diesem zufolge dürfen Wirtschaftsakteure nur sichere Produkte in Verkehr bringen oder auf dem Markt bereitstellen (vgl. Art 5 GPSR). Unter welchen Voraussetzungen ein einzelnes Produkt nun als „sicher“ gilt und somit das allgemeine Sicherheitsgebot erfüllt, ist im Rahmen der GPSR nicht konkret festgelegt. Ebenso wenig gibt die GPSR vor, welche Produktrisiken bzw. Produkteigenschaften bei der obligatorischen internen Risikoanalyse vom Hersteller untersucht werden müssen (vgl. Art. 9 Abs. 2 GPSR). Die GPSR lässt den Wirtschaftsakteuren in diesem Zusammenhang somit große Freiheiten. Diese müssen lediglich dafür einstehen, dass das allgemeine Sicherheitsgebot erfüllt wird. Solange dies gewährleistet ist, kümmert sich die GPSR nicht weiter um die Eigenschaften der in Verkehr gebrachten Produkte. 203

Ganz anders ist es im harmonisierten Produktbereich. Die einzelnen Harmonisierungsrechtsvorschriften wenden das Konzept der „wesentlichen Anforderungen“ (engl. essential requirements) an. Diesem Konzept zufolge reicht es nicht aus, dass ein in Verkehr gebrachtes Produkt einfach nur sicher ist. Vielmehr muss das Produkt konkrete Eigenschaften aufweisen. In der Regel bezwecken die wesentlichen Anforderungen den Schutz der Gesundheit und Sicherheit von Verbrauchern bzw. Endnutzern. Deshalb sehen die Harmonisierungsrechtsvorschriften meist vor, dass ein Produkt bestimmte Risiken oder Gefahren jedenfalls abwenden muss. Mit dem Instrument der wesentlichen Anforderungen können aber auch andere Ziele verfolgt werden, beispielsweise der Schutz des Eigentums oder der Schutz der Umwelt (vgl. Blue Guide, Pkt. 4.1.1, S. 48). 204

205 Der Blue Guide erläutert die Funktion der „wesentlicher Anforderungen" mit den folgenden Worten:

> „*Mit der Festlegung wesentlicher Anforderungen ist beabsichtigt, ein hohes Schutzniveau zu gewährleisten. Die festgelegten Anforderungen gehen entweder auf bestimmte Risiken im Zusammenhang mit dem Produkt zurück (z. B. physischer und mechanischer Widerstand, Entzündbarkeit, chemische, elektrische oder biologische Eigenschaften, Hygiene, Radioaktivität, Präzision), oder sie beziehen sich auf das Produkt oder seine Leistung (z. B. Bestimmungen in Bezug auf Werkstoffe, Planung, Bau, Herstellungsprozess, die vom Hersteller verfasste Betriebsanleitung), oder sie legen das Hauptziel des Schutzes fest (z. B. mithilfe einer exemplarischen Auflistung). Oftmals ist es eine Kombination aus diesen Elementen. Im Endeffekt können mehrere Harmonisierungsrechtsakte der Union gleichzeitig auf ein Produkt anwendbar sein, weil wesentliche Anforderungen verschiedener Harmonisierungsrechtsakte parallel angewendet werden müssen, um alle relevanten öffentlichen Interessen abzudecken.*" (Blue Guide, Pkt. 4.1.1, S. 48)

206 Jede Harmonisierungsrechtsvorschrift legt im Rahmen ihres sachlichen Anwendungsbereichs selbst fest, welche wesentlichen Anforderungen die erfassten Produkte bzw. Produktkategorien erfüllen müssen. Deren Umfang bzw. Detailgrad kann sehr unterschiedlich sein. Manche Harmonisierungsrechtsvorschriften begnügen sich mit der Aufzählung von wenigen – sehr allgemein formulierten – Anforderungen. Ein gutes Beispiel hierfür ist die EMCD. Laut deren Art. 6 müssen Betriebsmittel die in Anhang I der EMCD aufgeführten wesentlichen Anforderungen erfüllen. Dieser Anhang ist relativ kurz gefasst und lautet:

> „***WESENTLICHE ANFORDERUNGEN***
>
> ***1. Allgemeine Anforderungen***
>
> *Betriebsmittel müssen nach dem Stand der Technik so entworfen und gefertigt sein, dass*
>
> *a) die von ihnen verursachten elektromagnetischen Störungen keinen Pegel erreichen, bei dem ein bestimmungsgemäßer Betrieb von Funk- und Telekommunikationsgeräten oder anderen Betriebsmitteln nicht möglich ist;*
>
> *b) sie gegen die bei bestimmungsgemäßem Betrieb zu erwartenden elektromagnetischen Störungen hinreichend unempfindlich sind, um ohne unzumutbare Beeinträchtigung bestimmungsgemäß arbeiten zu können.*
>
> ***2. Besondere Anforderungen an ortsfeste Anlagen***
>
> *Installation und vorgesehene Verwendung der Komponenten:*

Ortsfeste Anlagen sind nach den anerkannten Regeln der Technik zu installieren, und im Hinblick auf die Erfüllung der wesentlichen Anforderungen des Abschnitts 1 sind die Angaben zur vorgesehenen Verwendung der Komponenten zu berücksichtigen.“

Andere Harmonisierungsrechtsvorschriften sehen hingegen wesentliche Anforderungen vor, die sich durch einen enormen Umfang und einen äußerst großen Detailgrad auszeichnen. Ein Beispiel dafür sind die wesentlichen Anforderungen für die Konstruktion und den Bau von Maschinen. Diese sind in Anhang I der MD aufgelistet, welcher sich auf über 40 (!) Seiten erstreckt. 207

Abschließend sei darauf hingewiesen, dass die wesentliche Anforderungen dem Hersteller nicht vorgeben, welche technischen Lösungen dieser anwenden soll. Die wesentlichen Anforderungen geben lediglich bestimmte Ergebnisse bzw. Ziele vor. Wie der Hersteller diese konkret erreicht bzw. sicherstellt, ist seine Sache. Der Blue Guide kommentiert dies so: 208

„*Wesentliche Anforderungen definieren die zu erzielenden Ergebnisse oder die abzuwendenden Gefahren, ohne jedoch die technischen Lösungen dafür festzulegen. Die konkreten technischen Lösungen können nach Ermessen des Herstellers einer Norm oder anderen technischen Spezifikationen entnommen werden oder nach dem allgemeinen Stand der Technik oder Wissenschaft, der in der Literatur niedergelegt ist, entwickelt werden. Dieser flexible Ansatz erlaubt es den Herstellern, selbst zu bestimmen, wie sie die Anforderungen erfüllen wollen. Außerdem ist es auf diese Weise möglich, Werkstoffwahl und Produktgestaltung dem technischen Fortschritt anzupassen. Auf wesentliche Anforderungen gestützte Harmonisierungsrechtsakte der Union bedürfen also keiner regelmäßigen Anpassung an den technischen Fortschritt, da sich die Bewertung, ob die Anforderungen erfüllt wurden oder nicht, auf den Stand der Technik zum Zeitpunkt des Inverkehrbringens des Produkts gründet.*
(Blue Guide, Pkt. 4.1.1, S. 48)

(2) Das Konformitätsbewertungsverfahren

Die Pflicht zur Durchführung eines Konformitätsbewertungsverfahrens ist eines der wesentlichen Charakteristika der Regelungen für den harmonisierten Produktbereich. Ausgangspunkt ist hier die Frage, wie sichergestellt werden kann, dass von Anfang an nur konforme Produkte am Unionsmarkt in Verkehr gebracht werden. Man könnte dieses Problem klassisch mit behördlichen Kontrollen lösen. In diesem Sinne würde jedes einzelne Produkt vor dessen Inverkehrbringen am Unionsmarkt von Behörden auf Konformität mit allen anwendbaren Vorschriften geprüft werden. Ein solches Unterfangen wäre in der Praxis vollkommen unmöglich. Derartige Kontrollen 209 würden einerseits an dem gigantischen Personal- und Kostenaufwand scheitern. Andererseits würde den Behörden auch die notwendige fachliche Expertise fehlen. Schließlich kennt niemand die Eigenschaften eines Produkts und damit auch dessen potenziellen Gefahren so gut wie dessen Hersteller (vgl. ErwG 21 CFD).

210 Vor diesem Hintergrund kommt das Konformitätsbewertungsverfahren ins Spiel. Die Idee ist ganz einfach. Der Hersteller unterzieht ein Produkt vor dessen Inverkehrbringen einem Bewertungs- und Prüfverfahren. Dies geschieht sowohl in der Entwurfs- als auch in der Fertigungsstufe eines Produkts. Im Rahmen dieser Prüfung soll sichergestellt werden, dass das Produkt mit allen anwendbaren Rechtsvorschriften (insbesondere den wesentlichen Anforderungen) konform ist (vgl. ErwG 12 CFD). Hat ein Produkt das Konformitätsbewertungsverfahren erfolgreich durchlaufen, erstellt der Hersteller die Konformitätserklärung und bringt an dem Produkt das CE-Zeichen an (siehe zu diesen beiden Aspekten im Detail gleich unten Rn. 222 ff. und 226 f.).

211 Das Konformitätsbewertungsverfahren ist somit „*ein vom Hersteller durchgeführter Vorgang, mit dem nachgewiesen werden soll, dass bestimmte Anforderungen an ein Produkt erfüllt worden sind*“ (Blue Guide, Pkt. 5.1.1, S. 70).

212 Das Konformitätsbewertungsverfahren ist kein behördliches Verfahren. Doch kommt es den zuständigen Behörden zugute. Diese können durch ein erfolgreich durchlaufenes Konformitätsbewertungsverfahren sicherstellen, dass die geltenden Anforderungen erfüllt wurden (vgl. ErwG 12 CFD).

213 Die Durchführung des Konformitätsbewertungsverfahrens ist immer die Aufgabe der Herstellers. Das ändert sich auch dann nicht, wenn der Hersteller den Entwurf oder die Fertigung des Produkts an Lohnhersteller vergibt (vgl. Blue Guide, Pkt. 5.1.1, S. 70). Allerdings kann der Hersteller ein Konformitätsbewertungsverfahren nicht nach eigenem Gutdünken durchführen. Die notwendigen Inhalte des Verfahrens werden durch sog. Module vorgegeben.

214 Das europäische Produktsicherheitsrecht kennt insgesamt acht verschiedene Module, die mit den Buchstaben „A“ bis „H“ bezeichnet werden. Einige dieser Module liegen in Varianten vor, die mit Ziffern bezeichnet werden (z. B. „A1“). Einige dieser Module gelten sowohl für die Produktentwurfs- und die Produktfertigungsphase, andere wiederum nur für eine dieser beiden Phasen.

215 Manche Module sehen die Beteiligung einer sog. „Konformitätsbewertungsstelle“ vor (auch als „Notifizierte Stelle“ oder „Benannte Stelle“ bezeichnet). Hierbei handelt es sich um „*eine Stelle, die Konformitätsbewertungstätigkeiten einschließlich Kalibrierungen, Prüfungen, Zertifizierungen und*

Inspektionen durchführt" (Art. R1 Nr. 13 CFD). Benannte Stellen können privat oder staatlich betrieben werden. Bekannte Beispiele in Deutschland sind der Deutsche Kraftfahrzeug-Überwachungsverein (DEKRA) oder die Technischen Überwachungsvereine (TÜV). In jedem Fall müssen Benannte Stellen unabhängig, neutral und unparteilich sein. Insbesondere muss es sich bei „*einer Konformitätsbewertungsstelle* [...] *um einen unabhängigen Dritten handeln, der mit der Einrichtung oder dem Produkt, die bzw. das er bewertet, in keinerlei Verbindung steht*" (Art. R17 Abs. 3 CFD). Ebenso muss eine Benannte Stelle gewisse fachliche bzw. qualitative Kriterien erfüllen. Beispielsweise muss sie „*Mitarbeiter zur Verfügung haben, die über ausreichende und sachdienliche Kenntnisse und Erfahrungen verfügen, um die Konformitätsbewertung im Einklang mit den entsprechenden Harmonisierungsrechtsvorschriften der Union durchzuführen*" (Blue Guide, Pkt. 5.2.2, S. 81). Sind alle Kriterien erfüllt, kann eine Benannte Stelle von der zuständigen nationalen Akkreditierungsstelle für eine bestimmte Konformitätsbewertungstätigkeit akkreditiert werden. In Deutschland ist hierfür die Deutsche Akkreditierungsstelle GmbH (DakkS) zuständig. Die Europäische Kommission betreibt ein Webportal mit dem Namen „NANDO-Informationssystem". Dort findet sich eine umfangreiche und öffentlich zugängliche Datenbank mit Informationen zu allen Benannten Stellen sowie Akkreditierungsstellen. Aber wozu braucht man überhaupt Benannte Stellen in einem Konformitätsbewertungsverfahren? Sinn und Zweck von deren Beteiligung ist die Sicherstellung der ordnungsgemäßen Bewertung eines Produkts. Mit anderen Worten: Bei risikoträchtigen Produktkategorien soll das Konformitätsbewertungsverfahren nicht ausschließlich in den Händen des Herstellers liegen. Indem eine neutrale und vom Hersteller unabhängige Stelle miteinbezogen wird, kann das Konformitätsbewertungsverfahren seine Ziele noch wirksamer erreichen. Kommt die Benannte Stelle zum Schluss, dass das geprüfte Produkt konform ist, stellt sie hierüber eine sog. Bescheinigung aus.

Es folgt eine Gesamtübersicht zu den einzelnen Modulen (vgl. Blue Guide, **216**
Pkt. 5.1.7, S. 76–78):

Modul	Name	Welche Produktphasen sind umfasst?	Ist eine Benannte Stelle beteiligt?
A	Interne Fertigungskontrolle	Entwurf + Fertigung	Nein
A1	Interne Fertigungskontrolle plus überwachten Produktprüfungen	Entwurf + Fertigung	Ja, aber nur in der Fertigungsphase

Modul	Name	Welche Produktphasen sind umfasst?	Ist eine Benannte Stelle beteiligt?
A2	Interne Fertigungskontrolle plus überwachte Produktprüfungen in unregelmäßigen Abständen	Entwurf + Fertigung	Ja, aber nur in der Fertigungsphase
B	EU-Baumusterprüfung	Nur Entwurf.	Ja
C	Konformität mit dem EU-Baumuster auf der Grundlage einer internen Fertigungskontrolle	Nur Fertigung. Folgt auf Modul B	Nein
C1	Konformität mit dem EU-Baumuster auf der Grundlage einer internen Fertigungskontrolle plus überwachten Produktprüfungen	Nur Fertigung. Folgt auf Modul B	Nein
C2	Konformität mit dem EU-Baumuster auf der Grundlage der internen Fertigungskontrolle plus überwachte Produktprüfungen in unregelmäßigen Abständen	Nur Fertigung. Folgt auf Modul B	Nein
D	Konformität mit dem EU-Baumuster auf der Grundlage einer Qualitätssicherung bezogen auf den Produktionsprozess	Nur Fertigung. Folgt auf Modul B	Nein
D1	Qualitätssicherung bezogen auf den Produktionsprozess	Entwurf + Fertigung	Ja, in beiden Produktphasen
E	Konformität mit dem EU-Baumuster auf der Grundlage der Qualitätssicherung bezogen auf das Produkt	Nur Fertigung. Folgt auf Modul B	Nein
E1	Qualitätssicherung des Endprodukts Kontrolle und Untersuchung	Entwurf + Fertigung	Ja, in beiden Produktphasen
F	Konformität mit dem EU-Baumuster auf der Grundlage einer Produktprüfung	Nur Fertigung. Folgt auf Modul B	Nein

Modul	Name	Welche Produktphasen sind umfasst?	Ist eine Benannte Stelle beteiligt?
F1	Konformität auf der Grundlage einer Prüfung der Produkte	Entwurf + Fertigung	Ja, in beiden Produktphasen
G	Konformität auf der Grundlage einer Einzelprüfung	Entwurf + Fertigung	Ja, in beiden Produktphasen
H	Konformität auf der Grundlage einer umfassenden Qualitätssicherung	Entwurf + Fertigung	Ja, in beiden Produktphasen
H1	Konformität auf der Grundlage einer umfassenden Qualitätssicherung mit Entwurfsprüfung	Entwurf + Fertigung	Ja, in beiden Produktphasen

Ein Konformitätsbewertungsverfahren besteht entweder aus einem oder aus zwei Modulen. Im letzteren Fall muss das erste Modul immer „B" sein. **217**

Die Hersteller können aus den Modulen nicht frei wählen. Stattdessen legt jede Harmonisierungsrechtsvorschrift gesondert fest, welche Module in ihrem Anwendungsbereich genutzt werden können. Manchmal wird den Herstellern in diesem Zusammenhang eine Auswahl ermöglicht, manchmal aber auch nicht. **218**

Zwei Beispiele:

– Die RoHS-Richtlinie kennt nur das Modul A (vgl. Art. 7 lit. c RoHS). Alle Hersteller, deren Produkte unter diese Richtlinie fallen, müssen daher jedenfalls ein Konformitätsbewertungsverfahren nach Modul A durchführen.
– Hingegen ermöglicht die EMC-Richtlinie dem Hersteller die freie Auswahl zwischen Modul A und der Kombination von Modul B+C (vgl. Art. 14 EMCD). Möchte ein betroffener Hersteller – aus welchem Grund auch immer – keine Benannte Stelle beteiligen (was bei der Variante B+C notwendig wäre), kann er daher immer noch Modul A verwenden.

Eine zentrale Pflicht der Hersteller im Zusammenhang mit dem Konformitätsbewertungsverfahren ist die Erstellung von sog. „technischen Unterlagen". Diese Unterlagen müssen alle jene Informationen enthalten, die zur Bewertung der Konformität des Produkts erforderlich sind. Mit anderen **219**

Worten: Erst auf Grundlage dieser Informationen ist es überhaupt erst möglich, eine sinnvolle Bewertung des Produkts durchzuführen. Die technischen Unterlagen sollen daher Informationen über den Entwurf, die Fertigung und die Funktionsweise des betreffenden Produkts enthalten (vgl. Blue Guide, Pkt. 4.3, S. 61). Der genaue Inhalt der technischen Unterlagen wird von den einzelnen Harmonisierungsrechtsvorschriften jeweils gesondert festgelegt.

Beispiel: Anhang V der RED schreibt im Hinblick auf die technischen Unterlagen Folgendes vor:

„INHALT DER TECHNISCHEN UNTERLAGEN

Die technischen Unterlagen enthalten, falls vorhanden, zumindest folgende Elemente:

a) eine allgemeine Beschreibung der Funkanlage einschließlich
   a. Fotografien oder Illustrationen, aus denen äußere Merkmale, Kennzeichnungen und innerer Aufbau hervorgehen,
   b. Software- oder Firmwareversionen, durch die die Erfüllung der grundlegenden Anforderungen beeinflusst wird,
   c. Nutzerinformationen und Installationsanweisungen;
b) Entwürfe, Fertigungszeichnungen und -pläne von Bauteilen, Baugruppen, Schaltkreisen und ähnlichen maßgeblichen Elementen;
c) die Beschreibungen und Erläuterungen, die zum Verständnis der genannten Zeichnungen und Pläne sowie des Betriebs der Funkanlage erforderlich sind;
d) eine Aufstellung, welche harmonisierten Normen, deren Fundstellen im Amtsblatt der Europäischen Union veröffentlicht wurden, vollständig oder in Teilen angewendet worden sind, und, wenn diese harmonisierten Normen nicht angewendet wurden, eine Beschreibung, mit welchen Lösungen den grundlegenden Anforderungen nach Art. 3 entsprochen wurde, einschließlich einer Aufstellung, welche anderen einschlägigen technischen Spezifikationen angewendet wurden; wurden harmonisierte Normen nur in Teilen angewendet, so ist in den technischen Unterlagen anzugeben, welche Teile angewendet wurden;
e) ein Exemplar der EU-Konformitätserklärung;
f) ein Exemplar der von der beteiligten notifizierten Stelle ausgestellten EU-Baumusterprüfbescheinigung und ihrer Anhänge, falls das Konformitätsbewertungsmodul in Anhang III angewandt wurde;

g) die Ergebnisse der Konstruktionsberechnungen, Prüfungen und ähnlich maßgebliche Elemente;
h) Prüfberichte;
i) eine Erklärung, ob die Anforderung nach Art. 10 Abs. 2 erfüllt ist, und eine Erklärung, ob auf der Verpackung die Angaben nach Art. 10 Abs. 10 gemacht wurden."

Darüber hinaus müssen Hersteller die technischen Unterlagen eine gewisse Zeit lang aufbewahren und auf Verlangen den Marktüberwachungsbehörden vorlegen. Der Aufbewahrungszeitraum beträgt in der Regel zehn Jahre ab dem Inverkehrbringen des einzelnen Produkts. Die jeweiligen Harmonisierungsrechtsvorschriften können in diesem Zusammenhang aber Sonderregelungen vorsehen. **220**

Eine im Blue Guide enthaltene Skizze über die einzelnen Stationen des Konformitätsbewertungsverfahrens ist im Anhang zu diesem Praxisleitfaden abgedruckt. **221**

(3) Die EU-Konformitätserklärung

Die Harmonisierungsrechtsvorschriften verpflichten den Hersteller in der Regel zur Ausstellung und Unterzeichnung einer EU-Konformitätserklärung (engl. *EU Declaration of Conformity*). Dieser Pflicht tritt ein, sobald ein Produkt das Konformitätsbewertungsverfahren erfolgreich durchlaufen hat. Durch die „*Ausstellung der EU-Konformitätserklärung übernimmt der Hersteller die Verantwortung für die Konformität des Produkts*" (Art. R10 Abs. 3 CFD). **222**

Der notwendige Inhalt einer EU-Konformitätserklärung wird in jeder anwendbaren Harmonisierungsrechtsvorschrift gesondert festgelegt. Diese orientieren sich jedoch meist an der Mustererklärung aus Anhang III des CFD. Sie sind daher oft sehr ähnlich oder gar identisch. **223**

Typischerweise enthält eine EU-Konformitätserklärung daher die folgenden Angaben (nachfolgend zitiert aus Blue Guide, Pkt. 4.4, S. 63): **224**

1. *„eine Kennnummer zur Identifizierung des Produkts. Diese Nummer darf je Produkt nur einmal vergeben werden. Sie kann sich auf eine Produkt-, Chargen, Typen- oder Seriennummer beziehen. Dies liegt im Ermessen des Herstellers,*
2. *den Namen und die Anschrift des Herstellers oder seines Bevollmächtigten, der die Erklärung ausstellt,*

3. *die Erklärung, dass der Hersteller die alleinige Verantwortung für die Ausstellung der Konformitätserklärung trägt,*
4. *die Kennnummer des Produkts zwecks Rückverfolgbarkeit. Hierbei handelt es sich im Wesentlichen um maßgebliche Angaben ergänzend zu Punkt 1 zur Beschreibung und Rückverfolgbarkeit des Produkts. Falls es für die Identifizierung des Produkts relevant ist, kann auch ein Foto beigefügt werden, wobei dies dem Ermessen des Herstellers überlassen bleibt, sofern es in den Harmonisierungsrechtsvorschriften der Union nicht verbindlich vorgeschrieben ist,*
5. *alle Harmonisierungsrechtsvorschriften, mit denen Konformität hergestellt wurde unter präziser, vollständiger und eindeutiger Angabe der Referenznormen oder anderer normativer Dokumente (z. B. nationale technische Normen und Spezifikationen); dies impliziert die Angabe der Version und/oder des Datums der einschlägigen Norm,*
6. *den Namen und die Kennnummer der notifizierten Stelle(n), wenn diese am Konformitätsbewertungsverfahren beteiligt war(en), und ggf. Kennung der entsprechenden Bescheinigung,*
7. *sämtliche eventuell erforderlichen zusätzlichen Angaben (z. B. Qualität, Kategorie), soweit zutreffend,*
8. *Datum der Ausstellung der Konformitätserklärung; Unterschrift und Funktion oder eine gleichwertige Kennzeichnung des Bevollmächtigten; dies kann jedes Datum nach Abschluss der Konformitätsbewertung sein.*"

225 Im Hinblick auf die EU-Konformitätserklärung sind die folgenden weiteren Aspekte zu beachten:

– Falls mehrere Harmonisierungsrechtsvorschriften auf ein Produkt anwendbar sind, ist dennoch nur eine einzige EU-Konformitätserklärung auszustellen. Diese muss sich dann auf alle anwendbaren Harmonisierungsrechtsvorschriften beziehen.
– Die EU-Konformitätserklärung kann vom Hersteller jederzeit neu ausgestellt oder geändert werden.
– Die EU-Konformitätserklärung muss stets auf dem neuesten Stand gehalten werden (vgl. Art. R10 Abs. 2 CFD).
– Die EU-Konformitätserklärung muss unter Umständen in mehreren Sprachen verfügbar sein. Das hängt davon ab, in welchen Mitgliedstaaten das Produkt in Verkehr gebracht bzw. auf dem Markt bereitgestellt wird (vgl. Art. R10 Abs. 2 CFD).
– Ähnlich wie bei den technischen Unterlagen muss der Hersteller die EU-Konformitätserklärung eine gewisse Zeit lang aufbewahren und auf Verlangen den Marktüberwachungsbehörden vorlegen. Der Aufbewahrungs-

zeitraum beträgt in der Regel zehn Jahre ab dem Inverkehrbringen des einzelnen Produkts. Die jeweiligen Harmonisierungsrechtsvorschriften können in diesem Zusammenhang aber Sonderregelungen vorsehen.

– Manche Harmonisierungsrechtsvorschriften kennen auch eine sog. „vereinfachte EU-Konformitätserklärung". Diese besteht in der Regel aus einem Satz sowie einem Verweis auf die Fundstelle der vollständige EU-Konformitätserklärung.

Beispiel:
Die vereinfachte EU-Konformitätserklärung für Funkanlagen hat gemäß Anhang VII der RED den folgenden Wortlaut:
„Hiermit erklärt [Name des Herstellers], dass der Funkanlagentyp [Bezeichnung] der Richtlinie 2014/53/EU entspricht.
Der vollständige Text der EU-Konformitätserklärung ist unter der folgenden Internetadresse verfügbar:"

– In bestimmten Fällen ist der Hersteller verpflichtet, die EU-Konformitätserklärung nicht bloß aufzubewahren, sondern den Produkten bei der Auslieferung beizufügen. Dies betrifft u. a. die folgenden Produkte (vgl. Blue Guide, Pkt. 4.4, S. 63):
  – Maschinen,
  – Funkanlagen,
  – Messgeräte,
  – Sportboote,
  – Aufzüge,
  – Geräte und Schutzsysteme zur bestimmungsgemäßen Verwendung in explosionsgefährdeten Bereichen.

(4) Die CE-Kennzeichnung

Ein charakteristisches Element von Produkten, die in den harmonisierten Produktbereich fallen, ist deren CE-Kennzeichnung. Durch diese Kennzeichnung erklärt der Hersteller, dass das betreffende Produkt jenen geltenden Anforderungen genügt, die in den auf das Produkt anwendbaren Harmonisierungsrechtsvorschriften festgelegt sind. Eine solche Erklärung ist sinnvollerweise erst dann möglich, wenn das Produkt erfolgreich ein Konformitätsbewertungsverfahren durchlaufen hat. Die CE-Kennzeichnung kann somit – gemeinsam mit der Konformitätserklärung – als Schlussstein **226** bzw. als Bescheinigung eines erfolgreichen Konformitätsbewertungsverfahrens gesehen werden. Allgemeine Grundsätze zur CE-Kennzeichnung sind in der Verordnung (EG) Nr. 765/2008 bzw. in der CFD niedergelegt. Die einzelnen Harmonisierungsrechtsvorschriften orientieren sich an diesen allgemeinen Grundsätzen.

227 Die folgende Tabelle fasst die typischen Charakteristika der CE-Kennzeichnung zusammen. Manche Details zur Anbringung der CE-Kennzeichnung können in einzelnen Harmonisierungsrechtsvorschriften jedoch abweichend geregelt sein.

Wie sieht die CE-Kennzeichnung aus?	CE
Wofür stehen die Buchstaben „CE"?	Die Bedeutung dieser beiden Buchstaben ist nicht offiziell festgelegt. Üblicherweise wird dieses Kürzel mit dem französischen Begriff „Conformité Européenne" (Europäische Konformität) in Verbindung gebracht.
Was ist die Bedeutung der CE-Kennzeichnung?	Durch die CE-Kennzeichnung wird bescheinigt, dass das Produkt mit allen anwendbaren Harmonisierungsrechtsvorschriften konform ist. Das bedeutet letztendlich, dass das Produkt die geltenden wesentlichen Anforderungen erfüllt und für den vorgesehenen Einsatz sicher ist.
Welche Folgen hat die CE-Kennzeichnung für den Hersteller?	Art. 30 Abs. 3 der Verordnung (EG) Nr. 765/2008 beantwortet diese Frage so: *„Indem er die CE-Kennzeichnung anbringt oder anbringen lässt, gibt der Hersteller an, dass er die Verantwortung für die Konformität des Produkts mit allen in den einschlägigen Harmonisierungsrechtsvorschriften der Gemeinschaft enthaltenen für deren Anbringung geltenden Anforderungen übernimmt."* Mit anderen Worten: Durch die CE-Kennzeichnung demonstriert der Hersteller gegenüber der Öffentlichkeit und nicht zuletzt gegenüber den Marktüberwachungsbehörden, dass das gekennzeichnete Produkt allen anwendbaren Harmonisierungsrechtsvorschriften entspricht. Dafür muss der Hersteller auch einstehen.

Wieso nennt man die CE-Kennzeichnung umgangssprachlich auch „Reisepass für Produkte“?	Die CE-Kennzeichnung hat zur Folge, dass die Mitgliedstaaten das Inverkehrbringen des betreffenden Produkts grundsätzlich nicht einschränken dürfen. Sie dient daher auch dem Schutz des Binnenmarkts. Dank der CE- Kennzeichnung kann ein Produkt im gesamten EWR zirkulieren. Daher der Vergleich mit einem „Reisepass für Produkte“. Freilich dürfen die Marktüberwachungsbehörden der Mitgliedstaaten selbst gegenüber einem Produkt mit CE-Kennzeichnung einschränkende Maßnahmen anwenden. Das ist aber nur möglich, wenn es Kenntnis oder gute Gründe zur Annahme gibt, dass dieses doch nicht-konform ist.
Welche Aspekte haben für die CE-Kennzeichnung keine Relevanz?	Die Bedeutung der CE-Kennzeichnung wird oft missverstanden. Das betrifft insbesondere die folgenden Aspekte: – Die CE-Kennzeichnung ist keine Herkunftsangabe. Insbesondere bedeutet sie nicht, dass das betreffende Produkt in Europa oder in der EU hergestellt wurde. Auch Produkte aus Drittstaaten können bzw. müssen unter Umständen eine CE- Kennzeichnung tragen. – Die CE-Kennzeichnung ist kein Qualitätsmerkmal. Sie drückt lediglich die Konformität mit Harmonisierungsrechtsvorschriften aus. Mit der Qualität eines Produkts hat das nichts zu tun. – Die CE-Kennzeichnung ist kein Nachweis einer behördlichen oder amtlichen Prüfung des Produkts. Die CE-Kennzeichnung wird immer durch den Hersteller selbst (oder seinen Bevollmächtigten) angebracht – nicht durch eine Behörde.
Welche Produkte benötigen eine CE-Kennzeichnung?	All jene Produkte, für welche eine oder mehrere Harmonisierungsrechtsvorschriften eben dies vorsehen (vgl. Art. 30 Abs. 2 der Verordnung (EG) Nr. 765/2008).
Kann ein Produkt mehr als nur eine CE-Kennzeichnung aufweisen?	Es kommt durchaus häufig vor, dass ein einzelnes Produkt mehreren Harmonisierungsrechtsvorschriften unterliegt, welche jeweils eine CE-Kennzeichnung vorsehen. In diesem Fall muss nur eine einzige CE-Kennzeichnung an dem Produkt angebracht werden – aber auch nur dann, wenn das zu kennzeichnende Produkt tatsächlich mit allen anwendbaren Harmonisierungsrechtsvorschriften konform ist. Dennoch kommt es in der Praxis vor, dass Produkte mehrere CE-Kennzeichnungen tragen. Das ist dann der Fall, wenn ein Produkt aus mehreren anderen Produkten (welche jeweils bereits eine CE-Kennzeichnung hatten) zusammengesetzt wurde.

Wer muss die CE-Kennzeichnung anbringen?	Der Hersteller oder sein Bevollmächtigter.
Wann muss die CE-Kennzeichnung angebracht werden?	Bevor das Produkt in Verkehr gebracht oder ggf. in Betrieb genommen wurde.
Wo muss die CE-Kennzeichnung angebracht werden?	Die CE-Kennzeichnung muss direkt auf dem Produkt selbst angebracht werden. Nur falls dies aufgrund der Größe oder Art des Produkts nicht möglich ist, kann die CE-Kennzeichnung auf der Verpackung oder in einer dem Produkt beigefügten Unterlage erfolgen. Rein ästhetische Gründe reichen nicht aus, um die Kennzeichnung vom Produkt auf die Verpackung oder in die Begleitunterlagen zu verlagern (vgl. Blue Guide, Pkt. 4.5.1.4, S. 66). Letztlich legen die einzelnen Harmonisierungsrechtsvorschriften fest, wo die CE-Kennzeichnung anzubringen ist. Art. 20 Abs. 1 RED sieht beispielsweise vor, dass entgegen den gerade angeführten Grundsätzen die CE-Kennzeichnung für Funkanlagen zusätzlich immer auch an der Verpackung anzubringen ist.
Wie muss die CE-Kennzeichnung angebracht oder gestaltet werden? Gibt es eine Mindestgröße für die CE-Kennzeichnung?	Die CE-Kennzeichnung muss gut sichtbar, leserlich und dauerhaft auf dem Produkt angebracht werden. Das Kriterium der „Sichtbarkeit" bedeutet, dass der Endnutzer die CE-Kennzeichnung ohne Schwierigkeiten sehen können muss. Idealerweise wird die CE-Kennzeichnung daher auf der Vorder- oder Rückseite des Produkts aufgebracht (vgl. Blue Guide, Pkt. 4.5.1.4, S. 65). Umstritten ist hingegen, ob sich die CE-Kennzeichnung innerhalb eines Batteriefachs befinden darf. Ein solches Batteriefach ist für den Endnutzer zwar in der Regel leicht zugänglich (wenn auch vielleicht erst unter Zuhilfenahme eines Schraubenziehers), aber eine dort angebrachte CE-Kennzeichnung ist eben nicht unmittelbar sichtbar. Das Kriterium der „Leserlichkeit" verweist auf die Größe der CE-Kennzeichnung. Sofern in den einzelnen Harmonisierungsrechtsvorschriften keine besonderen Größenangaben gemacht werden, muss die CE-Kennzeichnung eine Mindesthöhe von 5 mm haben (vgl. Anhang II, Nr. 3 der Verordnung (EG) Nr. 765/2008). Das Kriterium der „Dauerhaftigkeit" ist dann erfüllt, wenn die CE-Kennzeichnung nicht einfach entfernt werden kann. Das heißt aber nicht, dass die CE-Kennzeichnung am Produkt aufgeprägt oder eingestanzt sein

	muss. Grundsätzlich kann diese Kennzeichnung auch durch einen Aufkleber erfolgen, falls dieser nicht leicht entfernbar ist. In diesem Zusammenhang sehen manche Vorschriften einen Abriebtest mit Wasser und Lösungsbenzin vor (vgl. Blue Guide, Pkt. 4.5.1.4, S. 66). Unter Umständen kann die CE-Kennzeichnung sogar elektronisch auf einem Bildschirm erfolgen, falls diese Anzeige sichtbar, leserlich und dauerhaft ist. Das kommt insbesondere bei Aufzügen vor (vgl. Blue Guide, Pkt. 4.5.1.4, S. 66, FN 237).
Welche Farbe muss die CE-Kennzeichnung haben?	Es gibt keine Festlegung zur Farbe der CE-Kennzeichnung.
Kann die CE-Kennzeichnung durch einen QR-Code ersetzt werden?	Nein.
Was hat es zu bedeuten, wenn eine CE-Kennzeichnung von einer Nummer gefolgt wird?	Sollte an dem Konformitätsbewertungsverfahren eine Benannte Stelle beteiligt gewesen sein, muss deren Kennnummer hinter die CE-Kennzeichnung gesetzt werden. Die Kennnummer muss in der Regel dieselbe Höhe haben wie die CE-Kennzeichnung.
Sind neben der CE-Kennzeichnung weitere Zeichen erlaubt?	Ja. In der Tat weisen viele Alltagsgegenstände (insbesondere Elektronikartikel) nicht selten eine bunte Sammlung von Produktkennzeichnungen auf. Die Verordnung (EG) Nr. 765/2008) sieht für die Verwendung weiterer Zeichen neben der CE-Kennzeichnung allerdings die folgenden drei Einschränkungen vor: 1. Zusätzliche Konformitätskennzeichnungen sind verboten, sofern sich diese mit der Bedeutung der CE-Kennzeichnung überschneiden würden (vgl. Art. 30 Abs. 4 der Verordnung (EG) Nr. 765/2008). Mitgliedstaaten dürfen daher keine nationalen Regelungen schaffen, die (auch nur teilweise) dieselbe Bedeutung wie die CE-Kennzeichnung haben. Zusätzliche Konformitätskennzeichnungen aus Drittstaaten sind hingegen erlaubt, denn diese drücken keine Konformität mit Unionsvorschriften aus. 2. Zusätzliche Kennzeichnungen, Zeichen oder Aufschriften sind nicht erlaubt, wenn ein Dritter deren Bedeutung oder Gestalt mit jener der CE-Kennzeichnung verwechseln kann (vgl. Art. 30 Abs. 5 Satz 1 der Verordnung (EG) Nr. 765/2008).

	3. Zusätzliche Kennzeichnungen, Zeichen oder Aufschriften sind nicht erlaubt, wenn sie die Sichtbarkeit, Lesbarkeit oder Bedeutung der CE-Kennzeichnung beeinträchtigen (vgl. Art. 30 Abs. 5 Satz 2 der Verordnung (EG) Nr. 765/2008). Das Anbringen von Kennzeichnungen, Zeichen oder Aufschriften, deren Bedeutung oder Gestalt von Dritten mit der Bedeutung oder Gestalt der CE-Kennzeichnung verwechselt werden kann, ist untersagt.
Welche Produkte dürfen keine CE-Kennzeichnung tragen?	Die CE-Kennzeichnung darf nur auf solchen Produkten angebracht werden, für welche eine oder mehrere Harmonisierungsrechtsvorschriften eben dies vorsehen (vgl. Art. 30 Abs. 2 der Verordnung (EG) Nr. 765/2008). Alle anderen Produkte, u. a. jene im Anwendungsbereich der GPSR, dürfen nicht mit einer CE-Kennzeichnung versehen werden. Andernfalls würde der Endnutzer in die Irre geführt werden.

c) Allgemeine Pflichten in beiden Produktbereichen

228 Die im nachfolgenden Kapitel beschriebenen Themen, nämlich Informationspflichten beim Fernabsatz sowie die Meldepflicht bei Unfällen, wurden im Rahmen der GPSR eingeführt. Diese Regelungen gelten jedoch sowohl im nicht-harmonisierten als auch im harmonisierten Produktbereich.

(1) Informationspflichten beim Fernabsatz

229 Art. 19 GPSR sieht für das Angebot von Produkten, die online oder über eine andere Form des Fernabsatzes auf dem Markt bereitgestellt werden, bestimmte Informationspflichten vor. Es handelt sich bei dieser Regelung um eine Neuerung der GPSR, die keinen Vorläufer in der GPSD hat.

230 Die wichtigsten Details zu diesen Informationspflichten sind in der folgenden Tabelle zusammengefasst:

Wer ist verpflichtet?	Alle Wirtschaftsakteure, die Produkte online oder über eine andere Form des Fernabsatzes auf dem Markt bereitstellen.
Was löst die Meldepflicht aus?	Ein Produkt wird online oder über eine andere Form des Fernabsatzes angeboten.
Welche Informationen muss das Angebot enthalten?	– Den Namen, den eingetragene Handelsnamen oder die eingetragene Handelsmarke des Herstellers sowie die Postanschrift und die E-Mail-Adresse, unter denen er kontaktiert werden kann.

	– Falls der Hersteller nicht in der Union niedergelassen ist: Den Namen, die Postanschrift und die E-Mail-Adresse der verantwortlichen Person. – Angaben, die die Identifizierung des Produkts ermöglichen, einschließlich einer Abbildung des Produkts, seiner Art und sonstiger Produktidentifikatoren. – Etwaige Warnhinweise oder Sicherheitsinformationen, die gemäß der GPSR oder den anwendbaren Harmonisierungsrechtsvorschriften in einer Sprache, die für die Verbraucher leicht verständlich ist und die der Mitgliedstaat festlegt, in dem das Produkt auf dem Markt bereitgestellt wird, auf dem Produkt oder auf der Verpackung anzubringen oder in einer Begleitunterlage beizufügen sind.
Wie müssen die notwendigen Informationen dargestellt werden?	Eindeutig und gut sichtbar. Diese beiden Kriterien sind in der GPSR aber nicht näher definiert.

In der Praxis liegt die Herausforderung durch Art. 19 GPSR darin, die Kriterien einer „eindeutigen" und „gut sichtbaren" Darstellung zu erfüllen. Es ist derzeit noch unklar, welchen Spielraum Wirtschaftsakteure in diesem Zusammenhang haben. Sicherlich wird es nicht im Sinn der GPSR sein, Warnhinweise oder Sicherheitsinformationen auf einer ohnehin mit Texten und Bildern überladenen Webseite ganz unten in kleiner Schrift anzufügen. Auf der sicheren Seite wird hingegen derjenige sein, der diese Informationen in der Nähe jenes Buttons platziert, auf den der Kunde für den Bestellvorgang klicken oder tippen muss. Darüber hinaus kann man sich die Frage stellen, ob es ausreicht, die notwendigen Angaben auf einer separaten Webseite darzustellen und dementsprechend auf der eigentlichen Angebotsseite bloß einen entsprechenden Link einzufügen. Oder bedeutet „gut sichtbar", dass die notwendigen Angaben direkt in der Angebotsseite platziert werden müssen? Bislang gibt es auf diese Fragen keine klaren Antworten. **231**

(2) Meldepflicht bei Unfällen

Art. 20 GPSR legt Meldepflichten der Wirtschaftsakteure bei Unfällen fest, **232** die im Zusammenhang mit der Sicherheit von Produkten auftreten. Auch bei dieser Regelung handelt es sich um eine Neuerung der GPSR, die keinen Vorläufer in der GPSD hat. Die Meldepflicht bei Unfällen verfolgt zwei Ziele: Zum einem sollen die Marktüberwachungsbehörden bessere Informationen über potenzielle gefährliche Produktkategorien erhalten. Zum anderen soll die Identifizierung eben solcher potenziell gefährlicher Produktkategorien verbessert werden (vgl. ErwG 43 GPSR).

233 Die wichtigsten Details zu dieser Meldepflicht sind in der folgenden Tabelle zusammengefasst:

Wer ist verpflichtet?	– Falls der Hersteller in der Union niedergelassen ist: eben dieser. – Andernfalls: die verantwortliche Person.
Was löst die Meldepflicht aus?	Der Hersteller hat Kenntnis über einen Unfall, der durch ein in Verkehr gebrachtes oder auf dem Markt bereitgestelltes Produkt verursacht wurde.
Was versteht man unter einem „Unfall“?	Die GPSR enthält keine ausdrückliche Definition des Begriffs „Unfall“. Aus Art. 20 Abs. 2 GPSR ergibt sich aber, dass in diesem Zusammenhang mit der Verwendung eines Produkts eingetretene Vorkommnisse gemeint sind, die zum Tod eines Menschen oder zu schwerwiegenden dauerhaften oder zeitweiligen nachteiligen Auswirkungen auf die Gesundheit und Sicherheit dieses Menschen, einschließlich Verletzungen, anderer körperlicher Schädigungen, Krankheiten und chronischer Gesundheitsauswirkungen, geführt haben.
Wann bzw. wie schnell muss gemeldet werden?	Unverzüglich ab dem Zeitpunkt der Kenntnis des Unfalls.
An wen muss gemeldet werden?	An die zuständigen Behörden des Mitgliedstaats, in dem sich der Unfall ereignet hat. Die Meldung erfolgt über das Safety-Business-Gateway.
Was muss gemeldet werden?	– Die Art und Identifikationsnummer des Produkts. – Die Umstände des Unfalls (sofern bekannt). – Auf Verlangen der zuständigen Behörden muss der Hersteller zudem alle sonstigen sachdienlichen Informationen übermitteln.
Was gilt für Einführer und Händler?	Einführer und Händler müssen unverzüglich den Hersteller informieren, wenn sie Kenntnis von einem Unfall haben, der durch ein von ihnen in Verkehr gebrachtes oder auf dem Markt bereitgestelltes Produkt verursacht wurde. Der Hersteller kann dann die Meldepflicht (wie oben erläutert) selbst erfüllen oder den Einführer bzw. Händler anweisen, die Meldung vorzunehmen.

234 Abschließend sei darauf hingewiesen, dass die GPSR Fragen der Produkthaftung unberührt lässt (vgl. Art. 43 Abs. 2 GPSR). Aus diesem Grund sollte die Meldung eines Unfalles nach Art. 20 GPSR nicht als Eingeständnis einer Verantwortlichkeit im Sinne der Produkthaftung gewertet werden (vgl.

ErwG 43 GPSR). Die beiden Aspekte Produktsicherheit und Produkthaftung sind voneinander getrennt zu behandeln.

4. Besonderheiten für Online-Marktplätze und Fulfilment-Dienstleister

Eine der wesentlichen Änderungen im Verhalten der Kunden von Verbraucherprodukten seit Ingeltungtreten der GPSD vor nunmehr über 20 Jahren ist das Aufkommen des Online-Handels und – verstärkt in den letzten Jahren – von Anbietern, meist aus Fernost, die ihre Produkte direkt an Endkunden in der EU vermarkten. In diesem Kapitel wird zunächst erläutert, warum das Aufkommen des Online-Handels eine solch große Herausforderung für das Produktsicherheitsregime der Gemeinschaft dargestellt hat, bevor die einzelnen Elemente, mit denen die GPSR versucht, dieser Herausforderung Herr zu werden, näher dargestellt werden. 235

a) Online-Marktplätze als systemische Herausforderung für das Produktsicherheitsregime der EU

Der Online-Handel und die mit ihm verbundenen Umwälzungen im Vertrieb 236
von Verbraucherprodukten waren und sind zwei große Herausforderungen für das Produktsicherheitsregime der Europäischen Union, dessen zentraler Anknüpfungspunkt das „Inverkehrbringen" von Produkten, entweder durch in der EU niedergelassene Hersteller oder Importeure war und ist. Wenn aber der Hersteller nicht in der EU ansässig ist und es keinen Importeur gibt, den die Marktüberwachungsbehörden in der EU für die Beschaffenheit seiner Produkte in die Verantwortung nehmen können, um z. B. einen Rückruf zu koordinieren und durchzuführen, läuft das gesamte System der Produktsicherheit ins Leere.

Online-Marktplätze und Fulfilment-Dienstleister konnten unter dem alten – 237
und in dieser Hinsicht „veralteten" – System nicht in die Verantwortung genommen werden, wenn sie nicht selbst die Produkte in die Gemeinschaft eingeführt hatten. Einführer blieben aber oftmals die außerhalb der EU angesiedelten Hersteller bzw. die Produkte wurden direkt von außerhalb der Gemeinschaft an die Endkunden versendet. In diesem Fall wird der Endkunde „Einführer", allerdings fehlt ihm der Wille, die Produkte „auf dem Unionsmarkt bereitzustellen", denn er will sie ja in der Regel nicht weiterverkaufen, sondern selbst nutzen. Daher ist der Endkunde kein taugliches Regulierungsobjekt – ganz abgesehen davon, dass Sinn und Zweck der Produktsicherheitsvorschriften ja ist, den gewerblichen „Bereitsteller" des Produkts für die Sicherheit seiner Produkte zur Verantwortung ziehen zu können.

238 Der Umstand, dass gerade im Verbraucherbereich viele Vertragsschlüsse online unter Einsatz von Vermittlungsdiensten zustande kommen und dass solche Vermittlungsdienste ebenso wie die darüber hinausgehenden Dienstleistungen der Fulfilment-Dienstleister wie Lagerhaltung, Verpackung, Adressierung und Versand von Produkten bislang die betreffenden Online-Marktplatzbetreiber bzw. Fulfilment-Dienstleister weder zum Eigentümer, Importeur noch notwendigerweise zum Händler werden lassen, führte zu einer erheblichen Regelungslücke. Diese Regelungslücke war und ist bis heute noch in hohem Maße sicherheitsrelevant, da zum einen das etablierte Regime von Behördeninformation und Ergreifen von Korrekturmaßnahmen gegenüber unsicheren Produkten in Ermangelung eines Ansprechpartners in der EU nicht funktionieren konnte und zum zweiten, als weitere Folge dieser Regulierungslücke, Produkte sowohl aus dem harmonisierten als auch aus dem nicht-harmonisierten Bereich, die die einschlägigen Sicherheitsanforderungen nicht einhalten, in die Hände der Verbraucher gelangen konnten. Solche Produkte sind für den Verbraucher, dem nicht klar ist, dass wesentliche Sicherheitsanforderungen nicht eingehalten werden, oftmals auch wegen ihres niedrigeren Preises besonders attraktiv.

239 Die Europäische Union hat sich in den vergangenen Jahren bemüht, diese Regelungslücke zu schließen. Die GPSR ist der vorerst letzte Baustein in dieser Kette. Folgende Ergänzungen des bisherigen Regimes waren hierfür erforderlich:

- Anpassung des Begriffs des „Inverkehrbringens" eines Produkts,
- Erweiterung des Kreises der verantwortlichen Personen, insbesondere durch Einbeziehung von Online-Marktplätzen und Fulfilment-Dienstleistern,
- Auferlegung neuer, auf die Anbieter von Online-Marktplätzen zugeschnittener Pflichten.

b) Der neue Begriff des „Inverkehrbringens" von Produkten

240 Wie oben (Rn. 120 ff.) dargestellt, bezeichnet der Begriff des Inverkehrbringens „die erstmalige Bereitstellung eines Produkts auf dem Unionsmarkt" (Art. 3 Nr. 7 GPSR). Unter „Bereitstellung auf dem Markt" wiederum versteht das europäische Produktsicherheitsrecht „jede entgeltliche oder unentgeltliche Abgabe eines Produkts zum Vertrieb, zum Verbrauch oder zur Verwendung auf dem Unionsmarkt im Rahmen einer Geschäftstätigkeit" (Art. 3 Nr. 6 GPSR), wobei der Begriff der „Abgabe" nicht notwendigerweise auch die „Übergabe" des Produkts an einen Dritten erfordert. Schon wenn ein Produkt dem Markt zur Verfügung steht in dem Sinne, dass es „abgabefertig“ ist und vom Händler „angeboten“ wird – sei es in einem Katalog oder auf einem Online-Marktplatz –, gilt es als auf dem Markt bereitgestellt.

Bislang ging man jedoch davon aus, dass das Produkt sich – physisch – auf dem Unionsmarkt befinden muss, um als ebenda bereitgestellt gelten zu können. Zum ersten Mal explizit auf Produkte erweitert, die sich – physisch – außerhalb der Europäischen Union befinden, wurde der Begriff des „Bereitstellens“ in Art. 6 Verordnung (EU) 2019/1020: **241**

> „*Wird ein Produkt online oder über eine andere Form des Fernabsatzes zum Verkauf angeboten, gilt das Produkt als auf dem Markt bereitgestellt, wenn sich das Angebot an Endnutzer in der Union richtet. Ein Verkaufsangebot gilt als an Endnutzer in der Union gerichtet, wenn der betreffende Wirtschaftsakteur seine Tätigkeiten in irgendeiner Weise auf einen Mitgliedstaat ausrichtet.*“

Wenn ein Online-Marktplatz eine Kaufofferte an Endnutzer in der EU richtet, gilt das Produkt, auf das sich diese Offerte bezieht, als auf dem Gemeinschaftsmarkt bereitgestellt. Von einer solchen Bereitstellung werden jedoch nur die von der Offerte umfassten, bereits fertig hergestellten und zum Vertrieb bereitstehenden Exemplare umfasst, da sich das Bereitstellen immer nur auf konkrete, bereits vorhandene Produkte beziehen kann. Durch die Vorverlagerung des Bereitstellens- und damit auch des Inverkehrbringens-Zeitpunkts auf den Zeitpunkt, zu dem das Produkt auf dem Online-Portal des Anbieters erscheint, erreicht die GPSR, dass dieser bereits in diesem Zeitpunkt sämtliche Pflichten erfüllen muss, die mit dem Inverkehrbringen verbunden sind. Auf der anderen Seite muss ein bereits in Verkehr gebrachtes Produkt keine erst nach diesem Zeitpunkt in Kraft getretenen neuen Harmonisierungsrechtsvorschriften der Union einhalten. **242**

Die Verordnung (EU) 2019/1020 „über die Marktüberwachung und die Konformität von Produkten“ – auch bekannt als Market Surveillance Regulation (MSR) – dient ebenfalls der Produktsicherheit. Ihr Anwendungsbereich ist allerdings auf die in Anhang I der Verordnung angeführten Harmonisierungsrechtsvorschriften der Union beschränkt. Diese Liste umfasst jedoch immerhin 70 Richtlinien und Verordnungen. **243**

Auch die GPSR enthält mit Art. 4 einen – fast wortgleichen – Absatz, der den Zeitpunkt des Inverkehrbringens von im Wege des Fernabsatzes zum Verkauf angebotenen Produkten regelt: **244**

> „*Wird ein Produkt online oder über eine andere Form des Fernabsatzes zum Verkauf angeboten, so gilt das Produkt als auf dem Markt bereitgestellt, wenn sich das Angebot an Verbraucher in der Union richtet. Ein Verkaufsangebot gilt als an Verbraucher in der Union gerichtet, wenn der betreffende Wirtschaftsakteur seine Tätigkeiten in irgendeiner Weise auf einen oder mehr als einen Mitgliedstaat ausrichtet.*“

c) Die Erweiterung des Kreises der verantwortlichen Personen um Anbieter von Online-Marktplätzen und Fulfilment-Dienstleister

(1) Kein Produkt ohne verantwortlichen Wirtschaftsakteur

245 Die GPSD kannte nur den Begriff des Herstellers und den des Händlers, wobei Importeure als „Hersteller" galten, wenn der eigentliche Hersteller weder selbst einen Sitz in der Gemeinschaft noch einen Vertreter mit Sitz in der Gemeinschaft benannt hatte. Die GPSR kennt neben dem Hersteller als Pflichtenträger noch seinen Bevollmächtigten, den Einführer, den Händler sowie den Fulfilment-Dienstleister. Dieser zusammenfassend als „Wirtschaftsakteure" bezeichnete Personenkreis wird dann noch um „jede andere natürliche oder juristische Person" ergänzt, die Pflichten im Zusammenhang mit der Herstellung von Produkten oder deren Bereitstellung auf dem Markt gemäß dieser Verordnung unterliegt.

246 Die Pflichten, denen Hersteller, Bevollmächtigte, Einführer und Händler unterliegen, werden in den Art. 9 bis 12 GPSR aufgelistet. Wie oben erläutert, besteht jedoch das Problem darin, dass diese „klassischen" Pflichtenträger insbesondere beim Online-Vertrieb nicht immer greifbar sind, da sie sich außerhalb der EU befinden.

247 Hier schafft künftig Art. 16 GPSR Abhilfe, indem festgelegt wird:

> *„(1) Ein unter diese Verordnung fallendes Produkt darf nicht in Verkehr gebracht werden, es sei denn, es gibt einen in der Union niedergelassenen Wirtschaftsakteur, der in Bezug auf jenes Produkt für die in Artikel 4 Absatz 3 der Verordnung (EU) 2019/1020 genannten Aufgaben verantwortlich ist. Artikel 4 Absätze 2 und 3 jener Verordnung findet auf Produkte Anwendung, die unter die vorliegende Verordnung fallen. Für die Zwecke der vorliegenden Verordnung sind Bezugnahmen auf „Harmonisierungsrechtsvorschriften der Union" und „anwendbare Harmonisierungsrechtsvorschriften der Union" in Artikel 4 Absatz 3 jener Verordnung als „die vorliegende Verordnung" zu verstehen.*
>
> *(2) Unbeschadet jeglicher Pflichten der Wirtschaftsakteure nach der vorliegenden Verordnung überprüft der Wirtschaftsakteur nach Absatz 1 des vorliegenden Artikels, zusätzlich zu den Aufgaben nach Artikel 4 Absatz 3 der Verordnung (EU) 2019/1020 und um die Sicherheit des Produkts zu gewährleisten, für das er verantwortlich ist, sofern dies angesichts der möglicherweise mit einem Produkt verbundenen Risiken angemessen ist, regelmäßig,*
>
> *a) dass das Produkt den technischen Unterlagen nach Artikel 9 Absatz 2 der vorliegenden Verordnung entspricht;*

b) dass das Produkt den Anforderungen nach Artikel 9 Absätze 5, 6 und 7 dieser Verordnung entspricht.

Der Wirtschaftsakteur nach Absatz 1 des vorliegenden Artikels stellt auf Verlangen der Marktüberwachungsbehörden dokumentierte Nachweise über die durchgeführten Überprüfungen bereit.

(3) Auf dem Produkt oder auf seiner Verpackung, auf dem Paket oder in einer Begleitunterlage werden der Name, der eingetragene Handelsname oder die eingetragene Handelsmarke und die Kontaktdaten, einschließlich der Postanschrift und der E-Mail-Adresse, des Wirtschaftsakteurs nach Absatz 1 angegeben."

Indem sich die GPSR auf die in der oben genannten, ausschließlich für den harmonisierten Bereich gültige MSR bezieht und damit das Regulierungsschema der MSR in wesentlichen Teilen aufgreift, erweitert sie quasi deren Anwendungsbereich auch über den harmonisierten Bereich hinaus auf alle Verbraucherprodukte. Damit die Situation, dass kein Verantwortlicher gefunden werden kann, künftig nicht mehr auftreten kann, schreibt die GPSR genau dies fest: Wenn es keinen verantwortlichen Wirtschaftsakteur gibt, darf es auch das Produkt in der EU nicht geben. Zwar kann die zuständige Marktüberwachungsbehörde, falls sich kein zuständiger Wirtschaftsakteur findet, gegen niemanden vorgehen. Sie kann allerdings den Vertrieb solcher Produkte von vornherein untersagen. **248**

(2) Die Pflichten des „verantwortlichen Wirtschaftsakteurs"

Für die folgenden Pflichten muss es demnach einen Wirtschaftsakteur geben, sonst darf es nicht in Verkehr gebracht werden: **249**

- falls in das Produkt eine EU-Konformitätserklärung oder eine Leistungserklärung und technische Unterlagen vorgeschrieben sind:
  - Überprüfung, dass die EU-Konformitätserklärung oder die Leistungserklärung und die technischen Unterlagen erstellt wurden,
  - Bereithaltung der Konformitätserklärung oder der Leistungserklärung für die Marktüberwachungsbehörden während des vorgeschriebenen Zeitraums,
  - Sicherstellung, dass die technischen Unterlagen diesen Behörden auf Aufforderung zur Verfügung gestellt werden können;
- auf begründetes Verlangen einer Marktüberwachungsbehörde: Übermittlung aller zum Nachweis der Konformität des Produkts erforderlichen Informationen und Unterlagen an die Behörde in einer Sprache, die für diese Behörde leicht verständlich ist;

- sofern Gründe für die Annahme vorliegen, dass ein bestimmtes Produkt ein Risiko darstellt: Unterrichtung der Marktüberwachungsbehörden;
- Zusammenarbeit mit den Marktüberwachungsbehörden und – auf begründetes Verlangen – Gewährleistung, dass unverzüglich die notwendigen Korrekturaktivitäten ergriffen werden, um in einem Fall der Nichtkonformität mit den Anforderungen der GPSR Abhilfe zu schaffen oder, falls dies nicht möglich ist, die von diesem Produkt ausgehenden Risiken zu mindern, und zwar entweder nach Aufforderung durch die Marktüberwachungsbehörden oder – wenn Grund zu der Annahme besteht, dass das betreffende Produkt ein Risiko darstellt – auf eigene Initiative;
- regelmäßige Überprüfung, dass das Produkt
  - den technischen Unterlagen nach Art. 9 Abs. 2 GPSR entspricht,
  - den Anforderungen nach Art. 9 Abs. 5, 6 und 7 der GPSR entspricht;
- auf Verlangen einer Marküberwachungsbehörde: Bereitstellung von dokumentierten Nachweisen über die durchgeführten Überprüfungen;
- Angabe des Namens, des eingetragenen Handelsnamens oder der eingetragenen Handelsmarke und der seiner Kontaktdaten, einschließlich der Postanschrift und der E-Mail-Adresse, auf dem Produkt oder auf seiner Verpackung, auf dem Paket oder in einer Begleitunterlage.

250 Diese Pflichten gelten grundsätzlich im Hinblick auf alle Produkte und alle Vertriebskanäle. Da es aber bei den traditionellen „Brick & mortar"-Vertriebskanälen in der Regel entweder einen in der EU ansässigen Hersteller oder Importeur geben wird, wird ihr praktischer Anwendungsschwerpunkt bei den Fernabsatz-Vertriebsmodellen mit Nicht-EU-Bezug liegen.

d) Die neuen Pflichten der Anbieter von Online-Marktplätzen

251 Den „besonderen Pflichten der Anbieter von Online-Marktplätzen im Zusammenhang mit der Produktsicherheit" hat die GPSR ein ganzes Kapitel gewidmet, das zwar nur aus einem einzigen Artikel besteht, dessen zwölf Absätze es allerdings in sich haben. Im Folgenden listen wir diese Pflichten Punkt für Punkt einmal auf:

1. Strukturierung ihrer Online-Schnittstelle so, dass Unternehmer, die ein Produkt über diese Schnittstelle anbieten, die rechtlich vorgegebenen Angaben machen können, insbesondere Name/Handelsname/Handelsmarke, Postanschrift, Produktbeschreibung und Warnhinweise/Sicherheitsinformationen;
2. Registrierung beim Safety-Gate-Portal der EU und Verwendung des Safety-Gate-Portals zur Bewertung der Sicherheit der von Dritten auf sei-

ner Plattform angebotenen Produkte im Einklang mit den Anforderungen von Art. 31 Abs. 3 Verordnung (EU) 2022/2066 (Digital Services Act – DSA);

3. Erfüllung ihrer sonstigen Pflichten gemäß DSA, insbesondere: Aussetzen des Dienstes für Unternehmer, die häufig gegen die GPSR verstoßende Produkte anbieten, für einen angemessenen Zeitraum und nach vorheriger Warnung gemäß Art. 23 Abs. 1 DAS;
4. Benennung einer „zentralen Kontaktstelle" zur elektronischen Kommunikation mit den Marktüberwachungsbehörden;
5. Benennung einer „zentralen Kontaktstelle" zur direkten und schnellen Kommunikation mit den Verbrauchern zu Fragen der Produktsicherheit;
6. Etablierung interner Verfahren zur Erfüllung der ihnen obliegenden Anforderungen im Bereich der Produktsicherheit;
7. unverzügliche (höchstens 3 Arbeitstage) Bearbeitung von über ein System im Sinne von Art. 16 DAS eingegangenen Meldungen zu Fragen der Produktsicherheit in Bezug auf die über ihre Dienste online von ihnen zum Verkauf angebotenen Produkte;
8. unverzügliche (höchstens 2 Arbeitstage) Umsetzung von Anordnungen der Marktüberwachungsbehörden, bestimmte Inhalte von ihren Online-Schnittstellen zu entfernen, den Zugang dazu zu sperren oder einen ausdrücklichen Warnhinweis anzuzeigen und entsprechende Vollzugsmeldung im Safety-Gate-Portal;
9. Zusammenarbeit mit Marktüberwachungsbehörden, Unternehmern und den anderen Wirtschaftsakteuren zur Bekämpfung von Risiken durch unsichere Produkte, die über ihre Dienste online angeboten wurden oder werden, insbesondere
    a. direkte Unterrichtung der Verbraucher und der Hersteller über von einem Rückruf betroffene Produkte, soweit diese über ihre Schnittstelle erworben wurden,
    b. generelle Information über Produktrückrufe,
    c. Unterrichtung der betroffenen Unternehmen über die Entfernung oder Sperrung von Inhalten, die sich auf ein gefährliches Produkt beziehen,
    d. unverzügliche Unterrichtung der Marktüberwachungsbehörden über das Safety-Business-Gateway über
        i. auf ihren Online-Schnittstellen angebotene gefährliche Produkte (Angabe des Risikos und der bereits (auch von Dritten) ergriffenen Korrekturmaßnahmen),

ii. Unfälle durch ein auf ihrem Online-Marktplatz angebotenes Produkt,

e. Informationsaustausch mit Strafverfolgungsbehörden, Ermöglichung des Zugangs zu Schnittstellen, Beantwortung von Datenanfragen etc.

252 Auf freiwilliger Basis sollen die Anbieter von Online-Marktplätzen die von den Marktüberwachungsbehörden über das Safety-Gate-Portal bereitgestellten Informationen über gefährliche Produkte zum Anlass nehmen, um eigene freiwillige Maßnahmen durchzuführen und hierüber die meldende Behörde zu unterrichten.

5. Maßnahmen und Abhilfe bei unsicheren Produkten

a) Übersicht

253 Die in diesem Praxisleitfaden bislang behandelten Kapitel haben sich weitgehend mit präventiven Vorschriften des Produktsicherheitsrechts befasst. Diese sollen verhindern, dass gefährliche Produkte überhaupt erst auf dem Binnenmarkt bereitgestellt werden. Trotz aller Vorschriften und Kontrollen lässt es sich aber nicht verhindern, dass genau dies mit großer Regelmäßigkeit geschieht. Wenn eine solche Situation – aus welchem Grund auch immer – eingetreten ist, müssen wirksame und schnelle Maßnahmen zum Schutz der Verbraucher ergriffen werden. Die in diesem Zusammenhang relevanten Verfahren und Pflichten werden in den folgenden Kapiteln dieses Praxisleitfadens vorgestellt.

254 Wie oben in Rn. 186 ff. erläutert, müssen die Wirtschaftsakteure bestimmte Maßnahmen ergreifen, wenn sie aufgrund der ihnen vorliegenden Informationen der Auffassung sind oder Grund zu der Annahme haben, dass ein von ihnen in Verkehr gebrachtes bzw. am Markt bereitgestelltes Produkt gefährlich ist (vgl. Art. 9 Abs. 8 und 10 GPSR; Art. 11 Abs. 8 GPSR; Art. 12 Abs. 4 GPSR). Ähnliche Regelungen gibt es in den diversen Harmonisierungsrechtsvorschriften (vgl. z. B. Art. 10, Abs. 11 RED). Zu den hier verpflichtenden Maßnahmen gehört insbesondere die Unterrichtung der betroffenen Verbraucher. In diesem Sinne legt die GPSR u. a. fest, wie Sicherheitswarnungen bzw. Produktsicherheitsrückrufe durchzuführen sind. Bei einem Produktsicherheitsrückruf müssen die verantwortlichen Wirtschaftsakteure zudem eine wirksame und zeitnahe Abhilfe schaffen.

255 Die Regelungen in der GPSR zu Sicherheitswarnungen bzw. Produktsicherheitsrückrufe gelten gleichermaßen für den nicht-harmonisierten als auch harmonisierten Produktbereich. Allerdings zielen sie stets nur auf den Schutz von Verbrauchern ab – und nicht auch auf den Schutz sonstiger Endnutzer. Dennoch sollte die entsprechenden Maßnahmen idealerweise allen

Kunden zugutekommen. Die Erwägungsgründe erläutern diesen Wunschgedanken mit folgenden Worten:

> „*Die bloße Tatsache, dass Rückrufe an Verbraucher gerichtet sind, sollte Wirtschaftsakteure und Anbieter von Online-Marktplätzen weder davon abhalten, alle Kunden auf eine Produktrückrufanzeige aufmerksam zu machen, noch davon, weiteren Endnutzern Abhilfemaßnahmen anzubieten. Wirtschaftsakteure und Anbieter von Online-Marktplätzen sollten angehalten werden, derartige Maßnahmen zu ergreifen, insbesondere im Falle von Kleinst- und kleinen Unternehmen, die wie Verbraucher auftreten.*" (ErwG 85 GPSR).

Neben einer Bestimmung zu Verbandsklagen enthält die GPSR schließlich auch Vorschriften über das von der Kommission geschaffene unionsweite elektronische Informationssystem zum Austausch über gefährliche Produkte. Dieses war früher als „RAPEX" bekannt und heißt nun „Safety Gate". **256**

b) Unterrichtung der Verbraucher über die Produktsicherheit

Etliche Vorschriften der GPSR (vgl. Art. 9 Abs. 8 und 10 GPSR; Art. 11 Abs. 8 GPSR; Art. 12 Abs. 4 GPSR) bzw. der diversen Harmonisierungsrechtsvorschriften (vgl. z. B. Art. 10, Abs. 11 RED) verpflichten Wirtschaftsakteure bzw. Anbieter von Online-Marktplätzen Verbraucher über Risiken bei der Produktsicherheit zu unterrichten. Diese Unterrichtung gibt es in zwei Varianten, nämlich als „Sicherheitswarnung" oder als „Produktsicherheitsrückruf": **257**

1. Eine entdeckte Gefahr kann beherrschbar sein, sofern der Verbraucher jene Informationen erhält, die für einen sicheren Gebrauch des Produkts erforderlich sind. In diesem Fall erfolgt die notwendige Unterrichtung der Verbraucher in Form einer Sicherheitswarnung. Häufig bezieht sich diese Konstellation auf Fälle, in welchen das Produkt selbst bei anfänglicher Kenntnis der Gefahr in Verkehr gebracht worden wäre – und zwar unter Beifügung entsprechender Sicherheitswarnungen. Schließlich sind viele Alltagsprodukte potenziell sehr gefährlich, falls sie nicht bestimmungsgemäß gewartet bzw. verwendet werden (z. B. Motorfahrzeuge aller Art). In derartigen Fällen sorgen klare Anweisungen und Sicherheitsinformationen für den Schutz der Verbraucher. Ein häufiger Anwendungsfall von Sicherheitswarnungen sind Software-Updates, die eine bei einem elektronischen Produkt entdeckte Sicherheitslücke schließen sollen.

Beispiel:

Der Hersteller eines Smartphones stellt fest, dass aufgrund eines Softwarefehlers der eingebaute Akku überhitzen kann. Das Problem kann glücklicherweise durch ein simples Over-the-Air-Update behoben werden. In diesem Fall ist ein Produktsicherheitsrückruf nicht notwendig. Vielmehr sind die betroffenen Verbraucher im Wege einer Sicherheitswarnung zu unterrichten. In dieser sollte der Hersteller die Verbraucher über das ausgerollte Software-Update informieren und zu dessen unverzüglicher Installation auffordern.

2. Ist die entdeckte Gefahr hingegen selbst durch eine Sicherheitswarnung nicht beherrschbar oder ist das damit verbundene Risiko nicht vertretbar, muss das betroffene Produkt vom Markt zurückgerufen werden. In diesem Fall erfolgt die Unterrichtung der Verbraucher in Form eines Produktsicherheitsrückrufs. Dieser löst im Vergleich zur bloßen Sicherheitswarnung deutlich umfangreichere Pflichten aus. Dazu gehören insbesondere Abhilfemaßnahmen (siehe dazu gleich unten Rn. 265 f.).

Beispiel:

Es stellt sich heraus, dass ein in Verkehr gebrachtes Kinderspielzeug große Mengen gesundheitsschädlicher Chemikalien enthält. Um eine sichere Verwendung dieses Spielzeugs sicherzustellen, dürfte man dieses nur mit Handschuhen anfassen. Das ist in der Praxis vollkommen unrealistisch. Das gegenständliche Produktrisiko lässt sich nicht beherrschen. Eine bloße Sicherheitswarnung reicht somit nicht aus. Stattdessen muss ein Produktsicherheitsrückruf durchgeführt werden.

258 Jede Unterrichtung der Verbraucher – egal ob durch eine Sicherheitswarnung oder einen Produktsicherheitsrückruf – soll so wirksam wie möglich sein. Die betroffenen Verbraucher sollen sich der drohenden Gefahr nicht nur bewusst werden, sondern diese auch ernst nehmen (vgl. ErwG 85 GPSR). Das bedeutet konkret:

- Bei einer Sicherheitswarnung sollen die Verbraucher die erhaltenen Informationen so umsetzen, dass tatsächlich ein sicherer Gebrauch des Produkts möglich wird.
- Bei einem Produktsicherheitsrückruf sollen die Verbraucher den erhaltenen Anweisungen folgen und ggf. die Verwendung des zurückgerufenen Produkts unverzüglich einstellen.

In der Praxis kann man die Verbraucher zu einem solchen verantwortungsvollen Verhalten nicht zwingen. Um die obigen Ziele aber bestmöglich zu erreichen, enthält Art. 35 GPSR detaillierte Vorgaben zur Art und Weise der Unterrichtung. Es liegt auf der Hand, dass ein betroffener Verbraucher durch einen direkten Kontakt bzw. eine direkte Ansprache am besten motiviert werden kann, ein Produktrisiko ernst zu nehmen (vgl. ErwG 85 GPSR). Im Gegensatz dazu ist eine Unterrichtung mittels eines öffentlichen Aushangs (sei es offline, sei es online) weitaus weniger wirksam. Eine solche Unterrichtung wird auch kaum allen betroffenen Verbrauchern zur Kenntnis gelangen. **259**

Vor diesem Hintergrund werden den Wirtschaftsakteuren bzw. Anbietern von Online-Marktplätzen folgende Pflichten auferlegt: **260**

1. Zunächst müssen alle Verbraucher, deren Identität ermittelt werden kann, direkt und unverzüglich unterrichtet werden. Sollten Wirtschaftsakteure und Anbieter von Online-Marktplätzen daher über personenbezogene Daten ihrer Kunden verfügen, müssen sie eben diese Daten für Sicherheitswarnungen und Produktsicherheitsrückrufe verwenden (vgl. Art. 36 Abs. 1 GPSR). In der Praxis kennen insbesondere Online-Händler in der Regel die Namen und Postanschriften bzw. E-Mail-Adressen ihrer Kunden.
2. Viele Wirtschaftsakteure und Anbieter von Online-Marktplätzen betreiben Produktregistrierungssysteme oder Kundenbindungsprogramme. Ermöglichen diese die Identifizierung der von den Kunden gekauften Produkte zu anderen Zwecken als der Übermittlung von Sicherheitsinformationen, müssen eben diese Programme auch in den Dienst der Produktsicherheit gestellt werden. Dies bedeutet konkret, dass es den Kunden ermöglicht werden muss, in solchen Programmen gesonderte Kontaktdaten ausschließlich zu Sicherheitszwecken zu hinterlegen. Die GPSR wollte Unternehmen hier aber keinen „Freifahrtschein" zum Datensammeln ausstellen. Aus diesem Grund wurden zwei Einschränkungen gemacht. Zum einem müssen sich die zu diesem Zweck erhobenen personenbezogenen Daten auf das erforderliche Mindestmaß beschränken. Zum anderen dürfen diese Daten tatsächlich nur für konkrete Sicherheitswarnungen bzw. Produktsicherheitsrückrufe verwendet werden (vgl. Art. 36 Abs. 2 GPSR) – und nicht etwa für Werbung.
3. Für eine möglichst direkte und schnelle Zustellung von Sicherheitswarnungen oder Produktsicherheitsrückrufe an Verbraucher wäre es ideal, wenn jeder Kunde ein gekauftes Produkt für eben diesen Zweck registrieren könnte. Dann müsste man im Fall des Falles nicht den Umweg über Kundenlisten (siehe oben bei Punkt 1.) oder Kundenbindungsprogramme (siehe oben bei Punkt 2.) gehen. Stattdessen könnte der verantwortliche

Wirtschaftsakteur mehr oder weniger auf Knopfdruck notwendige Unterrichtungen zielgerichtet und vor allem schnellstmöglich zustellen. Es wäre aber unverhältnismäßig gewesen, jeden Wirtschaftsakteur in der Union zur Einrichtung solcher Registrierungssysteme zu zwingen. Auch macht dieses Instrument nur bei risikobehafteten Produkten Sinn. Aus diesem Grund verpflichtet die GPSR Wirtschaftsakteure und Anbieter von Online-Marktplätzen nicht per se zur Einrichtung solcher Registrierungssysteme. Stattdessen wurde der Kommission die Kompetenz eingeräumt, ein solches Erfordernis im Wege von Durchführungsrechtsakten für bestimmte Produkte oder Produktkategorien einzuführen (vgl. Art. 35 Abs. 3 GPSR). Bislang hat die Kommission noch keine derartigen Durchführungsrechtsakte gemäß Art. 35 Abs. 3 GPSR erlassen. Die Zukunft wird zeigen, wie aktiv die Kommission dieses Instrument nutzen wird. Die Kommission kann hier aber nicht vollkommen frei agieren. Bei der Auswahl der Produkte oder Produktkategorien, bei denen Kunden ein solches Registrierungssystem angeboten werden soll, sollte sich die Kommission von den folgenden Fragen leiten lassen (vgl. ErwG 86 GPSR):

- Was ist der Lebenszyklus der betreffenden Produkte oder Produktkategorien?
- Welche Risiken gehen von ihnen aus?
- Wie oft sind diese Produkte oder Produktkategorien Gegenstand von Sicherheitswarnungen oder Produktsicherheitsrückrufen?
- Welche Personen nutzen typischerweise diese Produkte oder Produktkategorien? Handelt es sich hierbei um besonders schutzbedürftige Verbraucher wie etwa Kinder, ältere Menschen oder Menschen mit Behinderungen?

Vor diesem Hintergrund wäre es beispielsweise denkbar, dass die Kommission einen Durchführungsrechtsakt gemäß Art. 35 Abs. 3 GPSR für Babyspielzeug erlässt. Babyspielzeug wird von einer besonders schutzbedürftigen Verbrauchergruppe genutzt. Darüber hinaus wird Babyspielzeug bei der Nutzung typischerweise in den Mund genommen. Daher sind diese Produkte besonders sensibel, was das Thema chemische Inhaltsstoffe betrifft. Dennoch gibt es genau in diesem Punkt immer wieder gravierende Verstöße, insbesondere im Rahmen des Versandhandels mit Anbietern aus Drittstaaten. Es würde somit Sinn machen, für die Produktkategorie „Babyspielzeug“ Registrierungssysteme anzubieten, damit Kunden im Fall des Falles direkt und unverzüglich Sicherheitswarnungen oder Produktsicherheitsrückrufe erhalten können.

4. Oft ist es nicht möglich, die Identität aller Kunden eines Produkts zu ermitteln. Folglich können nicht alle betroffenen Verbraucher direkt unter-

richtet werden. In einer solchen Situation müssen Wirtschaftsakteure und Anbieter von Online-Marktplätzen Sicherheitswarnungen oder Produktsicherheitsrückrufe über „andere geeignete Kanäle“ verbreiten. Auf diese Weise soll eine größtmögliche Reichweite erzielt werden. Zu diesem Zweck muss eine derartige Form der Unterrichtung „klar“ und „sichtbar“ sein. Diese Kriterien werden in der GPSR nicht näher definiert. Jedoch werden Beispiele für anwendbare geeignete Kanäle genannt. Nämlich:

- Webseite des Unternehmens,
- Kanäle auf sozialen Medien,
- Newsletter,
- Verkaufsstellen sowie
- Ankündigungen in Massenmedien und anderen Kommunikationskanälen.

Das bedeutet aber nicht, dass alle Wirtschaftsakteure und Anbieter von Online-Marktplätzen sämtliche der hier genannten Kanäle vorhalten oder nutzen müssen. Kein Wirtschaftsakteur ist verpflichtet, eine Webseite oder Kanäle auf sozialen Medien zu betreiben. In jedem Fall gilt aber das allgemeine Erfordernis, dass Unterrichtungen über solche Kanäle stets auch für Menschen mit Behinderungen zugänglich sein müssen (vgl. Art. 35 Abs. 4 GPSR).

c) Rückrufanzeige

Eine der wesentlichen Neuerungen in der GPSR gegenüber dem bisherigen Produktsicherheitsrecht ist die Einführung von zwingenden Form- und Inhaltsvorschriften bei Produktsicherheitsrückrufen. Wie oben dargelegt, müssen Verbraucher im Falle eines Produktsicherheitsrückrufs direkt und unverzüglich oder ggf. durch andere geeignete Kanäle unterrichtet werden. Im Rahmen der GPSR muss jede schriftliche Unterrichtung der Verbraucher in diesem Sinne in Form einer sog. „Rückrufanzeige“ (engl. recall notice) erfolgen (vgl. Art. 36 Abs. 1 GPSR). Diese Vorgabe gilt sowohl für den nichtharmonisierten als auch den harmonisierten Produktbereich. Sie schützt jedoch nur Verbraucher und nicht auch sonstige Endnutzer. **261**

Die Notwendigkeit dieser Regelung wird in den Erwägungsgründen so begründet: **262**

> *„Ein Drittel der Verbraucher verwendet gefährliche Produkte weiter, nachdem sie eine Rückrufanzeige gesehen haben, insbesondere aus dem Grund, dass Rückrufanzeigen kompliziert verfasst sind oder in ihnen das bestehende Risiko als gering dargestellt wird. Rückrufanzeigen sollten daher klar und transparent sein und das bestehende Risiko eindeutig be-*

schreiben, wobei Begriffe, Ausdrücke und andere Elemente zu vermeiden sind, die die Risikowahrnehmung der Verbraucher beeinträchtigen könnten. Die Verbraucher sollten außerdem die Möglichkeit haben, bei Bedarf weitere Informationen über eine gebührenfreie Telefonnummer oder ein anderes interaktives Instrument zu erhalten.“ (ErwG 87 GPSR)

263 Die Kommission will durch die Einführung von Form- und Inhaltsvorschriften bei Rückrufanzeigen somit eine Steigerung der Rücklaufquote bei Produktsicherheitsrückrufen erreichen. Die Zeit wird zeigen, wie effektiv dieses neue Instrument tatsächlich sein wird.

264 Die wichtigsten Details zu den Form- und Inhaltsvorschriften bei Rückrufanzeigen gemäß Art. 36 GPSR (im Folgenden kurz nur „Rückrufanzeige“) sind in der folgenden Tabelle zusammengefasst:

Wer muss eine Rückrufanzeige verfassen? (vgl. Art. 35 Abs. 1 GPSR; Art. 36 Abs. 1 GPSR)	Jeder Wirtschaftsakteur bzw. jeder Anbieter von Online-Marktplätzen, der Verbraucher schriftlich über einen Produktsicherheitsrückruf unterrichtet. Dies gilt auch dann, wenn die Unterrichtung nicht direkt an einen bestimmten Verbraucher adressiert ist, sondern an die allgemeine Öffentlichkeit. Somit müssen insbesondere auch Produktsicherheitsrückrufe auf Webseiten oder in Massenmedien in der Form einer Rückrufanzeige verfasst sein.
Wie muss der Text in einer Rückrufanzeige formuliert sein? (vgl. Art. 36 Abs. 2 GPSR)	Die GPSR verlangt, dass eine Rückrufanzeige für die Verbraucher „leicht verständlich“ ist. Diese Vorgabe ist keine Überraschung. Schließlich will die GPSR dem Missstand ein Ende setzen, dass Rückrufanzeigen bislang oft kompliziert verfasst sind (vgl. ErwG 87 GPSR). Das Kriterium der leichten Verständlichkeit gilt im Übrigen auch im Rahmen der Informationspflichten beim Fernabsatz (siehe oben Rn. 229 ff.) sowie in Bezug auf Anweisungen und Sicherheitsinformationen, die Produkten meist beizufügen sind. In keinem dieser Zusammenhänge setzt die GPSR jedoch fest, wie der Begriff „leicht verständlich“ auszulegen ist. Eines ist aber klar. Eine Rückrufanzeige, deren Botschaft für einen durchschnittlichen Verbraucher – aus welchem Grund auch immer – unklar bleibt, kann ihren Zweck nicht erfüllen.

Welche Sprache muss in der Rückrufanzeige verwendet werden? (vgl. Art. 36 Abs. 2 GPSR)	Die Sprachenwahl hängt sinnvollerweise davon ab, wo das gegenständliche Produkt vermarktet wurde. In diesem Sinne müssen die betroffenen Verbraucher in der/den jeweiligen offiziellen Sprache(n) des Mitgliedstaats unterrichtet werden, auf dessen Markt das zurückgerufene Produkt bereitgestellt wurde. Die Details hierzu können die einzelnen Mitgliedstaaten selbst festlegen. Grundsätzlich bleibt es den verpflichteten Wirtschaftsakteuren bzw. Anbietern von Online-Marktplätzen auch unbenommen. freiwillig zusätzliche Sprachfassungen zu verwenden. **Beispiel**: Wurde das zurückgerufene Produkt nur in Österreich auf dem Markt gebracht, reicht die Verwendung der deutschen Sprache aus. Als freiwillige Maßnahme kann die Rückrufanzeige zusätzlich auch auf Englisch verfasst werden, um auf diese Weise eine noch größere Rücklaufquote zu erreichen. Wurde dasselbe Produkt nicht nur in Österreich, sondern auch in Ungarn auf dem Markt bereitgestellt, würde eine deutsche Sprachfassung nicht ausreichen. Diesfalls müsste jedenfalls auch die ungarische Sprache verwendet werden.
Welchen Inhalt muss die Rückrufanzeige aufweisen? (vgl. Art. 36 Abs. 2 lit. a bis g GPSR)	Die folgenden Inhalte müssen zwingendermaßen in jeder Rückrufanzeige enthalten sein: a) eine Überschrift, die aus den Worten „*Produktsicherheitsrückruf*" (bzw. entsprechenden Übersetzungen in anderen Sprachen) besteht, b) eine klare Beschreibung des zurückgerufenen Produkts, einschließlich a. Abbildung, Name und Marke des Produkts, b. Produktionskennnummern, wie etwa Chargen- oder Seriennummer, und gegebenenfalls einer grafischen Darstellung, wo diese auf dem Produkt zu finden sind sowie c. Angaben dazu, wann, wo und von wem das Produkt verkauft wurde (sofern verfügbar), c) eine klare Beschreibung der mit dem zurückgerufenen Produkt verbundenen Gefahr, d) eine klare Beschreibung, wie Verbraucher vorgehen sollten, einschließlich einer Anweisung, die Verwendung des zurückgerufenen Produkts unverzüglich einzustellen, e) eine klare Beschreibung der den Verbrauchern gemäß Art. 37 GPSR zur Verfügung stehenden Abhilfemaßnahmen (siehe dazu gleich unten),

	f) eine gebührenfreie Telefonnummer oder einen interaktiven Online-Dienst, bei dem Verbraucher mehr Informationen in der oder den jeweiligen Amtssprachen der Union erhalten können und g) eine Aufforderung, die Informationen über den Rückruf gegebenenfalls an andere Personen weiterzuleiten.
Welche Begriffe und Formulierungen darf die Rückrufanzeige nicht enthalten? (vgl. Art. 36 Abs. 2 lit. c GPSR)	Bei der Beschreibung der mit dem zurückgerufenen Produkt verbundenen Gefahr sind Elemente zu vermeiden, die die Risikowahrnehmung der Verbraucher beeinträchtigen können. Dazu gehören beispielsweise die folgenden Begriffe und Formulierungen: – „freiwillig“ – „vorsorglich“, – „im Ermessen“ – „in seltenen Situationen“ – „in spezifischen Situationen“ Ebenso sind Hinweise zu vermeiden, wonach in Bezug auf das zurückgerufene Produkt (noch) keine Unfälle gemeldet wurden. All diese Formulierungen könnten Verbraucher darin bestärken, den Rückruf zu ignorieren bzw. nicht ernst zu nehmen.

Gibt es Vorlagen für das Layout und/oder die Gliederung der Rückrufanzeige?
(vgl. Art. 36 Abs. 3 GPSR)
	Art. 36 Abs. 3 GPSR sieht vor, dass die Kommission im Wege eines Durchführungsrechtsakts eine Vorlage für eine Rückrufanzeige festlegt. Die Kommission ist diesem Auftrag durch die Erlassung der Durchführungsverordnung (EU) 2024/1435 vom 24. Mai 2024 nachgekommen. Diese gilt – ebenso wie die GPSR selbst – ab dem 13.12.2024.
	Die durch diese Durchführungsverordnung festgelegte Vorlage für die Rückrufanzeige ist in Anhang Nr. 2 zu diesem Praxisleitfaden abgebildet. Die Vorlage zeichnet sich durch die folgenden Charakteristika aus:
	– Die Rückrufanzeige besteht aus zwei Seiten. Diese weisen jeweils eine auffällige rot-weiß-rote Umrandung auf, damit das Dokument dem Leser sofort ins Auge fällt.
	– Die Rückrufanzeige ist in verschiedene Themenfelder untergliedert. Diese beziehen sich auf die folgenden Aspekte:
	  – Angaben zum Unternehmen und zum zurückgerufenen Produkt;
	  – Erläuterung der Gründe, warum das Produkt gefährlich ist;

	– Instruktion zur weiteren Vorgehensweise; – Erläuterung der geschaffenen Abhilfemaßnahmen; – Bekanntgabe von Kontaktinformationen; – Angabe des Datums. – Darüber hinaus sieht die Rückrufanzeige verschiedene optionale Angaben vor, und zwar folgende: – Abbildung eines Unternehmenslogos; – Formulierung einer Entschuldigung; – Links zu sozialen Medien oder Webseiten mit Informationen über den Rückruf; – Abbildung eines QR-Codes oder Nutzung anderer technischer Lösungen, um den Leser auf eine Rückruf-Webseite oder zu anderen Informationsquellen zu leiten. – Die Rückrufanzeige enthält schließlich auch eine Aufforderung andere Personen über den Rückruf zu informieren, insbesondere wenn man jemanden kennt, dem das zurückgerufene Produkt angeboten, geliehen oder verkauft wurde. Damit kommt die Vorlage einer entsprechenden Vorgabe in Art. 36 Abs. 2 lit. g GPRSR nach.

d) Abhilfemaßnahmen

Ein Produktsicherheitsrückruf besteht immer aus zwei Komponenten, näm- 265
lich aus der Unterrichtung und aus der Abhilfe.

- Wie oben dargelegt, müssen Verbraucher zunächst direkt und unverzüglich oder ggf. durch andere geeignete Kanäle über den Rückruf unterrichtet werden (vgl. Art. 35 GPSR) – und zwar in Form einer Rückrufanzeige (vgl. Art. 36 GPSR).
- Der zweite – und nicht weniger bedeutende – Schritt ist die Schaffung von Abhilfe gemäß Art. 37 GPSR. Das Konzept der Abhilfe verfolgt zwei Ziele: Zum einem sollen Abhilfemaßnahmen die Rücklaufquote eines Rückrufs erhöhen und somit gefährliche Produkte bestmöglich vom Markt entfernen. Um dieses Ziel zu fördern, soll ein Rückruf den betroffenen Verbrauchern so wenig Unannehmlichkeiten wie möglich bereiten. Zum anderen dienen Abhilfemaßnahmen auch der Wiedergutmachung für die Verbraucher (vgl. ErwG 88 GPSR). Die Regelungen zur Abhilfe gelten sowohl für den nicht-harmonisierten als auch den harmonisierten Produktbereich. Sie schützen jedoch nur Verbraucher und nicht auch sonstige Endnutzer.

266 Die wichtigsten Details zur Abhilfe gemäß Art. 37 GPSR sind in der folgenden Tabelle zusammengefasst:

Wer muss Abhilfe schaffen? (vgl. Art. 37 Abs. 1 GPSR)	Jeder Wirtschaftsakteur, der einen Produktsicherheitsrückruf entweder selbst eingeleitet hat oder hierzu von einer zuständigen nationalen Behörde verpflichtet wurde.
Welche Grundsätze gelten für die Durchführung einer Abhilfe? (vgl. Art. 37 Abs. 1 und 5 GPSR)	Jede, den Verbrauchern vom verantwortlichen Wirtschaftsakteur angebotene Abhilfe muss – wirksam, – kostenfrei und – zeitnah sein. Darüber hinaus darf eine Abhilfemaßnahme keine erheblichen Unannehmlichkeiten für den Verbraucher mit sich bringen. Das gilt insbesondere für den Rückversand oder die anderweitige Rückgabe des zurückgerufenen Produkts durch Verbraucher. In diesem Zusammenhang dürfen den Verbrauchern keine Kosten anfallen. Bestimmte Produkte können aufgrund ihrer Eigenschaften (insbesondere Größe und Gewicht) für Verbraucher nicht einmal transportabel sein (z. B. eine Waschmaschine). In diesen Fällen muss der verantwortliche Wirtschaftsakteur das zurückgerufene Produkt abholen lassen.
Welche konkrete Abhilfe muss Verbrauchern angeboten werden? (vgl. Art. 37 Abs. 2 UAbs. 1 GPSR)	Der verantwortliche Wirtschaftsakteur muss den Verbrauchern die Wahl zwischen mindestens zwei der folgenden Abhilfemaßnahmen anbieten: a) Reparatur des zurückgerufenen Produkts, b) Ersatz des zurückgerufenen Produkts durch ein sicheres Produkt desselben Typs mit mindestens demselben Wert und derselben Qualität oder c) angemessene Erstattung des Werts des zurückgerufenen Produkts, sofern der Erstattungsbetrag mindestens dem vom Verbraucher gezahlten Preis entspricht. Für den Fall einer Erstattung des Werts des zurückgerufenen Produkts finden sich in ErwG. 91 GPSR folgende Hinweise: – Der Erstattungsbetrag sollte unbeschadet einer weiteren Entschädigung gemäß nationalem Recht mindestens dem vom Verbraucher gezahlten Preis entsprechen. Ist kein Nachweis für den gezahlten Preis verfügbar, so sollte dennoch eine angemessene Erstattung des Werts des zurückgerufenen Produkts gewährt werden.

	– Im Falle des Rückrufs des körperlichen Datenträgers für digitale Inhalte im Sinne des Art. 2 Nr. 1 der Richtlinie (EU) 2019/770 sollte die Erstattung, wie in Art. 16 Abs. 1 jener Richtlinie vorgesehen, sämtliche vom Verbraucher im Rahmen des Vertrags gezahlten Beträge umfassen. – Jegliche Abhilfe sollte das Recht des Verbrauchers auf Schadenersatz nach nationalem Recht unberührt lassen.
Kann der Wirtschaftsakteur die Zahl der angebotenen Abhilfemaßnahmen einschränken? (vgl. Art. 37 Abs. 2 UAbs. 2 GPSR)	Ja. Unter Umständen kann der verantwortliche Wirtschaftsakteur den Verbrauchern nur eine einzige Abhilfemaßnahme anbieten. Diese Option steht dem Wirtschaftsakteur aber nur dann zu, wenn andere Abhilfemaßnahmen im Vergleich zu der angebotenen Abhilfemaßnahme – unmöglich wären oder – dem Wirtschaftsakteur unverhältnismäßige Kosten auferlegen würde. In diesem Zusammenhang hat der Wirtschaftsakteur aber auch abzuwägen, ob die alternative Abhilfemaßnahme ohne erhebliche Unannehmlichkeiten für Verbraucher bereitgestellt werden könnte. **Beispiel**: Die Reparatur eines zurückgerufenen Produkts ist aufgrund enormer Kosten unverhältnismäßig. Gleichzeitig ist aber auch kein Ersatzprodukt mehr lieferbar. In diesem Fall wäre es zulässig, dass der verantwortliche Wirtschaftsakteur den betroffenen Verbrauchern bloß die Option einer angemessenen Erstattung des Werts des zurückgerufenen Produkts anbietet.
Was passiert bei Problemen mit der Reparatur oder dem Ersatz eines zurückgerufenen Produkts? (vgl. Art. 37 Abs. 2 UAbs. 3 GPSR)	Der verantwortliche Wirtschaftsakteur ist dazu verpflichtet, die Reparatur oder den Ersatz eines zurückgerufenen Produkts – innerhalb einer angemessenen Frist und – ohne erhebliche Unannehmlichkeiten für die Verbraucher abzuschließen. Erfüllt der Wirtschaftsakteur diese Vorgaben nicht, können die Verbraucher jedenfalls die Erstattung des Produkts verlangen.
Ist eine Reparatur des Produkts durch Verbraucher eine zulässige Abhilfemaßnahme? (vgl. Art. 37 Abs. 3 GPSR)	Ja, allerdings nur unter den folgenden Voraussetzungen: – Die Reparatur kann durch Verbraucher leicht und sicher durchgeführt werden. Als Beispiele in diesem Zusammenhang nennt die GPSR den Austausch einer Batterie oder das Abschneiden übermäßig langer Zuziehkordeln an einem Kleidungsstück für Kinder (vgl. ErwG 92 GPSR). – Die Reparatur durch Verbraucher ist als Abhilfemaßnahme in der Rückrufanzeige ausdrücklich vorgesehen (vgl. Art. 36 Abs. 2 lit. e GPSR).

	– Der verantwortliche Wirtschaftsakteur stellt den Verbrauchern die für eine solche Reparatur erforderlichen Anweisungen, Ersatzteile oder Software-Aktualisierungen zur Verfügung. – Durch die Reparatur dürfen den Verbrauchern keine Kosten entstehen. Ferner legt Art. 37 Abs. 3 GPSR ausdrücklich fest, dass die Reparatur durch Verbraucher deren Rechte aus den folgenden beiden Richtlinien unberührt lässt: – Richtlinie (EU) 2019/770 des Europäischen Parlaments und des Rates vom 20. Mai 2019 über bestimmte vertragsrechtliche Aspekte der Bereitstellung digitaler Inhalte und digitaler Dienstleistungen sowie – Richtlinie (EU) 2019/771 des Europäischen Parlaments und des Tarifs vom 20. Mai 2019 über bestimmte vertragsrechtliche Aspekte des Warenkaufs. Aus den Erwägungsgründen der GPSR folgt, dass in solchen Fällen die Verbraucher nicht dazu verpflichtet werden sollten, ein gefährliches Produkt zu reparieren (vgl. ErwG 92 GPSR).
Ist eine Entsorgung des Produkts durch Verbraucher eine zulässige Abhilfemaßnahme? (vgl. Art. 37 Abs. 4 GPSR)	Ja, allerdings nur unter den folgenden Voraussetzungen: – Die Entsorgung kann durch Verbraucher leicht und sicher durchgeführt werden. – Der verantwortliche Wirtschaftsakteur darf eine Entsorgung durch Verbraucher nicht zum Anlass nehmen, diesen die Erstattung oder den Ersatz des zurückgerufenen Produkts zu verweigern. Diese beiden Abhilfemaßnahmen bleiben von einer Entsorgung unberührt.
Wie verhält sich die Abhilfe im Sinne der GPSR zu anderen Rechten der Verbraucher im Fall eines Rückrufs? (vgl. Art. 37 Abs. 1 GPSR)	Die Abhilfemaßnahmen im Sinne des Art. 37 GPSR (insbesondere auch die Reparatur des Produkts durch Verbraucher) lassen andere Rechte der Verbraucher unberührt. Dies betrifft u. a. die Rechte der Verbraucher aus – vertraglichen Vereinbarungen, – der Richtlinie (EU) 2019/770 des Europäischen Parlaments und des Rates vom 20. Mai 2019 über bestimmte vertragsrechtliche Aspekte der Bereitstellung digitaler Inhalte und digitaler Dienstleistungen sowie – der Richtlinie (EU) 2019/771 des Europäischen Parlaments und des Tarifs vom 20. Mai 2019 über bestimmte vertragsrechtliche Aspekte des Warenkaufs. Aufgrund des besonderen Zwecks der Abhilfemaßnahmen im Sinne des Art. 37 GPSR haben die Verbraucher bei deren Inanspruchnahme eine weitaus bessere Rechtsstellung als etwa solche Verbraucher, die vom Verkäufer aufgrund von Vertragswidrigkeit Abhilfe verlangen. Diese beiden Arten

	von Abhilfe unterscheiden sich im Wesentlichen in den folgenden drei Punkten (vgl. ErwG 88 GPSR): 1. Für die Inanspruchnahme der Abhilfemaßnahmen im Sinne des Art. 37 GPSR gibt es keine zeitliche Beschränkung. Vertragliche Abhilfe ist hingegen meist zeitlich beschränkt. 2. Verbraucher können die Abhilfemaßnahmen im Sinne des Art. 37 GPSR gegenüber dem verantwortlichen Wirtschaftsakteur in Anspruch nehmen. Das muss nicht der eigene Vertragspartner sein. 3. Im Fall eines Produktsicherheitsrückrufs sollen Verbraucher zudem nicht nachweisen müssen, dass das Produkt gefährlich ist. Allerdings haben Verbraucher kein Recht auf doppelte Abhilfe. Die Erwägungsgründe der GPSR äußern sich zu diesem Thema wie folgt: „*Sobald Verbraucher im Anschluss an einen Rückruf Abhilfe erhalten haben, haben sie keinen Anspruch auf Abhilfe wegen Vertragswidrigkeit der Ware aus Gründen im Zusammenhang mit der Tatsache, dass die Ware gefährlich war, da die Vertragswidrigkeit nicht mehr besteht. Auch haben Verbraucher, wenn sie ihr Recht auf Abhilfe gemäß der Richtlinie (EU) 2019/770 oder der Richtlinie (EU) 2019/771 geltend machen, keinen Anspruch auf Abhilfe gemäß dieser Verordnung wegen desselben Sicherheitsproblems. Wenn jedoch andere Anforderungen an die Vertragsmäßigkeit derselben Ware nicht erfüllt sind, bleibt der Verkäufer für diese Vertragswidrigkeit der Ware auch dann haftbar, wenn dem Verbraucher im Anschluss an einen Rückruf eines gefährlichen Produkts Abhilfe gewährt wurde.*“ (ErwG 90 GPSR)

e) Verbandsklagen

Die Richtlinie (EU) 2020/1828 ermöglicht bestimmten Organisationen oder öffentlichen Stellen, welche Verbraucherinteressen vertreten, die Anstrengung von Verbandsklagen gegen Unternehmer, die das Unionsrecht verletzen. Solche Verbandsklagen können auf Unterlassungsentscheidungen oder auf Abhilfeentscheidungen gerichtet sein. Art. 39 GPSR macht vor diesem Hintergrund klar, dass derartige Verbandsklagen auch im Hinblick auf die GPSR angestrengt werden können. Dazu müssen die beiden folgenden Voraussetzungen erfüllt sein: 267

- Ein Wirtschaftsakteur bzw. ein Anbieter von Online-Marktplätzen verstößt gegen eine Bestimmung der GPSR.

– Der betreffende Verstoß schadet oder kann den Kollektivinteressen von Verbrauchern schaden.

f) Safety Gate

268 Bereits im Rahmen der GPSD betrieb die Kommission ein Schnellwarnsystem zum Informationsaustausch über Non-Food-Produkte, die ein grenzüberschreitendes Risiko darstellen können. Dieses war als RAPEX (Rapid Exchange of Information System) bekannt. Neben der Mitgliedstaaten der Union nahmen auch die drei EWR-Staaten Liechtenstein, Norwegen und Island an RAPEX teil. Alleine im Jahr 2023 wurden über RAPEX von Behörden aus 30 teilnehmenden Ländern insgesamt 3.412 Warnungen und 4.287 Korrekturmaßnahmen gemeldet (Quelle: https://ec.europa.eu/commission/presscorner/detail/en/ip_24_1402).

269 Im Rahmen der Schaffung der GPSR wurde RAPEX in „Safety Gate“ umbenannt und einer Modernisierung unterzogen. Das neue System besteht aus drei Komponenten, nämlich dem „Schnellwarnsystem Safety Gate“, dem „Safety-Gate-Portal“ und dem „Safety-Business-Gateway“. Jede dieser Komponenten dient einem konkreten Informationsfluss im Hinblick auf die Warnung vor bzw. den Austausch über gefährliche Produkte am Binnenmarkt. Die Regelungen zum Safety Gate gelten sowohl für den nichtharmonisierten als auch den harmonisierten Produktbereich.

270 Die folgende Tabelle stellt die wichtigsten Details zum Safety Gate dar:

	Wozu dient das System?	**Wer hat Zugang?**
Schnellwarnsystem Safety Gate (Art. 25 und 26 GPSR)	Das Schnellwarnsystem Safety Gate dient dem Austausch von Informationen über gefährliche Produkte zwischen den Marktüberwachungsbehörden der Mitgliedstaaten und der Kommission. Konkret sollen über dieses System Korrekturmaßnahmen gemeldet werden, die in Bezug auf ein gefährliches Produkt getroffen wurden. Bei besonderer Dringlichkeit des Risikos können die Mitgliedstaaten auch geplante Korrekturmaßnahmen melden. Jede Aktualisierung, Änderung oder Rücknahme von gemeldeten Korrekturmaßnahmen muss ebenfalls unverzüglich in das System eingetragen werden.	Die Mitgliedstaaten und die Kommission. Es handelt sich um ein vertrauliches System, welches der Öffentlichkeit nicht zugänglich ist.

	Wozu dient das System?	Wer hat Zugang?
Safety-Gate-Portal (Art. 34 GPSR)	Ausgewählte Informationen, die im Rahmen des Schnellwarnsystems Safety Gate gemeldet wurden, werden über das Safety-Gate-Portal der Öffentlichkeit zugänglich gemacht. Dieser Zugang muss kostenlos sein und über eine für die Nutzer intuitive Schnittstelle erfolgen. Darüber hinaus können Verbraucher und andere betroffene Parteien durch eigene Eingaben im Safety-Gate-Portal die Kommission auf potenziell gefährliche Produkte aufmerksam machen. Die Kommission muss diesen Meldungen nachgehen. Auch muss sie die Verbraucher und andere betroffene Parteien über ihr Vorgehen informieren. Anbietern von Online-Marktplätzen muss es schließlich ermöglicht werden, ihre Schnittstellen mit dem Safety-Gate-Portal zu verknüpfen.	Die Öffentlichkeit, die Mitgliedstaaten und die Kommission.
Safety-Business-Gateway (Art. 27 GPSR)	Wirtschaftsakteure und Anbieter von Online-Marktplätzen müssen unter Umständen die Marktüberwachungsbehörden bzw. Verbraucher und Endnutzer über gefährliche Produkte informieren. Diesen Meldepflichten können sie im Wege des Safety-Business-Gateway nachkommen. Auch die Meldung von Unfällen durch Hersteller gemäß Art. 20 GPSR erfolgt über das Safety-Business-Gateway.	Wirtschaftsakteure und Anbieter von Online-Marktplätzen

Viele technische Details im Zusammenhang mit dem Safety Gate werden im Rahmen von delegierten Rechtsakten bzw. Durchführungsrechtsakten festgelegt (siehe Anhang Nr. 4). **271**

6. Marktüberwachung und Rechtsdurchsetzung

a) Kompetenzen der nationalen Marktüberwachungsbehörden

Im Hinblick auf die Ausgestaltung der Marktüberwachung verweist die GPSR im Wesentlichen auf die MSR. Der Grund hierfür liegt darin, dass es keinen Anlass gibt, die Überwachung der Produkte im harmonisierten und **272** im nicht-harmonisierten Produktbereich unterschiedlich zu regeln. Erwägungsgrund 60 erläutert:

> *„Zwischen dem Rechtsrahmen für die Marktüberwachung von Produkten, die unter die Harmonisierungsrechtsvorschriften der Union fallen, gemäß der Verordnung (EU) 2019/1020 und dem Rechtsrahmen für die Marktüberwachung von Produkten, die unter die vorliegende Verordnung fallen, sollte eine größtmögliche Kohärenz bestehen. Im Hinblick auf Marktüberwachungstätigkeiten, Pflichten, Befugnisse, Maßnahmen und die Zusammenarbeit zwischen den Marktüberwachungsbehörden müssen daher die Bestimmungen der beiden Rechtsrahmen aufeinander abgestimmt werden. Zu diesem Zweck sollten Artikel 10, Artikel 11 Absätze 1 bis 7, die Artikel 12 bis 15, Artikel 16 Absätze 1 bis 5, die Artikel 18 und 19 und die Artikel 21 bis 24 der Verordnung (EU) 2019/1020 auch für Produkte gelten, die unter die vorliegende Verordnung fallen.*"

273 Die Marktüberwachung, die in der Vergangenheit nicht immer und nicht in allen Mitgliedstaaten gleichermaßen effektiv war, erhält konkretere Vorgaben, was ihre nationale Ausgestaltung anbelangt. Gleichzeitig werden die Kommunikationskanäle zwischen den Behörden auf neue Beine gestellt.

274 Besondere Bedeutung kommt in diesem Zusammenhang dem Aufbau eines umfassenden Informations- und Kommunikationssystems zu, mit dem Ziel, „die Weitergabe von Daten zwischen den Mitgliedstaaten zu verbessern, unter anderem im Zusammenhang mit Informationsersuchen, und so einen umfassenden Überblick über Marktüberwachungstätigkeiten, -ergebnisse und -tendenzen zu liefern" (Art. 34 MSR).

(1) Struktur der nationalen Marktüberwachungsbehörden

275 Die Marktüberwachung erfolgt grundsätzlich durch Marktüberwachungsbehörden. Wie viele Marktüberwachungsbehörden ein Mitgliedstaat einrichtet und ob er deren Zuständigkeiten territorial und/oder nach Aufgaben abgrenzt, bleibt dem Mitgliedstaat überlassen. In Deutschland gibt es sowohl allgemein zuständige Marktüberwachungsbehörden auf Ebene der Mittelbehörden als auch Marktüberwachungsbehörden mit Spezialzuständigkeit, wie z. B. das Kraftfahrtbundesamt, dafür aber nationaler Zuständigkeit.

276 Allerdings muss jeder Mitgliedstaat für die Kommunikation mit der Kommission und den Marktüberwachungsbehörden der anderen Mitgliedstaaten eine zentrale Verbindungsstelle einrichten. In Deutschland ist dies die Bundesanstalt für Arbeitsschutz und Arbeitsmedizin (BAuA).

(2) Aufgaben der nationalen Marktüberwachungsbehörden

277 Die Marktüberwachungsbehörden gewährleisten in ihrem Hoheitsgebiet „die effektive Marktüberwachung von online und offline bereitgestellten Produkten". Zu diesem Zweck stellen sie sicher, dass die verantwortlichen Wirtschaftsakteure die „geeigneten und angemessenen Korrekturmaßnahmen" durchführen, und ergreifen eigene Maßnahmen, sofern die Wirtschaftsakteure untätig bleiben.

278 Neben der Begleitung von Maßnahmen im Zusammenhang mit als unsicher gemeldeten Produkten führen die Marktüberwachungsbehörden auch eigene Prüfungen durch. Hierbei sollen sie einen risikobasierten Ansatz verfolgen, das heißt, die Entscheidung, welche Arten von Produkten in welchem Umfang welchen Überprüfungen unterworfen werden sollen, richtet sich nach den möglicherweise mit dem Produkt verbundenen Gefahren, seiner Marktdurchdringung, dem Maß der vom Wirtschaftsakteur ausgeübten Kontrolle, seiner Historie, dem Risikoprofil sowie Verbraucherbeschwerden und anderen Informationen über mögliche Nichtkonformität.

279 Schließlich gibt die MSR vor, dass die nationalen Marktüberwachungsbehörden dedizierte Verfahren einrichten für die folgenden beiden Fälle:

- Die Behandlung von Beschwerden oder Berichten über Risiken oder Nichtkonformität betreffende Fragen – Wie geht die Behörde mit solchen Informationen um?
- Die Prüfung, ob die von Wirtschaftsakteuren zu ergreifenden Korrekturmaßnahmen auch tatsächlich ergriffen wurden – Ist z. B. sichergestellt, dass die Behörde überhaupt ein „Follow-up" durchführt, nachdem sie eine Meldung erhalten hat?

(3) Die nationale Marktüberwachungsstrategie

280 Die nationale Marktüberwachungsstrategie ist ein neu hinzugekommenes Instrument, mit dem die Effektivität der nationalen Marktüberwachung verbessert werden soll. Jeder Mitgliedstaat erstellt mindestens alle vier Jahre eine übergreifende nationale Marküberwachungsstrategie, die zumindest folgende Elemente beinhalten muss:

- die verfügbaren Informationen über die Marktdurchdringung nicht-konformer Produkte,
- die von den Mitgliedstaaten für die Durchsetzung der Anforderungen der GPSR als prioritär eingestuften Bereiche,
- die geplanten Durchsetzungsaktivitäten, einschließlich der gegebenenfalls vorgesehenen Mindestkontrollniveaus für Produktkategorien, in denen ein hohes Maß an Nichtkonformität besteht,

- eine Bewertung der Zusammenarbeit mit den Marktüberwachungsbehörden in anderen Mitgliedstaaten.

(4) Das Netzwerk für Verbrauchersicherheit, Zusammenarbeit der Marktüberwachungsbehörden

281 Das Netzwerk für Verbrauchersicherheit ist ein europäisches Netzwerk der für Produktsicherheit zuständigen Behörden der Mitgliedstaaten, dessen Zweck darin besteht, „*als Plattform für die strukturierte Koordinierung und Zusammenarbeit zwischen Behörden der Mitgliedstaaten und der Kommission bei der Verbesserung der Produktsicherheit in der Union zu dienen*“ (Art. 30 Abs. 1 Satz 2 GPSD), die u. a. folgende Aufgaben erfüllen soll:

- regelmäßiger Austausch von Informationen und Fachwissen,
- Organisation gemeinsamer Aufsichts- und Testprojekte,
- Verbesserung der Zusammenarbeit bei Rückverfolgung, Rücknahme vom Markt und Rückruf gefährlicher Produkte auf Unionsebene,
- Erleichterung einer besseren und strukturierteren Zusammenarbeit zwischen den Mitgliedstaaten.

282 Das Netzwerk für Verbrauchersicherheit ist Teil des übergreifenden „Unionsnetzwerks für Produktkonformität“ (Art. 29 MSR).

283 Den nationalen Marktüberwachungsbehörden ist es freigestellt, ob sie an sogenannten „Peer Reviews“ teilnehmen möchten, deren Zweck es ist, die Kohärenz der Marktüberwachungsaktivitäten und der Anwendung der GPSR zu stärken (Art. 12 MSR).

(5) Befugnisse der nationalen Marktüberwachungsbehörden

284 Auch wenn es sich bei der GPSR um eine Verordnung handelt, die unmittelbar in den Mitgliedstaaten gilt und nicht erst in nationales Recht umgesetzt werden muss, ist die konkrete Übertragung exekutivischer Befugnisse auf die jeweiligen nationalen Marktüberwachungsbehörden Gegenstand der nationalen Gesetzgebung, sodass in Art. 14 MSR auch nur der Gesetzgebungsauftrag an die Mitgliedstaaten formuliert ist:

> „*Die Mitgliedstaaten übertragen ihren Marktüberwachungsbehörden die Befugnisse für Marktüberwachung, Ermittlung und Durchsetzung, die für die Anwendung dieser Verordnung und der Harmonisierungsrechtsvorschriften der Union erforderlich sind.*“

285 In Konkretisierung dieser generalklauselhaften Anordnung führt Art. 14 Abs. 4 dann die folgenden elf Befugnisse auf, mit denen die jeweiligen nationalen Marktüberwachungsbehörden jedenfalls und zumindest auszustatten sind:

1. die Befugnis, von Wirtschaftsakteuren die Vorlage von relevanten Dokumenten, technischen Spezifikationen, Daten oder Informationen über die Konformität und technische Aspekte des Produkts zu verlangen;
2. die Befugnis, von Wirtschaftsakteuren die Vorlage relevanter Informationen zur Lieferkette, zu den Details des Vertriebsnetzes, zu den auf dem Markt befindlichen Produktmengen und zu anderen Produktmodellen zu verlangen, die dieselben technischen Merkmale wie das betreffende Produkt aufweisen;
3. die Befugnis, von Wirtschaftsakteuren die Vorlage einschlägiger Informationen zu verlangen, die für die Feststellung des Eigentums an Webseiten erforderlich sind;
4. die Befugnis, unangekündigte Inspektionen vor Ort und physische Überprüfungen von Produkten durchzuführen;
5. die Befugnis, alle Räumlichkeiten, Grundstücke oder Beförderungsmittel zu betreten, die der Wirtschaftsakteur für Zwecke im Zusammenhang mit seiner gewerblichen, geschäftlichen, handwerklichen oder beruflichen Tätigkeit nutzt;
6. die Befugnis, Ermittlungen auf eigene Initiative der Marktüberwachungsbehörden einzuleiten;
7. die Befugnis, die Wirtschaftsakteure zur Ergreifung geeigneter Maßnahmen aufzufordern, um einen Fall von Nichtkonformität oder ein Gesundheits- oder Sicherheitsrisiko zu beenden;
8. die Befugnis, geeignete Korrekturmaßnahmen zu ergreifen, einschließlich der Befugnis, die Bereitstellung eines Produkts auf dem Markt zu verbieten oder einzuschränken oder anzuordnen, dass das Produkt vom Markt genommen oder zurückgerufen wird;
9. die Befugnis, Sanktionen gemäß Art. 41 zu verhängen;
10. die Befugnis, auch unter falscher Identität Produktproben zu erwerben, sie zu überprüfen und im Wege der Nachkonstruktion (reverse engineering) zu analysieren;
11. die Befugnis, die Entfernung von Inhalten von einer Online-Schnittstelle, in der auf die betreffenden Produkte Bezug genommen wird, zu verlangen oder die ausdrückliche Anzeige eines Warnhinweises für Endnutzer, die auf die Online-Schnittstelle zugreifen, zu verlangen und Anbieter von Diensten der Informationsgesellschaft anzuweisen, den Zugang zu der Online-Schnittstelle einzuschränken.

Der Kanon möglicher Korrekturmaßnahmen, zu deren Ergreifung ein Wirtschaftsakteur aufgefordert werden kann, umfasst gemäß Art. 16 Abs. 3 MSR: **286**

1. Herstellung der Konformität des Produkts oder Sicherstellung, dass von dem Produkt kein Risiko mehr ausgeht;
2. Verhinderung der Bereitstellung des Produkts auf dem Markt;
3. unverzügliche Rücknahme vom Markt oder unverzüglicher Rückruf des Produkts und Warnung der Öffentlichkeit vor dem von dem Produkt ausgehenden Risiko;
4. Vernichtung des Produkts oder seiner Funktionsfähigkeit, oder Unbrauchbarmachung des Produkts auf andere Weise;
5. Anbringen geeigneter, eindeutig formulierter und leicht verständlicher Warnhinweise auf dem Produkt, mit denen auf die möglicherweise von dem Produkt ausgehenden Risiken aufmerksam gemacht wird;
6. Festlegung von Vorbedingungen für die Bereitstellung des betreffenden Produkts auf dem Markt;
7. unverzügliche Warnung der von dem Risiko betroffenen Endnutzer in geeigneter Form, auch durch Veröffentlichung besonderer Warnhinweise in der oder den von dem Mitgliedstaat, in dem das Produkt auf dem Markt bereitgestellt wird, bestimmten Sprache bzw. Sprachen.

287 Sofern die Nichtkonformität oder das Risiko nicht durch den Wirtschaftsakteur beseitigt werden kann, sind die Marktüberwachungsbehörden berechtigt, anzuordnen, dass das Produkt vom Markt genommen oder zurückgerufen wird, oder dass seine Bereitstellung auf dem Markt untersagt oder eingeschränkt wird. Hierüber informieren sie die Öffentlichkeit, die Kommission und die anderen Mitgliedstaaten (Art. 16 Abs. 5 MSR). Sofern von einem Produkt ein ernstes Risiko im Sinne der Risikokategorisierung ausgeht, müssen sie anordnen, dass das Produkt zurückgerufen oder vom Markt genommen wird, sofern es keine andere wirksame Möglichkeit zur Beseitigung dieses Risikos gibt (Art. 19 Abs. 1 MSR).

b) Kompetenzen der Kommission

(1) Maßnahmen der Kommission

288 **Art. 28 GPSR**: Während Maßnahmen zur Bekämpfung der von einem unsicheren Produkt ausgehenden Risiken und Gefahren grundsätzlich in den Kompetenzbereich der nationalen Marktüberwachungsbehörden fallen, kann die Kommission in Sonderfällen selbst tätig werden. Voraussetzung für ein solches Eingreifen der Kommission ist:

- von einem Produkt oder einer Produktgruppe muss ein ernstes Risiko ausgehen;
- das Risiko lässt sich durch das Eingreifen der Kommission beseitigen;

– Maßnahmen der Marktüberwachungsbehörden würden demgegenüber nicht ausreichen, um das Risiko zu bewältigen.

Art. 28 GPSR führt beispielhaft als mögliche Maßnahmen an, die im Wege eines Durchführungsrechtsakts der Kommission angeordnet werden könnten: Verbot oder Beschränkung des Inverkehrbringens, Prüfung einer repräsentativen Stichprobe. Durchgesetzt werden muss der Durchführungsrechtsakt von den Behörden der Mitgliedstaaten. Auch schon die GPSD hat der Kommission eine vergleichbare Kompetenz eingeräumt. Es handelt sich aber wohl eher um eine Art „Notkompetenz", die bislang nicht praktisch wurde. **289**

Art. 23 Abs. 1 GPSR in Verbindung mit Art. 11 Abs. 4 MSR: Der von Art. 23 Abs. 1 GPSR in Bezug genommene Art. 11 Abs. 4 MSR bestimmt, dass die Kommission bei bestimmten Produkten oder Produktkategorien, bei denen kontinuierlich spezifische Risiken oder schwerwiegende Verstöße gegen die Anforderungen der GPSR festgestellt wurden, nach Konsultation des Netzwerks für Verbrauchersicherheit Durchführungsrechtsakte erlassen kann, um für diese Produkte oder Produktkategorien einheitliche Bedingungen für die Überprüfung, Kriterien für die Festlegung der Häufigkeit der Überprüfungen und die Anzahl der zu überprüfenden Stichproben auf Unionsebene festzulegen. **290**

Auf diese Weise kann eine gemeinschaftsweit einheitliche Überprüfungspraxis bei als problematisch erkannten Produkten oder Produktkategorien erreicht und sichergestellt werden, dass sich alle nationalen Marktüberwachungsbehörden an einer solchen Kampagne beteiligen. **291**

Art. 29 GPSR: Die Kommission als „Streitschlichter". Generell gelten Produkte, die einmal von einer Marktüberwachungsbehörde als gefährlich eingestuft wurden, in allen Mitgliedstaaten als gefährlich. Wenn die Marktüberwachungsbehörde eines anderen Mitgliedstaats allerdings eine eigene Untersuchung und Risikobewertung durchführt und zu abweichenden Ergebnissen kommt – entweder, dass das Produkt sicher ist oder dass die Risikoeinstufung anders ausfallen sollte – kann jeder Mitgliedstaat die Kommission um Stellungnahme bitten, wie das Risiko bzw. Risikoniveau denn nun tatsächlich einzuschätzen sei. Diese Stellungnahme hat die Kommission daraufhin unverzüglich abzugeben. Die Kommission kann aber auch, wenn sie nicht gefragt wurde, eine eigene Stellungnahme abgeben. In beiden Fällen „tragen die Mitgliedstaaten der Stellungnahme gebührend Rechnung". **292**

Art. 29 Abs. 4, 5 GPSR sieht vor, dass die Kommission für die Modalitäten dieses neu eingeführten „Streitschlichtungsverfahren" Leitlinien erstellt und in regelmäßigen Abständen berichtet. **293**

(2) Koordinierungstätigkeiten

294 Unter der GPSR wird der Kommission eine aktivere Rolle als Koordinator der Tätigkeiten der nationalen Marktüberwachungsbehörden zukommen, als dies bislang der Fall war. Dies ist aufgrund des vorgesehenen Einsatzes diverser Technologien und digitaler Prozesse auch erforderlich, da diese sowohl eine zentrale Koordinierung als auch eine Angleichung der Routinen in den diversen Mitgliedstaaten erfordern. Schließlich soll das Safety-Gate-Portal künftig eine automatische Identifizierung und Übermittlung gemeldeter gefährlicher Produkte und die Durchführung automatischer Stichprobenkontrollen anhand des Safety-Gate-Portals ermöglichen. Schon heute sind die drei Funktionalitäten des Safety Gate (behördeninternes Schnellwarnsystem, Webportal zur Information der Öffentlichkeit und Beschwerdestelle sowie Meldeportal für Unternehmen) ansatzweise vorhanden.

295 Koordinierung seitens der Kommission erfordern auch die neu eingeführten, sogenannten „Sweeps" (sweep = fegen), bei denen es sich um „gleichzeitige koordinierte Kontrollmaßnahmen" zu bestimmten Produkten handelt und bei denen Kommissionsbeamte und sonstige von der Kommission autorisierte Begleitpersonen – auf Einladung der Marktüberwachungsbehörden – teilnehmen dürfen (Art. 32 GPSR).

c) Internationale Zusammenarbeit

296 Unsichere Produkte machen auch vor internationalen Grenzen nicht halt. Produkte, die in der Europäischen Union vertrieben werden, werden oftmals auch in anderen Weltregionen vertrieben. Daher sollte auch ein Informationsaustausch der Kommission mit den Behörden von Drittländern erfolgen. Art. 40 GPSR ermächtigt die Kommission, „*mit Behörden von Drittländern oder internationalen Organisationen im Bereich der Anwendung dieser Verordnung zusammenarbeiten, auch durch den Austausch von Informationen. Jegliche derartige Zusammenarbeit beruht auf Gegenseitigkeit, enthält Bestimmungen zur Vertraulichkeit, die den in der Union geltenden Bestimmungen entsprechen, und stellt sicher, dass jeglicher Informationsaustausch im Einklang mit dem geltenden Unionsrecht erfolgt.*" Ein solcher Austausch von Informationen kann unterschiedliche Themen umfassen, von denen einige in Art. 40 Abs. 1 GPSR aufgelistet sind.

297 Dieser Austausch kann auch Informationen aus dem Schnellwarnsystem „Safety Gate" umfassen. Auf der Grundlage spezieller Übereinkünfte kann Drittstaaten auch eine vollständige Beteiligung am Safety Gate ermöglicht werden, allerdings nur, „*sofern ihre Rechtsvorschriften mit dem einschlägigen Unionsrecht in Einklang stehen und sie sich am Europäischen Normungssystem beteiligen*". Die ausgetauschten Informationen dürfen nur zum

Schutz der Gesundheit und Sicherheit von Verbrauchern verwendet werden und die Einhaltung der gemeinschaftsrechtlichen Vorschriften zum Schutz personenbezogener Daten muss gewährleistet sein (Art. 40 Abs. 5, 6 GPSR).

IV. Umsetzung des europäischen Produktsicherheitsrechts in Deutschland

1. Allgemeiner Überblick

Die vorangegangenen Kapitel dieses Praxisleitfadens haben demonstriert, wie umfangreich und komplex das europäische Produktsicherheitsrecht ausgestaltet ist. Alleine im harmonisierten Produktbereich wurden bislang rund 70 verschiedene Rechtsakte erlassen (vgl. Annex I der MSR). Diese Zahl wird in der Zukunft weiter anwachsen. Es überrascht daher nicht, dass die in Deutschland anwendbaren Normen zum Produktsicherheitsrecht zum ganz überwiegenden Teil auf EU-Recht zurückgehen. Die entsprechenden Rechtsakte der Union werden meist in der Form einer europäischen Verordnung oder einer europäischen Richtlinie beschlossen. Die folgende Tabelle zeigt die zentralen Unterschiede zwischen diesen beiden Instrumenten der Unionsgesetzgebung: 298

	Europäische Verordnung (VO)	**Europäische Richtlinie (RL)**
An wen richtet sich der Rechtsakt?	An die Mitgliedstaaten bzw. an die europäischen Bürger. Manche Verordnung können sich auch nur an bestimmte Mitgliedstaaten richten.	An einen, mehrere oder an alle Mitgliedstaaten. Letzteres ist der Regelfall.
Ab wann gilt der Rechtsakt?	Eine Verordnung gilt nach ihrem Inkrafttreten in allen Mitgliedstaaten, sofern nicht ausdrücklich ein späterer Geltungstermin vorgesehen ist. **Beispiel**: Die GPSR trat am 12.6.2023 in Kraft. Sie gilt gemäß ihrem Art. 52 erst ab dem 13.12.2024.	Richtlinien gelten in der Regel erst, nachdem sie in nationales Recht umgesetzt wurden. Jede Richtlinie legt hierfür eine konkrete Frist fest. Diese beträgt meistens zwei Jahre. **Beispiel**: Die GPSD trat am 15.1.2002 in Kraft und musste bis zum 15.1.2004 von allen Mitgliedstaaten in deren nationales Recht umgesetzt sein.

	Europäische Verordnung (VO)	**Europäische Richtlinie (RL)**
Ist der Rechtsakt in allen seinen Teilen verbindlich?	Ja. Eine Verordnung ist in allen ihren Teilen verbindlich.	Nein. Eine Richtlinie ist nicht in allen ihren Teilen verbindlich. Stattdessen ist die Richtlinie für jeden Mitgliedstaat, an den sie gerichtet wird, bloß hinsichtlich des zu erreichenden Ziels verbindlich. Dem Mitgliedstaat wird somit die Wahl der Form und der Mittel zur Erreichung des Ziels überlassen. Auf diese Weise kann der Mitgliedstaat die Inhalte einer Richtlinie passgenau in sein eigenes Rechtssystem einfügen.
Gilt der Rechtsakt unmittelbar in jedem Mitgliedstaat?	Ja. Eine Verordnung gilt unmittelbar in jedem Mitgliedstaat. Mit anderen Worten: Eine Verordnung muss nicht in nationales Recht umgesetzt werden. Mehr noch: Für eine Verordnung gilt sogar ein Umsetzungsverbot, damit die einheitliche Anwendung ihrer Vorschriften in allen Mitgliedstaaten gewahrt bleibt. Allerdings kann eine Verordnung ausdrücklich vorsehen, dass bestimmte Angelegenheiten von jedem Mitgliedstaat eigenständig zu regeln sind. Darüber hinaus gibt es Aspekte, die stets im nationalen Recht festgelegt werden, auch wenn es sich um eine Verordnung handelt. Diese Aspekte betreffen insbesondere Behördenzuständigkeiten, Sprachvorschriften sowie die konkrete Ausgestaltung von Sanktionen für Rechtsverletzungen. Daher müssen letztlich	Nein. Eine Richtlinie gilt nicht unmittelbar in jedem Mitgliedstaat. Stattdessen muss jeder Mitgliedstaat die Regelungen aus der Richtlinie durch nationales Recht umsetzen. Die Wahl der Mittel bleibt hierbei dem Mitgliedstaat überlassen. Dieser kann gemäß seinem internen Verfassungsrecht zu verschiedenen Umsetzungsmethoden greifen (z. B. Gesetz, Verordnung, Dekret etc.). Manchmal muss eine neue Richtlinie auch gar nicht umgesetzt werden, weil das nationale Recht eines Mitgliedstaats bereits über entsprechende Regelungen verfügt. Setzt ein Mitgliedstaat eine Richtlinie nicht rechtzeitig oder nicht ordnungsgemäß um, kann die Kommission gegen diesen ein sog. Vertragsverletzungsverfahren

	Europäische Verordnung (VO)	**Europäische Richtlinie (RL)**
	auch Verordnungen meist durch nationales Recht ergänzt werden. Im Fall der GPSR geschieht dies beispielsweise durch das deutsche Produktsicherheitsgesetz.	einleiten. Einer nicht korrekt umgesetzten Richtlinie kann unter Umständen sogar auch eine unmittelbare Wirkung zugunsten betroffener Einzelpersonen zukommen.
Was sind Durchführungsrechtsakte?	Bedarf es einheitlicher Bedingungen für die Durchführung einer Verordnung, können die Kommission (und in wenigen Sonderfällen der Rat) ermächtigt werden, sog. Durchführungsverordnungen zu erlassen.	Dasselbe Prinzip gilt entsprechend für Richtlinien. Diese können unter Umständen in der Form einer Durchführungsrichtlinie beschlossen werden.
Was sind delegierte Rechtsakte?	In Verordnungen kann der Kommission die Befugnis übertragen werden, Rechtsakte ohne Gesetzescharakter mit allgemeiner Geltung zur Ergänzung oder Änderung bestimmter nicht wesentlicher Vorschriften der betreffenden Verordnung zu erlassen. Es handelt sich hierbei dann um eine sog. Delegierte Verordnung.	Dasselbe Prinzip gilt entsprechend für Richtlinien. Diese können unter Umständen in der Form einer delegierten Richtlinie beschlossen werden.

Aus dem oben Gesagten folgt, dass europäische Richtlinien im Bereich des Produktsicherheitsrechts in Deutschland keine unmittelbare Geltung haben. Vielmehr müssen sie in das deutsche Recht umgesetzt werden. Dies erfolgt durch nationale Gesetze oder nationale Verordnungen. Eine zentrale Rolle spielt in diesem Zusammenhang das Produktsicherheitsgesetz (**ProdSG**) und die zahlreichen auf seiner Grundlage erlassenen Produktsicherheitsverordnungen. Darüber hinaus erfolgt die Umsetzung des europäischen Produktsicherheitsrechts aber auch noch durch eine Vielzahl weiterer Gesetze bzw. Verordnungen im deutschen Recht. **299**

Die folgende Tabelle gibt einen Überblick über wichtige europäische Richtlinien im Bereich des Produktsicherheitsrechts und die jeweiligen spezifischen deutschen Umsetzungsrechtsakte: **300**

Erfasstes Produkt bzw. Produktkategorie	**Zugrunde liegende europäische Richtlinie**	**Umsetzung in deutsches Recht erfolgte durch**
Bestimmte zur Verwendung im Freien vorgesehene Geräte und Maschinen	Richtlinie 2000/14/EG	ProdSG sowie Geräte- und Maschinenlärmschutzverordnung vom 29.8.2002 (BGBl. I S. 3478)
Maschinen	Richtlinie 2006/42/EG (künftig abgelöst durch Verordnung (EU) 2023/1230)	ProdSG sowie Neunte Verordnung zum Produktsicherheitsgesetz (Maschinenverordnung) vom 12.5.1993 (BGBl. I S. 704)
Produkte, die – ausschließlich oder nicht ausschließlich – dazu bestimmt oder gestaltet sind, von Kindern unter 14 Jahren zum Spielen verwendet zu werden	Richtlinie 2009/48/EG	ProdSG sowie Zweite Verordnung zum Produktsicherheitsgesetz (Verordnung über die Sicherheit von Spielzeug) vom 7.7.2011 (BGBl. I S. 1350, 1470)
Energieverbrauchsrelevante Produkte	Richtlinie 2009/125/EG (künftig abgelöst durch Verordnung (EU) 2024/1781)	Energieverbrauchsrelevante-Produkte-Gesetz vom 27.2.2008 (BGBl. I S. 258)
Bestimmte Kategorien von Elektro- und Elektronikgeräten, z. B. Haushaltskleingeräte, Haushaltsgroßgeräte, IT- und Telekommunikationsgeräte, Geräte der Unterhaltungselektronik, Beleuchtungskörper etc.	Richtlinie 2011/65/EU	Elektro- und Elektronikgeräte-Stoff-Verordnung vom 19.4.2013 (BGBl. I S. 1111)
Pyrotechnische Gegenstände	Richtlinie 2013/29/EU	Sprengstoffgesetz in der Fassung der Bekanntmachung vom 10.9.2002 (BGBl. I S. 3518)
Sportboote und Wassermotorräder	Richtlinie 2013/53/EU	ProdSG sowie Verordnung über Sportboote und Wassermotorräder vom 29.11.2016 (BGBl. I S. 2668)
Einfache Druckbehälter	Richtlinie 2014/29/EU	ProdSG sowie Verordnung über einfache Druckbehälter vom 6.4.2016 (BGBl. I S. 597)

Erfasstes Produkt bzw. Produktkategorie	**Zugrunde liegende europäische Richtlinie**	**Umsetzung in deutsches Recht erfolgte durch**
Geräte oder ortsfeste Anlagen, die elektromagnetische Störungen verursachen können oder deren Betrieb durch elektromagnetische Störungen beeinträchtigt werden kann	Richtlinie 2014/30/EU	Elektromagnetische-Verträglichkeit-Gesetz vom 14.12.2016 (BGBl. I S. 2879)
Nichtselbsttätige Waagen	Richtlinie 2014/31/EU	Mess- und Eichgesetz vom 25.7.2013 (BGBl. I S. 2722, 2723)
Messgeräte	Richtlinie 2014/32/EU	Mess- und Eichgesetz vom 25.7.2013 (BGBl. I S. 2722, 2723)
Geräte und Schutzsysteme zur bestimmungsgemäßen Verwendung in explosionsgefährdeten Bereichen	Richtlinie 2014/34/EU	ProdSG sowie Explosionsschutzprodukteverordnung vom 6.1.2016 (BGBl. I S. 39)
Elektrische Betriebsmittel zur Verwendung bei einer Nennspannung zwischen 50 und 1.000 Volt für Wechselstrom und zwischen 75 und 1.500 Volt für Gleichstrom	Richtlinie 2014/35/EU	ProdSG sowie Verordnung über elektrische Betriebsmittel vom 17.3.2016 (BGBl. I S. 502)
Funkanlagen	Richtlinie 2014/53/EU	Funkanlagengesetz vom 27.6.2017 (BGBl. I S. 1947)
Druckgeräte und Baugruppen mit einem maximal zulässigen Druck (PS) von über 0,5 bar	Richtlinie 2014/68/EU	ProdSG sowie Druckgeräteverordnung vom 13.5.2015 (BGBl. I S. 692)

2. Das deutsche Produktsicherheitsgesetz und dessen Anpassung an die GPSR

Der Kern des deutschen Produktsicherheitsrechts wird durch das ProdSG **301** gebildet. Dieses Gesetz enthält einerseits genuin nationale Vorschriften, andererseits diente es bislang der Umsetzung der GPSD in das deutsche Recht. Mit dem Geltungsbeginn der GPSR ab dem 13.12.2024 und der gleichzeitigen Aufhebung der GPSD fällt dieser spezifische Zweck weg. Es ist daher notwendig, das ProdSG an das neue europäische Produktsicherheitsrecht anzupassen. Daher können alle Regelungen des ProdSG zur Umsetzung der GPSD gestrichen werden. Im Gegenzug müssen für die Durchführung der GPSR einige neue Regelungen in das ProdSG aufgenommen werden. Auch wenn die GPSR als europäische Verordnung in Deutschland unmittelbar anwendbar ist, sind manche Regelungsdetails dennoch den Mitgliedstaaten überlassen. Dies betrifft insbesondere das Sprachenrecht sowie die Ausgestaltung von Sanktionen bei Verstößen gegen die GPSR.

302 Vor diesem Hintergrund hat die Bundesregierung am 25.10.2023 einen Kabinettsbeschluss über den „*Entwurf eines Gesetzes zur Änderung des Produktsicherheitsgesetzes und weiterer produktsicherheitsrechtlicher Vorschriften*" (im Folgenden „ProdSG-E") gefasst. Zum Zeitpunkt der Drucklegung dieses Praxisleitfadens (September 2024) hat der ProdSG-E den Bundesrat im 1. Durchgang bereits passiert, wurde aber noch nicht im Bundestag behandelt. Der Bundesrat hat in seiner Stellungnahme ein paar unwesentliche Änderungsvorschläge gemacht (siehe BR-Drs. 231/24 vom 5.7.2024), den Entwurf aber grundsätzlich gutgeheißen. Es ist kaum daran zu zweifeln, dass der Bundestag den ProdSGE annehmen wird. Allerdings ist zum jetzigen Zeitpunkt noch nicht absehbar, ob der Bundestag dem Text des ProdSGE vollinhaltlich zustimmen wird. Weitreichende Änderungen sind hier jedoch nicht zu erwarten. Daher sollen die zentralen Regelungen des ProdSGE im Folgenden bereits vorgestellt werden. Es sei aber empfohlen, den legislativen Werdegang des ProdSGE im Auge zu behalten bzw.

303 Die nachfolgende Tabelle listet die wichtigsten Bestimmungen im ProdSG-E auf, die der Durchführung der GPSR in Deutschland dienen.

Regelung	**Erläuterung**
Sprachvorschriften (§ 6 ProdSG-E)	Die folgenden Texte müssen in deutscher Sprache abgefasst werden: – Anweisungen und Sicherheitsinformationen, deren Beifügung zu einem Produkt der Hersteller gemäß Art. 9 Abs. 7 GPSR gewährleisten muss; – Anweisungen und Sicherheitsinformationen, deren Beifügung zu einem Produkt der Einführer gemäß Art. 11 Abs. 4 GPSR gewährleisten muss; – Warnhinweise und Sicherheitsinformationen, die Inhalt eines Angebots für ein Produkt sein müssen, das ein Wirtschaftsakteur gemäß Art. 19 lit. d GPSR online oder über eine andere Form des Fernabsatzes auf dem Markt bereitstellt; – Informationen in elektronischer Form gemäß Art. 21 Satz 2 GPSR;

Regelung	Erläuterung
	– Warnhinweise und Sicherheitsinformationen in Bezug auf Produkte, deren Anzeige an die Verbraucher der Anbieter von Online-Marktplätzen über seine Online-Schnittstelle dem Unternehmer gemäß Art. 22 Abs. 9 lit. d GPSR ermöglichen muss.
Befugnisse der Marktüberwachungsbehörden gegenüber Anbietern von Online-Marktplätzen (§ 25 Abs. 2 ProdSG-E)	Werden auf Online-Marktplätzen gefährliche Verbraucherprodukte angeboten, können die Marktüberwachungsbehörden den Anbietern dieser Online-Marktplätze die folgenden Anordnungen erteilen: – Entfernung bestimmter Inhalte von den Online-Schnittstellen der Anbieter, – Sperre des Zuganges zu diesen Inhalten oder – Anzeige eines ausdrücklichen Warnhinweises.
Ordnungswidrigkeiten und Straftatbestände (§ 29 Abs. 2 und 4 ProdSG-E sowie § 30 Abs. 2 ProdSG-E)	§ 29 Abs. 2 ProdSG-E erklärt eine Vielzahl von vorsätzlichen oder fahrlässigen Handlungen, welche die GPSR verletzen, zu bußgeldbewehrten Ordnungswidrigkeiten. Vorsätzliche Verstöße gegen die GPSR können gemäß § 30 Abs. 2 ProdSG-E sogar eine Straftat darstellen. Die Details in diesem Zusammenhang werden im nachfolgenden Kapitel dargestellt.

3. Sanktionen für Verstöße gegen die GPSR bzw. das ProdSG

a) Überblick

Es würde den Rahmen dieses Praxisleitfadens bei Weitem sprengen, sämtliche Sanktionen anzuführen oder gar zu erörtern, die bei einer Verletzung von Vorschriften des europäischen Produktsicherheitsrecht drohen. Eine solche Darstellung ist in pauschaler Weise auch gar nicht möglich. Das Unionsrecht legt in der Regel selbst keine Sanktionen für Zuwiderhandlungen gegen seine Vorschriften fest. Das ist Sache der Mitgliedstaaten. Das Unionsrecht begnügt sich vielmehr damit, die Mitgliedstaaten zur Erlassung von Vorschriften über Sanktionen aufzufordern. In diesem Zusammenhang verlangt das Unionsrecht regelmäßig, dass solche Sanktionen wirksam, verhältnismäßig und abschreckend sein müssen. Alle weiteren Details sind dann aber im nationalen Recht der Mitgliedstaaten festzulegen, insbesondere die Höhe von etwaigen Geldbußen. Aus diesem Grund kann ein und dieselbe Zuwiderhandlung gegen eine Pflicht aus dem europäischen Produktsicherheitsrecht je nach Mitgliedstaat zu sehr unterschiedlichen Sanktionen führen. Dieser 304

Praxisleitfaden muss sich vor diesem Hintergrund auf die Darlegung einer Auswahl von Sanktionen im deutschen Recht beschränken.

b) Charakteristika von Sanktionsregelungen im deutschen Recht

305 Erklärt das deutsche Recht die Verletzung von Bestimmungen der GPSR bzw. einzelner Harmonisierungsrechtsvorschriften zu Ordnungswidrigkeiten oder Straftaten, so zeichnen sich die jeweiligen Sanktionsregelungen meist durch die nachfolgend erörterten Charakteristika aus:

- Eine rechtswidrige Handlung, die zu einem Bußgeld führt, kann sowohl vorsätzlich als auch fahrlässig begangen werden.
- Für besonders gravierende Verstöße sind in der Regel Bußgelder in Höhe von bis zu EUR 100.000,– vorgesehen. Für sonstige Verstöße endet der Bußgeldrahmen meist bereits bei EUR 10.000,– (vgl. z.B. § 37 Abs. 2 FuAG). Das Bußgeld soll jedoch den wirtschaftlichen Vorteil, den der Täter aus der Ordnungswidrigkeit gezogen hat, übersteigen. Reicht das gesetzliche Höchstmaß hierzu nicht aus, so kann es überschritten werden (§ 17 Abs. 4 OWiG). Folglich kann der vorgenannte Bußgeldrahmen unter Umständen deutlich überschritten werden.
- Manche Sanktionsregelungen sehen vor, dass Geräte, auf die sich eine bestimmte Ordnungswidrigkeit bezieht, als Nebenfolge eingezogen werden können (vgl. z.B § 33 Abs. 3 EMVG).
- Besonders gravierende Verstöße gegen das Produktsicherheitsrecht können auch eine Straftat darstellen. In der Regel kommt diese schärfste Form der Sanktion nur zum Tragen, wenn eine der beiden folgenden Voraussetzungen erfüllt ist:
  - Eine vorsätzliche Handlung, die eine bestimmte gravierende Ordnungswidrigkeit darstellt, wird durch den Täter beharrlich wiederholt.

    Hinweis: Eine „beharrliche Wiederholung" im obigen Sinne liegt laut der Kommentarliteratur dann vor, wenn die rechtswidrige Handlung immer wieder aufs Neue durchgeführt wird, weil der Täter die strafbewehrte Norm missachtet oder dieser mit Gleichgültigkeit begegnet (vgl. Klindt ProdSG/*Klindt*, 3. Aufl. 2021, ProdSG § 40 Rn. 10).
  - Der Täter gefährdet durch eine vorsätzliche Handlung, die eine bestimmte gravierende Ordnungswidrigkeit darstellt, Leben oder Gesundheit eines anderen oder fremde Sachen von bedeutendem Wert.
  - Hinweis: Laut der Kommentarliteratur muss es sich hierbei um eine konkrete Gefährdung handeln. Darüber hinaus liegen „Sachen von bedeutendem Wert" in der Regel nur dann vor, wenn deren Wert min-

destens EUR 1.300,– beträgt (vgl. Klindt ProdSG/*Klindt*, 3. Aufl. 2021, ProdSG § 40 Rn. 11).

Ist eine der beiden obigen Voraussetzungen erfüllt, droht dem Täter eine Freiheitsstrafe bis zu einem Jahr oder eine Geldstrafe (vgl. z. B. § 29 ProdSG, § 30 ProdSG-E).

– Schließlich gibt es auch eine strafrechtliche Produktverantwortlichkeit. Einfach ausgedrückt: Wenn Hersteller oder Händler Kenntnis von der Gefährlichkeit eines Produkts haben, müssen sie die notwendigen Maßnahmen ergreifen. Andernfalls sind sie für Verletzungen bzw. Schäden, die durch diese Gefährlichkeit ausgelöst werden, strafrechtlich haftbar. Rechtsgrundlage hierfür ist dann nicht das ProdSG oder irgendeine Verordnung, sondern das Strafgesetzbuch.

Eine Grundsatzentscheidung zur strafrechtlichen Produktverantwortlichkeit traf der BGH in seinem Urteil vom 6. Juli 1990 zum sog. Lederspray-Fall (2 StR 549/89). Der wesentliche der Leitsatz dieses Urteils lautet:

> „*Wer als Hersteller oder Vertriebshändler Produkte in den Verkehr bringt, die derart beschaffen sind, daß deren bestimmungsgemäße Verwendung für die Verbraucher – entgegen ihren berechtigten Erwartungen – die Gefahr des Eintritts gesundheitlicher Schäden begründet, ist zur Schadensabwendung verpflichtet (Garantenstellung aus vorangegangenem Gefährdungsverhalten). Kommt er dieser Pflicht schuldhaft nicht nach, so haftet er für dadurch verursachte Schäden strafrechtlich unter dem Gesichtspunkt der durch Unterlassen begangenen Körperverletzung.*“ (NJW 1990, 2560, beck-online)

c) Sanktionen im nicht-harmonisierten Produktbereich

Im nicht-harmonisierten Produktbereich bestimmt die GPSR zum Thema Sanktionsregelungen Folgendes: **306**

- „*Die Mitgliedstaaten erlassen Vorschriften über Sanktionen, die bei Verstößen gegen diese Verordnung, durch die Wirtschaftsakteuren und Anbietern von Online-Marktplätzen Pflichten auferlegt werden, zu verhängen sind, und ergreifen alle erforderlichen Maßnahmen, um sicherzustellen, dass sie im Einklang mit dem nationalen Recht umgesetzt werden.*“ (Art. 44 Abs. 1 GPSR)
- „*Die vorgesehenen Sanktionen müssen wirksam, verhältnismäßig und abschreckend sein.*“ (Art. 44 Abs. 2 GPSR)

Diesem Auftrag aus Art. 44 GPSR zufolge erklärt § 29 Abs. 2 und 4 ProdSG-E eine Vielzahl von vorsätzlichen oder fahrlässigen Handlungen, welche die **307**

GPSR verletzen, zu bußgeldbewehrten Ordnungswidrigkeiten. Vorsätzliche Verstöße gegen die GPSR können unter Umständen sogar eine Straftat darstellen (vgl. § 30 Abs. 2 ProdSG-E). Die folgende Tabelle listet sämtliche Verletzungen der GPSR auf, die entweder eine Ordnungswidrigkeit oder eine Straftat darstellen können. Ebenso gibt die Tabelle Auskunft über den jeweils anwendbaren Bußgeld- oder Strafrahmen.

Verletzter Artikel der GPSR	**Rechtswidriges Verhalten**	**Geldbuße in Höhe von bis zu EUR *)**	**Straf-rechtliche Sanktion**
Art. 9 Abs. 2	Der Hersteller führt eine interne Risikoanalyse nicht, nicht richtig, nicht vollständig oder nicht rechtzeitig durch oder erstellt eine technische Unterlage nicht, nicht richtig, nicht vollständig oder nicht rechtzeitig.	10.000,–	keine
Art. 9 Abs. 3 Satz 1	Der Hersteller hält eine technische Unterlage nicht auf dem neuesten Stand.	10.000,–	keine
Art. 9 Abs. 3 Satz 2	Der Hersteller bewahrt die technische Unterlage nicht oder nicht mindestens zehn Jahr ab dem Inverkehrbringen des Produkts für die Marktüberwachungsbehörden auf.	10.000,–	keine
Art. 9 Abs. 3 Satz 2	Der Hersteller stellt die technische Unterlage nicht oder nicht vollständig den Marktüberwachungsbehörden auf Verlangen zur Verfügung.	10.000,–	keine
Art. 9 Abs. 5	Der Hersteller gewährleistet nicht, dass ein Produkt oder seine Verpackung oder Unterlage eine Typen-, Chargen- oder Seriennummer oder ein anderes Element zur Identifizierung trägt.	10.000,–	keine
Art. 9 Abs. 6	Der Hersteller macht eine Angabe nicht, nicht richtig, nicht vollständig oder nicht in der vorgeschriebenen Weise.	10.000,–	keine
Art. 9 Abs. 7 Satz 1	Der Hersteller gewährleistet nicht, dass einem Produkt die Anweisung und die Sicherheitsinformation in deutscher Sprache beigefügt sind.	10.000,–	keine

Verletzter Artikel der GPSR	Rechtswidriges Verhalten	Geldbuße in Höhe von bis zu EUR *)	Straf-rechtliche Sanktion
Art. 9 Abs. 8 Satz 1 lit. a	Der Hersteller ergreift eine Korrekturmaßnahme, um die Konformität des Produkts auf wirksame Weise herzustellen (z. B. Rücknahme vom Markt oder Rückruf), nicht, nicht richtig oder nicht rechtzeitig.	100.000,–	Freiheitsstrafe bis zu einem Jahr oder Geldstrafe **)
Art. 9 Abs. 8 Satz 1 lit. b	Der Hersteller informiert einen Verbraucher nicht, nicht richtig, nicht vollständig, nicht in der vorgeschriebenen Weise oder nicht rechtzeitig.	10.000,–	keine
Art. 9 Abs. 8 Satz 1 lit. c	Der Hersteller informiert eine Marktüberwachungsbehörde nicht, nicht richtig oder nicht rechtzeitig.	10.000,–	keine
Art. 9 Abs. 10	Der Hersteller stellt nicht sicher, dass bei einem festgestellten Produktsicherheitsproblem andere Wirtschaftsakteure, verantwortliche Personen und Anbieter von Online-Schnittstellen in der betreffenden Lieferkette rechtzeitig informiert werden.	10.000,–	keine
Art. 9 Abs. 11	Der Hersteller richtet keinen öffentlich zugänglichen Kommunikationskanal ein.	10.000,–	keine
Art. 9 Abs. 12	Der Hersteller führt kein internes Beschwerdeverzeichnis.	10.000,–	keine
Art. 10 Abs. 2 Satz 2	Der Bevollmächtigte stellt Informationen und Unterlagen der zuständigen Behörde nicht, nicht vollständig oder nicht in der vorgeschriebenen Weise zur Verfügung.	10.000,–	keine
Art. 11 Abs. 2 Satz 1	Der Einführer bringt ein Produkt in Verkehr, obwohl er aufgrund der ihm vorliegenden Informationen der Auffassung ist oder Grund zu der Annahme hat, dass das Produkt nicht mit den Anforderungen nach Art. 5 und Art. 9 Abs. 2, 5 und 6 GPSR konform ist.	10.000,–	keine

Verletzter Artikel der GPSR	**Rechtswidriges Verhalten**	**Geldbuße in Höhe von bis zu EUR *)**	**Straf-rechtliche Sanktion**
Art. 11 Abs. 2 Satz 2	Es handelt sich bei dem Produkt um ein gefährliches Produkt und der Einführer unterrichtet den Hersteller nicht, nicht richtig, nicht vollständig oder nicht rechtzeitig oder stellt nicht sicher, dass die Marktüberwachungsbehörden in der vorgeschriebenen Weise unterrichtet werden.	10.000,–	keine
Art. 11 Abs. 3 Satz 1 und 2	Der Einführer macht eine Angabe nicht, nicht richtig, nicht vollständig oder nicht in der vorgeschriebenen Weise.	10.000,–	keine
Art. 11 Abs. 4	Der Einführer gewährleistet nicht, dass einem Produkt Anweisungen und Sicherheitsinformationen in deutscher Sprache beigefügt sind.	10.000,–	keine
Art. 11 Abs. 6 Satz 1	Der Einführer bewahrt eine Kopie der technischen Unterlage nicht oder nicht mindestens zehn Jahr ab dem Inverkehrbringen des Produkts für die Marktüberwachungsbehörden auf.	10.000,–	keine
Art. 11 Abs. 8 lit. b	Der Einführer ergreift eine Korrekturmaßnahme, um die Konformität des Produkts auf wirksame Weise herzustellen (z. B. Rücknahme vom Markt oder Rückruf), nicht, nicht richtig oder nicht rechtzeitig.	100.000,–	Freiheitsstrafe bis zu einem Jahr oder Geldstrafe **)
Art. 11 Abs. 8 lit. c	Der Einführer informiert einen Verbraucher nicht, nicht richtig, nicht vollständig, nicht in der vorgeschriebenen Weise oder nicht rechtzeitig.	10.000,–	keine
Art. 11 Abs. 8 lit. d	Der Einführer informiert eine Marktüberwachungsbehörde nicht, nicht richtig oder nicht rechtzeitig.	10.000,–	keine

Verletzter Artikel der GPSR	Rechtswidriges Verhalten	Geldbuße in Höhe von bis zu EUR *)	Strafrechtliche Sanktion
Art. 12 Abs. 3	Der Händler bringt ein Produkt in Verkehr, obwohl er aufgrund der ihm vorliegenden Informationen der Auffassung ist oder Grund zu der Annahme hat, dass das Produkt nicht mit den Anforderungen nach Art. 5, Art. 9 Abs. 5, 6 und 7 sowie Art. 11 Abs. 3 und 4 GPSR konform ist.	100.000,–	Freiheitsstrafe bis zu einem Jahr oder Geldstrafe **)
Art. 15 Abs. 2 lit. a oder b oder Abs. 6	Der Wirtschaftsakteur übermittelt einer Marktüberwachungsbehörde auf deren Verlangen bestimmte erforderliche Informationen nicht, nicht richtig oder nicht vollständig.	10.000,–	keine
Art. 15 Abs. 4	Der Wirtschaftsakteure bewahrt bestimmte Informationen nicht oder nicht mindestens für einen Zeitraum von zehn Jahren ab dem Bezug des Produkts bzw. ab der Lieferung des Produkts auf.	10.000,–	keine
Art. 16 Abs. 2 UAbs. 2	Die verantwortliche Person stellt auf Verlangen der Marktüberwachungsbehörden Nachweise über die durchgeführten Überprüfungen nicht, nicht richtig oder nicht vollständig bereit.	10.000,–	keine
Art. 16 Abs. 3	Die verantwortliche Person macht eine Angabe nicht, nicht richtig, nicht vollständig oder nicht in der vorgeschriebenen Weise.	10.000,–	keine
Art. 18 Abs. 1 und 2	Ein Wirtschaftsakteur etabliert kein System der Rückverfolgbarkeit.	10.000,–	keine
Art. 19	Ein Wirtschaftsakteur, der Produkte online oder über eine andere Form des Fernabsatzes auf dem Markt bereitstellt, fügt dem Angebot der Produkte erforderliche Angaben nicht, nicht richtig, nicht vollständig oder nicht in der vorgeschriebenen Weise bei.	10.000,–	keine

Verletzter Artikel der GPSR	Rechtswidriges Verhalten	Geldbuße in Höhe von bis zu EUR *)	Strafrechtliche Sanktion
Art. 19 lit. d	Ein Wirtschaftsakteur, der Produkte online oder über eine andere Form des Fernabsatzes auf dem Markt bereitstellt, fügt dem Angebot der Produkte keinen Warnhinweis oder keine Sicherheitsinformation in deutscher Sprache bei.	10.000,–	keine
Art. 20 Abs. 1	Der Hersteller meldet einen Unfall, der durch ein in Verkehr gebrachtes oder auf dem Markt bereitgestelltes Produkt verursacht wurde, oder eingetretene Vorkommnisse nicht, nicht rechtzeitig oder nicht in der vorgeschriebenen Weise.	10.000,–	keine
Art. 21 Abs. 2	Ein Wirtschaftsakteur verfasst bestimmte Informationen nicht in deutscher Sprache.	10.000,–	keine
Art. 22 Abs. 1 und Abs. 2	Ein Anbieter von Online-Marktplätzen benennt eine zentrale Kontaktstelle nicht oder nicht richtig.	10.000,–	keine
Art. 22 Abs. 9	Ein Anbieter von Online-Marktplätzen strukturiert eine Online-Schnittstelle nicht so, dass Unternehmer, die das Produkt anbieten, mindestens die angegebenen Informationen bereitstellen können oder dass nicht sichergestellt ist, dass die angegebenen Informationen den Verbrauchern in der Produktliste angezeigt werden oder auf andere Weise leicht zugänglich sind.	10.000,–	keine
Art. 22 Abs. 9	Ein Unternehmer bringt Warnhinweise oder Sicherheitsinformationen nicht in deutscher Sprache auf dem Produkt an oder fügt diese dem Produkt nicht in deutscher Sprache bei.	10.000,–	keine
Art. 22 Abs. 12 UAbs. 2 lit. a	Ein Anbieter von Online-Marktplätzen stellt die notwendigen Informationen nicht, nicht vollständig, nicht in der vorgeschriebenen Weise oder nicht rechtzeitig bereit.	10.000,–	keine

Verletzter Artikel der GPSR	Rechtswidriges Verhalten	Geldbuße in Höhe von bis zu EUR *)	Straf-rechtliche Sanktion
Art. 22 Abs. 12 UAbs. 2 lit. c	Ein Anbieter von Online-Marktplätzen behindert einen Produktrückruf.	10.000,–	keine
Art. 22 Abs. 12 UAbs. 2 lit. d	Ein Anbieter von Online-Marktplätzen unterrichtet die Marktüberwachungsbehörden der betreffenden Mitgliedstaaten der Europäischen Union über das Safety-Business-Gateway nicht, nicht richtig, nicht vollständig, nicht rechtzeitig oder nicht in der vorgesehenen Weise.	10.000,–	keine
Art. 22 Abs. 12 UAbs. 2 lit. g	Ein Anbieter von Online-Marktplätzen gestattet den Zugang zu Schnittstellen für die von Marktüberwachungsbehörden zur Identifizierung gefährlicher Produkte eingesetzten Online-Tools nicht.	10.000,–	keine
Art. 22 Abs. 12 UAbs. 2 lit. h	Ein Anbieter von Online-Marktplätzen beantwortet Datenanfragen nicht, nicht richtig oder nicht vollständig.	10.000,–	keine
Art. 22 Abs. 12 UAbs. 2 lit. i	Ein Anbieter von Online-Marktplätzen ermöglicht nicht die Extraktion von Daten aus Online-Schnittstellen zu Zwecken der Produktsicherheit.	10.000,–	keine
Art. 23 Abs. 3	Ein Hersteller stellt trotz Anforderung durch die Marktüberwachungsbehörde Angaben über andere Produkte, die nach demselben Verfahren hergestellt wurden, dieselben Komponenten enthalten oder Teil derselben Produktionscharge sind und vom gleichen Risiko betroffen sind, nicht oder nicht vollständig zur Verfügung.	10.000,–	keine
*)	Das Bußgeld soll den wirtschaftlichen Vorteil, den der Täter aus der Ordnungswidrigkeit gezogen hat, übersteigen. Reicht das in der obigen Tabelle genannte Höchstmaß hierzu nicht aus, so kann es überschritten werden (§ 17 Abs. 4 OWiG).		

Verletzter Artikel der GPSR	Rechtswidriges Verhalten	Geldbuße in Höhe von bis zu EUR *)	Strafrechtliche Sanktion
**)	Die in der obigen Tabelle angeführten strafrechtlichen Sanktionen greifen gemäß § 30 Abs. 2 ProdSG-E nur dann, wenn die dort bezeichnete vorsätzliche Handlung – beharrlich wiederholt wird oder – durch eine solche vorsätzliche Handlung Leben oder Gesundheit eines anderen oder fremde Sachen von bedeutendem Wert gefährdet werden.		

d) Sanktionen im harmonisierten Produktbereich

308 Im harmonisierten Produktbereich sehen die diversen Harmonierungsrechtsvorschriften ebenfalls allgemeine Regelungen zum Thema Sanktionen vor.

Hierzu drei Beispiele:

Art. 46 RED:

„Die Mitgliedstaaten legen Regeln für Sanktionen fest, die bei von Wirtschaftsakteuren begangenen Verstößen gegen die gemäß dieser Richtlinie erlassenen nationalen Rechtsvorschriften verhängt werden, und treffen die zu deren Durchsetzung erforderlichen Maßnahmen. In solchen Regeln können bei schweren Verstößen strafrechtliche Sanktionen vorgesehen sein.

Die vorgesehenen Sanktionen müssen wirksam, verhältnismäßig und abschreckend sein.“

Art. 51 TSD:

„Die Mitgliedstaaten legen die Sanktionen gegen Wirtschaftsakteure, bei schweren Verstößen gegebenenfalls auch strafrechtliche Sanktionen, fest, die bei einem Verstoß gegen die einzelstaatlichen Vorschriften zur Umsetzung dieser Richtlinie zu verhängen sind, und treffen alle Maßnahmen, die notwendig sind, um deren Durchsetzung zu gewährleisten.

Die Sanktionen müssen wirksam, verhältnismäßig und abschreckend sein und können schwerer ausfallen, wenn der betreffende Wirtschaftsakteur bereits in der Vergangenheit in ähnlicher Weise gegen die Bestimmungen dieser Richtlinie verstoßen hat. […]“

Art. 40 ATEX:
„Die Mitgliedstaaten legen Regelungen für Sanktionen fest, die bei Verstößen von Wirtschaftsakteuren gegen die nach Maßgabe dieser Richtlinie erlassenen nationalen Rechtsvorschriften verhängt werden, und treffen die zu deren Durchsetzung erforderlichen Maßnahmen. Diese Regelungen können bei schweren Verstößen strafrechtliche Sanktionen vorsehen. Die vorgesehenen Sanktionen müssen wirksam, verhältnismäßig und abschreckend sein."

Solche Aufträge zur Erlassung von Sanktionsregelungen im harmonisierten Produktbereich werden in Deutschland durch diverse Gesetze und Verordnungen umgesetzt. Sofern die entsprechenden unionsrechtlichen Vorschriften in Form einer Richtlinie beschlossen wurden, sind sie ohnehin erst anwendbar, nachdem sie in nationales deutsches Recht umgesetzt wurden. In diesem Zuge werden meist auch die zugehörigen Sanktionen festgelegt werden. Aber auch bei europäischen Verordnungen müssen die Sanktionen im nationalen Recht festgelegt werden. **309**

Beispiel:
Die PPER enthält Anforderungen an den Entwurf und die Herstellung von persönlicher Schutzausrüstung. Sie ist – wie alle europäischen Verordnungen – in allen Mitgliedstaaten unmittelbar anwendbar. Diese Verordnung muss nicht und darf auch gar nicht in nationales deutsches Recht umgesetzt werden. Dennoch war es notwendig, Regelungen zu Sanktionen bei Zuwiderhandlungen gegen diese Verordnung zu schaffen. Zu diesem Zweck hat der deutsche Gesetzgeber das „PSA-Durchführungsgesetz" erlassen. Diese sieht u. a. diverse Ordnungswidrigkeiten und sogar Straftatbestände vor, falls bestimmte Pflichten nach der PPER verletzt werden.

Das deutsche Recht wertet Verstöße gegen die diversen Harmonierungsrechtsvorschriften in der Regel als bußgeldbewehrte Ordnungswidrigkeit. In Einzelfällen sind aber auch Straftatbestände vorgesehen. **310**

V. Ausblick

311 Das europäische Produktsicherheitsrecht hat ein einfaches und klares Ziel: Es sollen nur sichere Produkte in Verkehr gebracht oder auf dem Markt bereitgestellt werden (vgl. z. B. Art. 3 Abs. 1 GPSD; Art. 5 GPSR). In einer idealen und einfachen Welt würde zu diesem Zweck eine einzige Verordnung oder Richtlinie existieren. Es ist aber gänzlich unmöglich, die endlose Bandbreite an Produktarten einem einheitlichen Rechtsregime für die Produktsicherheit zu unterwerfen. So ein Unterfangen müsste – ganz abgesehen von politischen Schwierigkeiten – an Überkomplexität scheitern. Vor diesem Hintergrund entwickelte der Unionsgesetzgeber im Laufe der Zeit ein komplexes und umfangreiches Regelungsgefüge, welches heute das geltende europäische Produktsicherheitsrecht darstellt.

312 In den vergangenen 20 Jahren hat sich dieses Regelungsgefüge im Hinblick auf seine Konzeption, Struktur und Reichweite stark verändert. Seit dem Jahr 2008 wurde im harmonisierten Produktbereich Stück für Stück der sog. „neue Rechtsrahmen“ für die Vermarktung von Produkten umgesetzt. Die vorerst letzten beiden Bausteine in diesem Regelungsgefüge sind die MSR aus dem Jahr 2019 sowie die GPSR aus dem Jahr 2023. Sowohl das materielle europäische Produktsicherheitsrecht (basierend auf der GPSR sowie den Harmonisierungsrechtsvorschriften) als auch die Regelungen zur Marktüberwachung und Rechtsdurchsetzung (im Wesentlichen basierend auf der MSR und teils auf der GPSR) bilden heute ein in sich geschlossenes und aufeinander abgestimmtes System.

313 In der unmittelbaren Zukunft wird es daher wahrscheinlich, keine weiteren tiefgreifenden Reformen des europäischen Produktsicherheitsrechts geben. Gleichwohl wird sich das bestehende Regelungsgefüge – so wie es auch in der Vergangenheit der Fall war – stets weiterentwickeln müssen. Das ist eine zwingende Folge aus der simplen Tatsache, dass die Industrie stets neue Produkte und neue Techniken entwickelt. Der Unionsgesetzgeber will und muss hier Schritt halten und neue Risiken und Gefahren adressieren bzw. abwehren.

314 In diesem Sinne sind gegenwärtig zwei Entwicklungsschienen auszumachen:

- Zum einem wurde der durch die GPSR geschaffene Rechtsrahmen noch nicht vollständig ausgestaltet. Die GPSR ermöglicht der Kommission den Erlass von Durchführungsrechtsakten bzw. delegierten Rechtsakten, um bestimmte Regelungen oder Pflichten näher auszuführen. Zum Zeitpunkt der Drucklegung dieses Praxisleitfadens hat die Kommission diese Kompetenz erst drei Mal in Anspruch genommen (für Details siehe die Ausführungen in Anhang Nr. 4 zu diesem Praxisleitfaden).

Darüber hinaus wird der Unionsgesetzgeber in der Zukunft wahrscheinlich auch die Inhalte der GPSR selbst nachbessern. Die Kommission ist in diesem Sinne aufgefordert, bis zum 13.12.2029 eine Evaluierung der GPSR vorzunehmen. Ein entsprechender Evaluierungsbericht ist sodann dem Europäischen Parlament, dem Rat und dem Europäischen Wirtschafts- und Sozialausschuss vorzulegen. In diesem Zusammenhang soll die Kommission insbesondere auch die sich durch neue Technologien ergebenden Herausforderungen und die Auswirkungen der GPSR auf Unternehmen, insbesondere auf KMU, berücksichtigen (vgl. Art. 47 Abs. 1 GPSR).

– Zum anderen wird der Unionsgesetzgeber auch in Zukunft im harmonisierten Produktbereich neue Regelungen erlassen oder bestehende überarbeiten. Auch hier zeigt sich der allgemeine Trend, wonach die Kommission bestehende Richtlinien durch Verordnungen ersetzt. Ein aktuelles Beispiel ist die Verordnung (EU) 2024/1781 des Europäischen Parlaments und des Rates vom 13. Juni 2024 zur Schaffung eines Rahmens für die Festlegung von Ökodesign-Anforderungen für nachhaltige Produkte. Diese neue Verordnung ersetzt die frühere Richtlinie 2009/125/EG. Ein weiteres Beispiel ist der gegenwärtige Vorschlag für eine Verordnung des Europäischen Parlaments und des Rates über die Sicherheit von Spielzeug und zur Aufhebung der Richtlinie 2009/48/EG (COM/2023/462 final) vom 28.7.2023. Somit wird auch die bisherige Spielzeug-Richtlinie wohl bald der Vergangenheit angehören und durch eine Verordnung ersetzt werden.

315 Schlussendlich sei darauf hingewiesen, dass die Kommission in der näheren Zukunft spezifische Leitlinien für Wirtschaftsakteure über die Erfüllung der in der GPSR festgelegten Pflichten veröffentlichen wird. Diese Leitlinien sollen insbesondere auf die Bedürfnisse der KMU, einschließlich Kleinstunternehmen, eingehen (vgl. Art. 17 Abs. 2 letzter Satz GPSR). Es bleibt zu hoffen, dass diese Leitlinien einige der zahlreichen noch offenen Fragen beantworten werden, beispielsweise die Rolle von „Software“ oder die konkrete Anwendung der Informationspflichten nach Art. 19 GPSR.

VI. Anhang

1. Liste der Harmonisierungsrechtsvorschriften der Union gemäß Anhang I zur MSR

1. Richtlinie 69/493/EWG des Rates vom 15. Dezember 1969 zur Angleichung der Rechtsvorschriften der Mitgliedstaaten für Kristallglas (ABl. L 326 vom 29.12.1969, S. 36);
2. Richtlinie 70/157/EWG des Rates vom 6. Februar 1970 zur Angleichung der Rechtsvorschriften der Mitgliedstaaten über den zulässigen Geräuschpegel und die Auspuffvorrichtung von Kraftfahrzeugen (ABl. L 42 vom 23.2.1970, S. 16);
3. Richtlinie 75/107/EWG des Rates vom 19. Dezember 1974 zur Angleichung der Rechtsvorschriften der Mitgliedstaaten über Flaschen als Maßbehältnisse (ABl. L 42 vom 15.2.1975, S. 14);
4. Richtlinie 75/324/EWG des Rates vom 20. Mai 1975 zur Angleichung der Rechtsvorschriften der Mitgliedstaaten über Aerosolpackungen (ABl. L 147 vom 9.6.1975, S. 40);
5. Richtlinie 76/211/EWG des Rates vom 20. Januar 1976 zur Angleichung der Rechtsvorschriften der Mitgliedstaaten über die Abfüllung bestimmter Erzeugnisse nach Gewicht oder Volumen in Fertigpackungen (ABl. L 46 vom 21.2.1976, S. 1);
6. Richtlinie 80/181/EWG des Rates vom 20. Dezember 1979 zur Angleichung der Rechtsvorschriften der Mitgliedstaaten über die Einheiten im Messwesen und zur Aufhebung der Richtlinie 71/354/EWG (ABl. L 39 vom 15.2.1980, S. 40);
7. Richtlinie 92/42/EWG des Rates vom 21. Mai 1992 über die Wirkungsgrade von mit flüssigen oder gasförmigen Brennstoffen beschickten neuen Warmwasserheizkesseln (ABl. L 167 vom 22.6.1992, S. 17);
8. Richtlinie 94/11/EG des Europäischen Parlaments und des Rates vom 23. März 1994 zur Angleichung der Rechts- und Verwaltungsvorschriften der Mitgliedstaaten über die Kennzeichnung von Materialien für die Hauptbestandteile von Schuherzeugnissen zum Verkauf an den Verbraucher (ABl. L 100 vom 19.4.1994, S. 37);
9. Richtlinie 94/62/EG des Europäischen Parlaments und des Rates vom 20. Dezember 1994 über Verpackungen und Verpackungsabfälle (ABl. L 365 vom 31.12.1994, S. 10);
10. Richtlinie 98/70/EG des Europäischen Parlaments und des Rates vom 13. Oktober 1998 über die Qualität von Otto- und Dieselkraftstoffen

und zur Änderung der Richtlinie 93/12/EWG des Rates (ABl. L 350 vom 28.12.1998, S. 58);

11. Richtlinie 98/79/EG des Europäischen Parlaments und des Rates vom 27. Oktober 1998 über In-vitro-Diagnostika (ABl. L 331 vom 7.12.1998, S. 1);
12. Richtlinie 2000/14/EG des Europäischen Parlaments und des Rates vom 8. Mai 2000 zur Angleichung der Rechtsvorschriften der Mitgliedstaaten über umweltbelastende Geräuschemissionen von zur Verwendung im Freien vorgesehenen Geräten und Maschinen (ABl. L 162 vom 3.7.2000, S. 1);
13. Richtlinie 2000/53/EG des Europäischen Parlaments und des Rates vom 18. September 2000 über Altfahrzeuge (ABl. L 269 vom 21.10.2000, S. 34);
14. Verordnung (EG) Nr. 2003/2003 des Europäischen Parlaments und des Rates vom 13. Oktober 2003 über Düngemittel (ABl. L 304 vom 21.11.2003, S. 1);
15. Verordnung (EG) Nr. 648/2004 des Europäischen Parlaments und des Rates vom 31. März 2004 über Detergenzien (ABl. L 104 vom 8.4.2004, S. 1);
16. Verordnung (EG) Nr. 850/2004 des Europäischen Parlaments und des Rates vom 29. April 2004 über persistente organische Schadstoffe und zur Änderung der Richtlinie 79/117/EWG (ABl. L 158 vom 30.4.2004, S. 7);
17. Richtlinie 2004/42/EG des Europäischen Parlaments und des Rates vom 21. April 2004 über die Begrenzung der Emissionen flüchtiger organischer Verbindungen aufgrund der Verwendung organischer Lösemittel in bestimmten Farben und Lacken und in Produkten der Fahrzeugreparaturlackierung sowie zur Änderung der Richtlinie 1999/13/EG (ABl. L 143 vom 30.4.2004, S. 87);
18. Richtlinie 2005/64/EG des Europäischen Parlaments und des Rates vom 26. Oktober 2005 über die Typgenehmigung für Kraftfahrzeuge hinsichtlich ihrer Wiederverwendbarkeit, Recyclingfähigkeit und Verwertbarkeit und zur Änderung der Richtlinie 70/156/EWG des Rates (ABl. L 310 vom 25.11.2005, S. 10);
19. Richtlinie 2006/42/EG des Europäischen Parlaments und des Rates vom 17. Mai 2006 über Maschinen und zur Änderung der Richtlinie 95/16/EG (ABl. L 157 vom 9.6.2006, S. 24);
20. Richtlinie 2006/40/EG des Europäischen Parlaments und des Rates vom 17. Mai 2006 über Emissionen aus Klimaanlagen in Kraftfahrzeugen

und zur Änderung der Richtlinie 70/156/EWG des Rates (ABl. L 161 vom 14.6.2006, S. 12);

21. Verordnung (EU) 2023/1542 des Europäischen Parlaments und des Rates vom 12. Juli 2023 über Batterien und Altbatterien, zur Änderung der Richtlinie 2008/98/EG und der Verordnung (EU) 2019/1020 und zur Aufhebung der Richtlinie 2006/66/EG (ABl. L 191 vom 28.7.2023, S. 1);
22. Verordnung (EG) Nr. 1907/2006 des Europäischen Parlaments und des Rates vom 18. Dezember 2006 zur Registrierung, Bewertung, Zulassung und Beschränkung chemischer Stoffe (REACH), zur Schaffung einer Europäischen Agentur für chemische Stoffe, zur Änderung der Richtlinie 1999/45/EG und zur Aufhebung der Verordnung (EWG) Nr. 793/93 des Rates, der Verordnung (EG) Nr. 1488/94 der Kommission, der Richtlinie 76/769/EWG des Rates sowie der Richtlinien 91/155/EWG, 93/67/EWG, 93/105/EG und 2000/21/EG der Kommission (ABl. L 396 vom 30.12.2006, S. 1);
23. Verordnung (EG) Nr. 715/2007 des Europäischen Parlaments und des Rates vom 20. Juni 2007 über die Typgenehmigung von Kraftfahrzeugen hinsichtlich der Emissionen von leichten Personenkraftwagen und Nutzfahrzeugen (Euro 5 und Euro 6) und über den Zugang zu Reparatur- und Wartungsinformationen für Fahrzeuge (ABl. L 171 vom 29.6.2007, S. 1);
24. Richtlinie 2007/45/EG des Europäischen Parlaments und des Rates vom 5. September 2007 zur Festlegung von Nennfüllmengen für Erzeugnisse in Fertigpackungen, zur Aufhebung der Richtlinien 75/106/EWG und 80/232/EWG des Rates und zur Änderung der Richtlinie 76/211/EWG des Rates (ABl. L 247 vom 21.9.2007, S. 17);
25. Verordnung (EG) Nr. 1272/2008 des Europäischen Parlaments und des Rates vom 16. Dezember 2008 über die Einstufung, Kennzeichnung und Verpackung von Stoffen und Gemischen, zur Änderung und Aufhebung der Richtlinien 67/548/EWG und 1999/45/EG und zur Änderung der Verordnung (EG) Nr. 1907/2006 (ABl. L 353 vom 31.12.2008, S. 1);
26. Verordnung (EG) Nr. 78/2009 des Europäischen Parlaments und des Rates vom 14. Januar 2009 über die Typgenehmigung von Kraftfahrzeugen im Hinblick auf den Schutz von Fußgängern und anderen ungeschützten Verkehrsteilnehmern, zur Änderung der Richtlinie 2007/46/EG und zur Aufhebung der Richtlinien 2003/102/EG und 2005/66/EG (ABl. L 35 vom 4.2.2009, S. 1);
27. Verordnung (EG) Nr. 79/2009 des Europäischen Parlaments und des Rates vom 14. Januar 2009 über die Typgenehmigung von wasserstoffbe-

triebenen Kraftfahrzeugen und zur Änderung der Richtlinie 2007/46/EG (ABl. L 35 vom 4.2.2009, S. 32);

28. Richtlinie 2009/34/EG des Europäischen Parlaments und des Rates vom 23. April 2009 betreffend gemeinsame Vorschriften über Messgeräte sowie über Mess- und Prüfverfahren (ABl. L 106 vom 28.4.2009, S. 7);
29. Richtlinie 2009/48/EG des Europäischen Parlaments und des Rates vom 18. Juni 2009 über die Sicherheit von Spielzeug (ABl. L 170 vom 30.6.2009, S. 1);
30. Verordnung (EG) Nr. 595/2009 des Europäischen Parlaments und des Rates vom 18. Juni 2009 über die Typgenehmigung von Kraftfahrzeugen und Motoren hinsichtlich der Emissionen von schweren Nutzfahrzeugen (Euro VI) und über den Zugang zu Fahrzeugreparatur- und -wartungsinformationen, zur Änderung der Verordnung (EG) Nr. 715/2007 und der Richtlinie 2007/46/EG sowie zur Aufhebung der Richtlinien 80/1269/EWG, 2005/55/EG und 2005/78/EG (ABl. L 188 vom 18.7.2009, S. 1);
31. Verordnung (EG) Nr. 661/2009 des Europäischen Parlaments und des Rates vom 13. Juli 2009 über die Typgenehmigung von Kraftfahrzeugen, Kraftfahrzeuganhängern und von Systemen, Bauteilen und selbstständigen technischen Einheiten für diese Fahrzeuge hinsichtlich ihrer allgemeinen Sicherheit (ABl. L 200 vom 31.7.2009, S. 1);
32. Richtlinie 2009/125/EG des Europäischen Parlaments und des Rates vom 21. Oktober 2009 zur Schaffung eines Rahmens für die Festlegung von Anforderungen an die umweltgerechte Gestaltung energieverbrauchsrelevanter Produkte (ABl. L 285 vom 31.10.2009, S. 10);
33. Verordnung (EG) Nr. 1005/2009 des Europäischen Parlaments und des Rates vom 16. September 2009 über Stoffe, die zum Abbau der Ozonschicht führen (ABl. L 286 vom 31.10.2009, S. 1);
34. Verordnung (EG) Nr. 1222/2009 des Europäischen Parlaments und des Rates vom 25. November 2009 über die Kennzeichnung von Reifen in Bezug auf die Kraftstoffeffizienz und andere wesentliche Parameter (ABl. L 342 vom 22.12.2009, S. 46);
35. Verordnung (EG) Nr. 1223/2009 des Europäischen Parlaments und des Rates vom 30. November 2009 über kosmetische Mittel (ABl. L 342 vom 22.12.2009, S. 59);
36. Verordnung (EG) Nr. 66/2010 des Europäischen Parlaments und des Rates vom 25. November 2009 über das EU-Umweltzeichen (ABl. L 27 vom 30.1.2010, S. 1);

37. Richtlinie 2010/35/EU des Europäischen Parlaments und des Rates vom 16. Juni 2010 über ortsbewegliche Druckgeräte und zur Aufhebung der Richtlinien des Rates 76/767/EWG, 84/525/EWG, 84/526/EWG, 84/527/EWG und 1999/36/EG (ABl. L 165 vom 30.6.2010, S. 1);
38. Verordnung (EU) Nr. 305/2011 des Europäischen Parlaments und des Rates vom 9. März 2011 zur Festlegung harmonisierter Bedingungen für die Vermarktung von Bauprodukten und zur Aufhebung der Richtlinie 89/106/EWG des Rates (ABl. L 88 vom 4.4.2011, S. 5);
39. Richtlinie 2011/65/EU des Europäischen Parlaments und des Rates vom 8. Juni 2011 zur Beschränkung der Verwendung bestimmter gefährlicher Stoffe in Elektro- und Elektronikgeräten (ABl. L 174 vom 1.7.2011, S. 88);
40. Verordnung (EU) Nr. 1007/2011 des Europäischen Parlaments und des Rates vom 27. September 2011 über die Bezeichnungen von Textilfasern und die damit zusammenhängende Etikettierung und Kennzeichnung der Faserzusammensetzung von Textilerzeugnissen und zur Aufhebung der Richtlinie 73/44/EWG des Rates und der Richtlinien 96/73/EG und 2008/121/EG des Europäischen Parlaments und des Rates (ABl. L 272 vom 18.10.2011, S. 1);
41. Verordnung (EU) Nr. 528/2012 des Europäischen Parlaments und des Rates vom 22. Mai 2012 über die Bereitstellung auf dem Markt und die Verwendung von Biozidprodukten (ABl. L 167 vom 27.6.2012, S. 1);
42. Richtlinie 2012/19/EU des Europäischen Parlaments und des Rates vom 4. Juli 2012 über Elektro- und Elektronik-Altgeräte (ABl. L 197 vom 24.7.2012, S. 38);
43. Verordnung (EU) Nr. 167/2013 des Europäischen Parlaments und des Rates vom 5. Februar 2013 über die Genehmigung und Marktüberwachung von land- und forstwirtschaftlichen Fahrzeugen (ABl. L 60 vom 2.3.2013, S. 1);
44. Verordnung (EU) Nr. 168/2013 des Europäischen Parlaments und des Rates vom 15. Januar 2013 über die Genehmigung und Marktüberwachung von zwei- oder dreirädrigen und vierrädrigen Fahrzeugen (ABl. L 60 vom 2.3.2013, S. 52);
45. Richtlinie 2013/29/EU des Europäischen Parlaments und des Rates vom 12. Juni 2013 zur Harmonisierung der Rechtsvorschriften der Mitgliedstaaten über die Bereitstellung pyrotechnischer Gegenstände auf dem Markt (ABl. L 178 vom 28.6.2013, S. 27);
46. Richtlinie 2013/53/EU des Europäischen Parlaments und des Rates vom 20. November 2013 über Sportboote und Wassermotorräder und

zur Aufhebung der Richtlinie 94/25/EG (ABl. L 354 vom 28.12.2013, S. 90);

47. Richtlinie 2014/28/EU des Europäischen Parlaments und des Rates vom 26. Februar 2014 zur Harmonisierung der Rechtsvorschriften der Mitgliedstaaten über die Bereitstellung auf dem Markt und die Kontrolle von Explosivstoffen für zivile Zwecke (ABl. L 96 vom 29.3.2014, S. 1);
48. Richtlinie 2014/29/EU des Europäischen Parlaments und des Rates vom 26. Februar 2014 zur Harmonisierung der Rechtsvorschriften der Mitgliedstaaten über die Bereitstellung einfacher Druckbehälter auf dem Markt (ABl. L 96 vom 29.3.2014, S. 45);
49. Richtlinie 2014/30/EU des Europäischen Parlaments und des Rates vom 26. Februar 2014 zur Harmonisierung der Rechtsvorschriften der Mitgliedstaaten über die elektromagnetische Verträglichkeit (ABl. L 96 vom 29.3.2014, S. 79);
50. Richtlinie 2014/31/EU des Europäischen Parlaments und des Rates vom 26. Februar 2014 zur Angleichung der Rechtsvorschriften der Mitgliedstaaten betreffend die Bereitstellung nichtselbsttätiger Waagen auf dem Markt (ABl. L 96 vom 29.3.2014, S. 107);
51. Richtlinie 2014/32/EU des Europäischen Parlaments und des Rates vom 26. Februar 2014 zur Harmonisierung der Rechtsvorschriften der Mitgliedstaaten über die Bereitstellung von Messgeräten auf dem Markt (ABl. L 96 vom 29.3.2014, S. 149);
52. Richtlinie 2014/33/EU des Europäischen Parlaments und des Rates vom 26. Februar 2014 zur Angleichung der Rechtsvorschriften der Mitgliedstaaten über Aufzüge und Sicherheitsbauteile für Aufzüge (ABl. L 96 vom 29.3.2014, S. 251);
53. Richtlinie 2014/34/EU des Europäischen Parlaments und des Rates vom 26. Februar 2014 zur Harmonisierung der Rechtsvorschriften der Mitgliedstaaten für Geräte und Schutzsysteme zur bestimmungsgemäßen Verwendung in explosionsgefährdeten Bereichen (ABl. L 96 vom 29.3.2014, S. 309);
54. Richtlinie 2014/35/EU des Europäischen Parlaments und des Rates vom 26. Februar 2014 zur Harmonisierung der Rechtsvorschriften der Mitgliedstaaten über die Bereitstellung elektrischer Betriebsmittel zur Verwendung innerhalb bestimmter Spannungsgrenzen auf dem Markt (ABl. L 96 vom 29.3.2014, S. 357);
55. Richtlinie 2014/40/EU des Europäischen Parlaments und des Rates vom 3. April 2014 zur Angleichung der Rechts- und Verwaltungsvorschriften der Mitgliedstaaten über die Herstellung, die Aufmachung und den Ver-

kauf von Tabakerzeugnissen und verwandten Erzeugnissen und zur Aufhebung der Richtlinie 2001/37/EG (ABl. L 127 vom 29.4.2014, S. 1);

56. Richtlinie 2014/53/EU des Europäischen Parlaments und des Rates vom 16. April 2014 über die Harmonisierung der Rechtsvorschriften der Mitgliedstaaten über die Bereitstellung von Funkanlagen auf dem Markt und zur Aufhebung der Richtlinie 1999/5/EG (ABl. L 153 vom 22.5.2014, S. 62);
57. Richtlinie 2014/68/EU des Europäischen Parlaments und des Rates vom 15. Mai 2014 zur Harmonisierung der Rechtsvorschriften der Mitgliedstaaten über die Bereitstellung von Druckgeräten auf dem Markt (ABl. L 189 vom 27.6.2014, S. 164);
58. Richtlinie 2014/90/EU des Europäischen Parlaments und des Rates vom 23. Juli 2014 über Schiffsausrüstung und zur Aufhebung der Richtlinie 96/98/EG des Rates (ABl. L 257 vom 28.8.2014, S. 146);
59. Verordnung (EU) Nr. 517/2014 des Europäischen Parlaments und des Rates vom 16. April 2014 über fluorierte Treibhausgase und zur Aufhebung der Verordnung (EG) Nr. 842/2006 (ABl. L 150 vom 20.5.2014, S. 195);
60. Verordnung (EU) Nr. 540/2014 des Europäischen Parlaments und des Rates vom 16. April 2014 über den Geräuschpegel von Kraftfahrzeugen und von Austauschschalldämpferanlagen sowie zur Änderung der Richtlinie 2007/46/EG und zur Aufhebung der Richtlinie 70/157/EWG (ABl. L 158 vom 27.5.2014, S. 131);
61. Verordnung (EU) 2016/424 des Europäischen Parlaments und des Rates vom 9. März 2016 über Seilbahnen und zur Aufhebung der Richtlinie 2000/9/EG (ABl. L 81 vom 31.3.2016, S. 1);
62. Verordnung (EU) 2016/425 des Europäischen Parlaments und des Rates vom 9. März 2016 über persönliche Schutzausrüstungen und zur Aufhebung der Richtlinie 89/686/EWG des Rates (ABl. L 81 vom 31.3.2016, S. 51);
63. Verordnung (EU) 2016/426 des Europäischen Parlaments und des Rates vom 9. März 2016 über Geräte zur Verbrennung gasförmiger Brennstoffe und zur Aufhebung der Richtlinie 2009/142/EG (ABl. L 81 vom 31.3.2016, S. 99);
64. Verordnung (EU) 2016/1628 des Europäischen Parlaments und des Rates vom 14. September 2016 über die Anforderungen in Bezug auf die Emissionsgrenzwerte für gasförmige Schadstoffe und luftverunreinigende Partikel und die Typgenehmigung für Verbrennungsmotoren für nicht für den Straßenverkehr bestimmte mobile Maschinen und Geräte, zur Änderung der Verordnungen (EU) Nr. 1024/2012 und (EU)

Nr. 167/2013 und zur Änderung und Aufhebung der Richtlinie 97/68/ EG (ABl. L 252 vom 16.9.2016, S. 53);

65. Verordnung (EU) 2017/745 des Europäischen Parlaments und des Rates vom 5. April 2017 über Medizinprodukte, zur Änderung der Richtlinie 2001/83/EG, der Verordnung (EG) Nr. 178/2002 und der Verordnung (EG) Nr. 1223/2009 und zur Aufhebung der Richtlinien 90/385/EWG und 93/42/EWG des Rates (ABl. L 117 vom 5.5.2017, S. 1);
66. Verordnung (EU) 2017/746 des Europäischen Parlaments und des Rates vom 5. April 2017 über In-vitro-Diagnostika und zur Aufhebung der Richtlinie 98/79/EG und des Beschlusses 2010/227/EU der Kommission (ABl. L 117 vom 5.5.2017, S. 176);
67. Verordnung (EU) 2017/852 des Europäischen Parlaments und des Rates vom 17. Mai 2017 über Quecksilber und zur Aufhebung der Verordnung (EG) Nr. 1102/2008 (ABl. L 137 vom 24.5.2017, S. 1);
68. Verordnung (EU) 2017/1369 des Europäischen Parlaments und des Rates vom 4. Juli 2017 zur Festlegung eines Rahmens für die Energieverbrauchskennzeichnung und zur Aufhebung der Richtlinie 2010/30/EU (ABl. L 198 vom 28.7.2017, S. 1);
69. Verordnung (EU) 2018/858 des Europäischen Parlaments und des Rates vom 30. Mai 2018 über die Genehmigung und die Marktüberwachung von Kraftfahrzeugen und Kraftfahrzeuganhängern sowie von Systemen, Bauteilen und selbstständigen technischen Einheiten für diese Fahrzeuge, zur Änderung der Verordnungen (EG) Nr. 715/2007 und (EG) Nr. 595/2009 und zur Aufhebung der Richtlinie 2007/46/EG (ABl. L 151 vom 14.6.2018, S. 1);
70. Verordnung (EU) 2018/1139 des Europäischen Parlaments und des Rates vom 4. Juli 2018 zur Festlegung gemeinsamer Vorschriften für die Zivilluftfahrt und zur Errichtung einer Agentur der Europäischen Union für Flugsicherheit sowie zur Änderung der Verordnungen (EG) Nr. 2111/2005, (EG) Nr. 1008/2008, (EU) Nr. 996/2010, (EU) Nr. 376/2014 und der Richtlinien 2014/30/EU und 2014/53/EU des Europäischen Parlaments und des Rates, und zur Aufhebung der Verordnungen (EG) Nr. 552/2004 und (EG) Nr. 216/2008 des Europäischen Parlaments und des Rates und der Verordnung (EWG) Nr. 3922/91 des Rates (ABl. L 212 vom 22.8.2018, S. 1), insoweit die Konstruktion, Herstellung und Vermarktung von Luftfahrzeugen gemäß Art. 2 Abs. 1 lit. a und b in Bezug auf unbemannte Luftfahrzeuge sowie deren Motoren, Propeller, Teile und Ausrüstung zur Fernsteuerung betroffen sind.

2. Vorlage für die Rückrufanzeige gemäß Durchführungsverordnung (EU) 2024/1435

Die nachfolgend abgebildete Vorlage für die Rückrufanzeige ist im Anhang der Durchführungsverordnung (EU) 2024/1435 der Kommission vom 24. Mai 2024 festgelegt.

Unternehmenslogo (optional)

Produktsicherheitsrückruf

Datum

[Name des Unternehmens] ruft folgendes Produkt zurück: [Produktbezeichnung]

Bild(er) des Produkts einfügen sowie, falls zutreffend, eine grafische Darstellung, wo die Produktionskennnummern zu finden sind.

Bei der Online-Version der Rückrufanzeige müssen im Bild enthaltene wichtige Informationen, insbesondere wenn sie zur Identifizierung des zurückgerufenen Produkts notwendig sind, auch in einem maschinenlesbaren Format angegeben werden.

Eine klare Beschreibung des zurückgerufenen Produkts einfügen, einschließlich Informationen zur Identifizierung des Produkts:

- Name und Marke des Produkts
- Produktionskennnummern, wie etwa Chargen- oder Seriennummer, und optional den Barcode oder den Herstellungszeitraum des Produkts sowie gegebenenfalls eine grafische Darstellung, wo diese Angaben auf dem Produkt zu finden sind
- Sofern verfügbar, Angaben dazu, wann, wo und von wem das Produkt verkauft wurde

Warum ist das Produkt gefährlich?

- Geben Sie klar an, welche Gefahr von dem Produkt ausgeht und warum.
- Vermeiden Sie Begriffe oder Ausdrücke, die die Risikowahrnehmung der Verbraucher beeinträchtigen können, wie etwa „freiwillig“, „vorsorglich“, „im Ermessen“, „in seltenen Situationen“ oder „in spezifischen Situationen“.
- Verweisen Sie nicht darauf, dass keine Unfälle gemeldet wurden.

Was ist zu tun?

- Geben Sie klar an, welche Sicherheitsvorkehrungen die Verbraucher treffen sollten. Weisen Sie die Verbraucher an, das Produkt ab sofort nicht mehr zu verwenden, es sei denn, eine vorübergehende sichere Nutzung ist unter bestimmten Bedingungen, die in der Rückrufanzeige anzugeben sind, möglich.
- Erläutern Sie klar, was die Verbraucher tun sollten (z. B. Rückgabe im Geschäft, Terminvereinbarung für die Abholung/Reparatur vor Ort, Softwareaktualisierung). Wenn die Verbraucher die Reparatur selbst durchführen sollen, ist die diesbezügliche Anleitung der Rückrufanzeige in einem gesonderten Dokument beizufügen.

Abhilfemaßnahmen für Verbraucher

- Beschreiben Sie klar die Abhilfemaßnahmen, die den Verbrauchern gemäß Artikel 37 der Verordnung (EU) 2023/988 zur Verfügung stehen (Reparatur, Ersatz, Erstattung).
- Verweisen Sie gegebenenfalls auf andere Abhilfemaßnahmen oder zusätzliche Anreize, z. B. Rabatte oder Gutscheine.

Machen Sie andere auf diesen Rückruf aufmerksam, insbesondere wenn Sie jemanden kennen, dem das zurückgerufene Produkt angeboten, geliehen oder verkauft wurde.

Unternehmenslogo (optional)

Produktsicherheitsrückruf

Datum

Kontakt

- Geben Sie die Adresse eines interaktiven Online-Dienstes (z. B. eine Website mit einem Kontaktformular oder eine E-Mail-Adresse) und/oder eine gebührenfreie Telefonnummer an, unter der die Verbraucher mehr Informationen in der oder den jeweiligen Amtssprache/n der Union erhalten können.
- Geben Sie die Postanschrift des Unternehmens an (optional).

[Entschuldigung (optional)]

[Links zum Social-Media-Post/zur Website mit Informationen über den Rückruf (optional)]

[QR-Code oder eine andere technische Lösung, um zur Rückruf-Seite zu gelangen / weitere Informationen zu erhalten (optional)]

Machen Sie andere auf diesen Rückruf aufmerksam, insbesondere wenn Sie jemanden kennen, dem das zurückgerufene Produkt angeboten, geliehen oder verkauft wurde".

Abbildung 3: ABl. L, 2024/90426, 24.7.2024.

ELI: http://data.europa.eu/eli/reg_impl/2024/1435/corrigendum/2024-07-24/oj

3. Ablauf eines Konformitätsbewertungsverfahrens

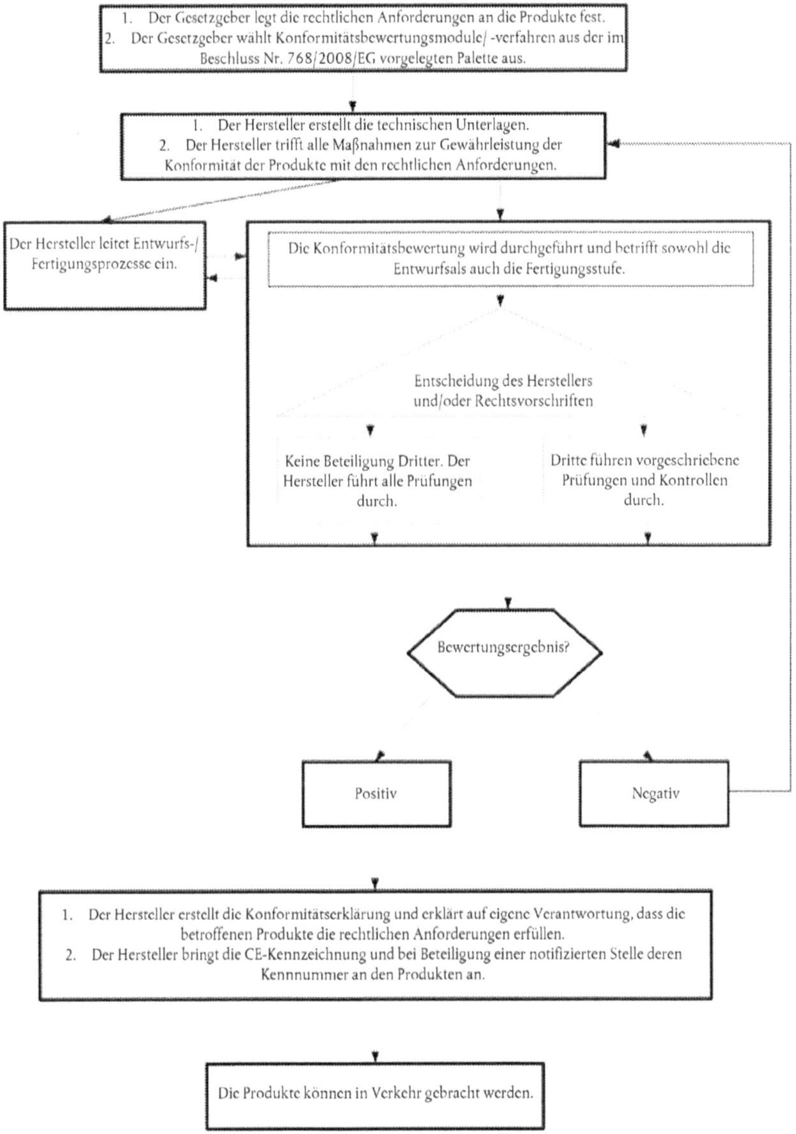

Abbildung 4: Blue Guide, Pkt. 5.1.3, S. 73, Ablaufdiagramm 2.

4. Durchführungsrechtsakte und delegierte Rechtsakte nach der GPSR

Die GPSR ermöglicht der Kommission die Erlassung von Durchführungsrechtsakten bzw. delegierten Rechtsakten, um bestimmte Regelungen oder Pflichten näher auszugestalten.

- Ein Durchführungsrechtsakt ist ein von der Kommission erlassener Rechtsakt ohne Gesetzescharakter, in dem detaillierte Vorschriften für die einheitliche Durchführung eines verbindlichen Rechtsakts der Union (dem sog. Basisrechtsakt; hier: die GPSR) festgelegt werden.
- Ein delegierter Rechtsakt ist ein von der Kommission erlassener Rechtsakt ohne Gesetzescharakter, der der Änderung oder Ergänzung von nicht wesentlichen Vorschriften eines Rechtsakts der Union (dem sog. Basisrechtsakt; hier: die GPSR) dient.

Durchführungsrechtsakte und delegierte Rechtsakte unterscheiden sich voneinander u. a. im Hinblick auf das Verfahren, nach welchem sie zustande kommen. Durchführungsrechtsakte werden im Rahmen eines sog. Komitologieverfahrens beschlossen. Unter Komitologie versteht man ein System von Ausschüssen aus Fachleuten bzw. Beamten. In diesen Ausschüsse werden jeweils Vertreter der Kommission sowie der einzelnen Mitgliedstaaten entsandt. Bei delegierten Rechtsakten kommt das Komitologieverfahren nicht zur Anwendung. Allerdings können das Europäische Parlament und der Rat innerhalb von zwei Monaten nach Beschlussfassung durch die Kommission Einwände gegen einen delegierten Rechtsakt erheben.

Die folgenden beiden Tabellen listen auf, in welchen Fällen der Kommission diese Kompetenzen zukommen.

Durchführungsrechtsakte

Rechtsgrundlage in der GPSR	Anwendungsbereich bzw. Ziel des Durchführungsrechtsakts
Art. 7 Abs. 2	Festlegung der spezifischen Sicherheitsanforderungen, die durch europäische Normen geregelt werden sollen, um sicherzustellen, dass Produkte, die diesen europäischen Normen gerecht werden, dem allgemeinen Sicherheitsgebot gemäß Art. 5 GPSR entsprechen.
Art. 24 Abs. 2	Festlegung der Output-Indikatoren, auf deren Grundlage die Mitgliedstaaten der Kommission bestimmte Angaben zur Anwendung der GPSR zu übermitteln haben.
Art. 25 Abs. 2	Festlegung der Rollen und Aufgaben der zentralen nationalen Kontaktstellen der einzelnen Mitgliedstaaten im Hinblick auf das Schnellwarnsystem Safety Gate.

Rechtsgrundlage in der GPSR	Anwendungsbereich bzw. Ziel des Durchführungsrechtsakts
Art. 28	Ergreifung von Maßnahmen gegen ein Produkt oder eine bestimmte Produktkategorie oder Produktgruppe, die ein ernstes Risiko für die Gesundheit und Sicherheit von Verbrauchern darstellt.
Art. 34 Abs. 4	Erlassung von Modalitäten für die Übermittlung von Informationen durch Verbraucher über eine gesonderte Rubrik des Safety-Gate-Portals sowie für die Zuleitung dieser Informationen an die betreffenden nationalen Behörden zwecks möglicher Folgemaßnahmen.
Art. 34 Abs. 6	Festlegung der Umsetzung der interoperablen Schnittstelle des Safety-Gate-Portals, die es den Anbietern von Online-Marktplätzen ermöglicht, ihre Schnittstellen mit dem Safety-Gate-Portal zu verknüpfen.
Art. 35 Abs. 3	Festlegung von Anforderungen für bestimmte Produkte oder Produktkategorien, die von Wirtschaftsakteuren und Anbietern von Online-Marktplätzen zu erfüllen sind, damit Verbraucher die Möglichkeit erhalten, ein Produkt, das sie gekauft haben, zu registrieren, um im Falle eines Produktsicherheitsrückrufs oder einer Sicherheitswarnung in Bezug auf dieses Produkt direkt benachrichtigt zu werden.
Art. 36 Abs. 3	Festlegung einer Vorlage für eine Rückrufanzeige.

Delegierte Rechtsakte

Rechtsgrundlage in der GPSR	Anwendungsbereich bzw. Ziel des delegierten Rechtsakts
Art. 18 Abs. 3	Festlegung spezieller Rückverfolgbarkeitsanforderungen für bestimmte Produkte, Produktkategorien oder Produktgruppen.
Art. 26 Abs. 10	Erlassung von ergänzenden Bestimmungen betreffend die Meldung gefährlicher Produkte über das Schnellwarnsystem Safety Gate, und zwar in Bezug auf: – den Zugang zum Schnellwarnsystem Safety Gate, – den Betrieb des Schnellwarnsystems Safety Gate, – die in das Schnellwarnsystem Safety Gate einzugebenden Informationen, – die für Meldungen zu erfüllenden Anforderungen und – die Kriterien für die Bewertung des Risikoniveaus.

Hinweis:

Zum Zeitpunkt der Drucklegung dieses Praxisleitfadens hat die Kommission ihre Kompetenz zum Erlass von Durchführungsrechtsakten bzw. delegierten Rechtsakten auf Grundlage der GPSR bereits drei Mal in Anspruch genommen:

- Durch die Durchführungsverordnung (EU) 2024/1435 der Kommission vom 24. Mai 2024 wurde die in Art. 36 Abs. 3 GPSR vorgesehene Vorlage für eine Rückrufanzeige festgelegt.
- Durch die Durchführungsverordnung (EU) 2024/1459 der Kommission vom 27. Mai 2024 wurde die Umsetzung der interoperablen Schnittstelle des Safety-Gate-Portals für die Anbieter von Online-Marktplätzen festgelegt.
- Durch die Durchführungsverordnung (EU) 2024/1740 der Kommission vom 21. Juni 2024 wurden Modalitäten für die Unterrichtung der Kommission durch Verbraucher und andere betroffene Parteien über Produkte, die ein Risiko für die Gesundheit und Sicherheit der Verbraucher darstellen könnten, und für die Übermittlung dieser Informationen an die betreffenden nationalen Behörden festgelegt.